浙江省哲学社会科学规划课题（编号20NDJC360YBM）研究成果

基于认同的主体性研究

吕鸣章◎著

浙江工商大学出版社 | 杭州
ZHEJIANG GONGSHANG UNIVERSITY PRESS

图书在版编目(CIP)数据

基于认同的主体性研究 / 吕鸣章著. —杭州：浙江工商大学出版社，2022.8(2023.1重印)

ISBN 978-7-5178-5043-4

Ⅰ．①基… Ⅱ．①吕… Ⅲ．①社会学－研究 Ⅳ.①C91

中国版本图书馆 CIP 数据核字(2022)第 135778 号

基于认同的主体性研究
JIYU RENTONG DE ZHUTIXING YANJIU

吕鸣章 著

责任编辑	唐　红
责任校对	夏湘娣
封面设计	浙信文化
责任印制	包建辉
出版发行	浙江工商大学出版社
	(杭州市教工路 198 号　邮政编码 310012)
	(E-mail:zjgsupress@163.com)
	(网址:http://www.zjgsupress.com)
	电话:0571-88904980,88831806(传真)
排　　版	杭州朝曦图文设计有限公司
印　　刷	广东虎彩云印刷有限公司绍兴分公司
开　　本	710mm×1000mm　1/16
印　　张	14.5
字　　数	245 千
版 印 次	2022 年 8 月第 1 版　2023 年 1 月第 2 次印刷
书　　号	ISBN 978-7-5178-5043-4
定　　价	52.00 元

目 录

导　言

一、认同：民主的路标

（一）认同的危机

多元主体的自觉与存在已经成为一种全球现象。2018 年 11 月 17日，法国近 30 万人走上街头，以"抗议上调燃油税"为导火索扩展为对生活、医疗、教育等改革措施的不满，使得法国"黄背心运动"成为继法国大革命与五月风暴之后，席卷法国乃至欧洲的大规模群众运动。高额的赋税、低迷的经济、偏高的失业率、脆弱的社保对人的生命、自由、财产权利形成威胁，民众对既定的秩序安排心存不满。自由与民主一旦被堵塞乃至无法实现，就会成为民众的枷锁，民众就想挣脱它，打碎它。马克龙"履行巴黎气候协定""推动欧盟一体化进程"的外交政策都是需要法国民众买单的。这恰恰成为法国极左政党及反对党的政治口号，这也是民粹主义的社会根源。2020 年 12 月 24 日，英国历时 7 年之久终于成功脱欧。如果英国政府从现行的政治秩序安排中得不到一点儿现实的利益与好处，英国人就会马上退出，即使它是道德的、正义的。任何理想、正义只有得到民众的支持与认同才能得以实行，否则它始终都会构成执政危机的根源。法国"黄背心运动"、英国脱欧等问题都表现为认同危机。认同危机的本质是多元主体之间在某些领域无法达成共识，彼此互为客体，形成一种主客二元对立关系，造成"美杜莎之谜"。

民主的危机就是认同的危机。认同危机是现代民主的缺陷。那些被排斥在人民范围外的客体及他者始终在不断地威胁、考验着民主的合理性与合法性，推动着民主不断走向历史的未来。他们不断地为民主注入新的元素与活力，拓展着民主的内涵。社会秩序、伦理道德不是人们之外的先验的东西,而是主体间交往实践的产物,其内在的实现机制是主体之间的共识及其认同,不是一极主体把外在的先验的理性预设强加到另一极主体身上的结果,当然也不是一极主体对另一极主体的直接蔑视与否定。任何有意与无意的强加与否定都会给理性的失效、秩序的混乱、社会的动荡带来各种各样的隐患与危机。在文化领域,引发情感危机;在社会领域,造成社会的分裂;在政治领域,造成政治动荡;在心理学领域,形成精神危机;在生态领域,造成生态危机;在个体方面,引起自我的癫狂;等等。危机无处不在,此起彼伏。总之,危机表现为共同体的撕裂、社会的失序、自我的残存。

(二)现代民主的共同指向

认同问题从哲学史来看,是哲学主题的嬗变。一个主体如何被另一个主体所接纳认同,这一问题在现代哲学之前是以一种类主体的思维呈现出来的,是以同质性主体共同体的思维形态展现出来的。这种思维主要是相对于自然客体对象而言的,是为了实现人的自由与独立。现代哲学家们已经从近代哲学家那里接过了完成了的个体的主体性成果,直接从个体出发来思考人的历史。近代主体性的哲学建构还能否适合现代主体性的延续呢?现代哲学意义上提出这一问题的是胡塞尔。胡塞尔放弃主体二元对立思维,把纯粹意识作为哲学起点,通过意向性、意向性行为与意向性对象来完成主体的自我建构。海德格尔存在主义思考的起点是此在,通过烦、畏与死,表明自己是一个具有生命活动的个体;通过上手与在手开启自己的人生世界之旅。萨特认为"存在先于本质",人的本质是人的存在的结果,是人的社会实践的过程,它不可能事先决定人的存在状况。无论是近代主体性哲学,还是胡塞尔的纯粹意识、海德格尔的此在,他们的主体直接等同于自我,主体就是此在。实际上,主体并不仅仅是唯一的自我,主体并非先天地与自我合一。胡塞尔晚年思考的哲学难题就是如何使现象学走出唯我论的困境,如何让他人、他我认同自我的观点,达到一种共识与共在。胡塞尔最后通过移情、配对等概念,使自我感知到有一个和自我一样的他者,他者与自我一样具有思考与还原现象学的能力。自我与他者是先验地可以相互沟通交流的,先验现象学的结论已经提前包含在其前提中了。"只有当先验自我的现象学揭示达到了这样的程度,在它当中包含的共在主体的经验也达致向先验经验的还原时,这一切才获得其充分的意义;因此也就是当表明作为先验经验所与物的先验主体对于在某一时刻进行自我思考者不只意味着——自我作为先验自我本身具体地在我自己的先验意识生存中，而且也意味着——在我的先验生存中作为先验的自我显示的共在主体，后者存于共同显示的先验的我们的共同体中。先验主体共同体因此是这样一种东西，在其中实在世界上作为客观的，作为对人人都存在的东西被构成的。"[①]这样的先验式论证贯穿于胡塞尔晚年的哲学思考中，《物理学的危机》中，胡塞尔仍在追问：一门科学如何从自我内心的学说上升为主体间的公共科学。海德格尔在《存在与时间》中通过现成在手确立人对自然界的主体地位，通过现成上手在劳动中来发现他者。"这种存在者不仅根本和用具与物有别，而且按其作为此在本身存在这样一种存在的方式，它是以在世的方式在世界中的，而同时它又在这个世界中以在世界之内的方式照面。这个存在者既不是在手的也不是上手的，而是如那开放着的此在本身一样——他也在此，他共同此在。"[②]此在就转化为自我与他者的共在与共鸣。这是海德格尔从存在论的角度论证了自我与他人的主体间性共在。维特根斯坦认为"我的语言的界限意味着我的世界的界限……即便唯我论的自我缩小到无延展的点，而实在论仍然与它相合"。[③]语言成为人的主体性确立的标准与界限，人的视野范围内的要素都要成为主体建构的要素而存在下来。那么我的视野如何得到他我的认同，从而具有普遍性？我的经验如何变得被他者接受成为普遍性的经验呢？维特根斯坦由此认为语言的意义不仅在于语言的逻辑，更重要的是语言的运用即语言游戏说。卡尔纳普反对私人语言，提倡公共语言学。罗蒂、利奥塔、哈贝马斯等都坚持主体多元差异，强调通过对话协商来缝合多元主体之间的断裂，为多元主体的认同开辟了新的道路。

　　客体如何上升为主体，获得主体的认同，这是一个异常艰辛的历史发展过程。美杜莎谜一样的眼光成为单一主体性思维的代表，美杜莎神一样的目光所到之处皆化为石头般的客体。萨特从哲学上审视了他人即地狱的唯我论独断。马克思主义的认同理论科学地回答了这一问题，它摆脱西方中心论的狭隘视野，吸收了西方主体性发展的积极成果，科学回应了现当代西方认同理论的难题，指明了人类如何实现自由人联合体的发展道路。

---

①胡塞尔：《纯粹现象学通论》，李幼蒸译，北京：商务印书馆，2017年，第551页。
②海德格尔：《存在与时间》，陈嘉映译，北京：生活·读书·新知三联书店，1987年，第145页。
③维特根斯坦：《逻辑哲学论》，郭英译，北京：商务印书馆，1985年，第79页。

（三）无产阶级的主体地位何以可能

理论总是围绕着一定的概念与范式展开的。本书着重从认同理论视域对马克思主义进行阐释，对西方认同理论进行回应，并结合人类社会发展实际，推动民主发展走向深入。首先，认同问题是马克思主义理论的关键点之一。无产阶级把马克思主义作为头脑，马克思主义把无产阶级作为心脏。马克思主义理论的实质就是探讨无产阶级如何从历史的客体上升为历史主体，何以实现无产阶级专政的问题。唯物史观为无产阶级挥散了无产阶级缺场的唯心史观的历史迷雾，剩余价值理论为无产阶级说明了从客体上升为主体的经济依据。马克思的认同理论是马克思深入批判继承费尔巴哈的直观的、抽象的人本主义和黑格尔等唯心史观的理论产物。马克思在《资本论》中，全面而细致地揭示了资本家如何把工人置于近似于奴隶的客体地位，把工人的劳动成果通过各种意识形态的欺骗手段霸占为自己的劳动成果，进而建立起资产阶级的政治经济学体系，并最终体现为资产阶级阶级统治的国家意志。一言以蔽之，《资本论》就是揭示资产阶级实现阶级统治的合理性过程。马克思、恩格斯这样做的目的就是要完成无产者的启蒙，实现全世界无产者的联合，上升为无产阶级，通过无产阶级的人民民主专政，推动人的自由而全面发展。因此，认同问题就是无产阶级主体地位何以可能的问题。马克思主义正是围绕这一问题去重新发现历史、理解人的本质、创建唯物史观的；同时，它作为马克思主义理论的历史切入点，贯穿马克思主义理论及其发展的进程，甚至马克思主义在西方与东欧的挫折也内含这一关键性问题。不论是在《黑格尔法哲学批判》、博士论文《德谟克利特的自然哲学与伊壁鸠鲁的自然哲学的差别》，还是在《关于费尔巴哈的提纲》《德意志意识形态》《共产党宣言》《法兰西阶级斗争》等一系列重要著作中，马克思、恩格斯都是立足无产阶级这一潜在主体来深入阐述认同理论的。在他们看来，认同是一个主体间的历史实践活动，为了实现无产阶级的人民主体地位，现阶段必须建立起与资产阶级针锋相对的认同体系，它包括经济、政治、文化等方面的内容。晚年马克思在《人类学笔记》中考察了前现代社会的发展状况，探讨了阶级社会及其阶级统治地位的形成发展过程。

对马克思主义认同理论的阐述是回答当代马克思主义研究的一个重大问题。西方认同理论在中国风靡多年，它既有其合理的理论要素，又有西方中心论的色彩。而对马克思主义认同理论的阐述一直缺乏应有的挖掘与关注。马克思主义的革命性首先只有理解无产阶级何以可能的问题,才能去阐述马克思主义的发展与创新。马克思的思想转变,一是从自我意识的新黑格尔派唯心主义到抽象的人本主义转变,二是从人本主义向交往实践主义的转变。马克思在博士论文中就鲜明地提出伊壁鸠鲁的自然哲学与德谟克利特自然哲学的差别,这是马克思主体自我意识的觉醒,这也是青年黑格尔派的特点。自我意识是个体发展的前提与要素,没有自我意识就无法开启人的生活世界。马克思在青年时期,以及在《关于费尔巴哈的提纲》中,他一直都致力于主体性建构的起点探寻。只不过这一时期的主体是无差别的主体,是单一的类主体。在《德意志意识形态》《共产党宣言》《法兰西阶级斗争》《资本论》中,马克思从主体间的认同交往关系来阐述新历史观。在经济关系、社会关系、世界历史等领域的分析中,都把人的本质、社会的本质理解为主体间的认同关系来阐述,已经不再用抽象的人、单一主体的人等思维模式来反思社会历史。马克思反对费尔巴哈把人作为"单个人所固有的抽象物",而作为一种相互建构的主体间关系。《资本论》中所谓的"大写的逻辑",实际上就是资本家为了维护阶级统治地位,如何从经济、政治、文化等方面去完成自己的主体建构过程,商品、货币、流通等要素是对资本家的维护,是对无产者的剥夺,同时把无产者塑造为客体的认同过程。

二、认同的概念

"认同"概念多样、内涵丰富。心理学意义上的认同,如弗洛伊德的防御机制理论,意指主体间在情感方面的协调与趋同的过程。美国精神分析学派的埃里克森认为一个人从小到大要经过儿童早期、游戏期、学龄期、青春期、成年早期、成年中期、成年晚期和老年期等八个认同时期及危机。美国心理学家、社会学家米德认为认同是自我的形成与发展。社会学意义上的认同,如泰弗尔和约翰·特纳运用认同理论探讨了民族之间的冲突与融合问题。伦理学意义上的认同,如查尔斯·泰勒认为是主体间自我主体身份的形成与追问。认同就是"我是谁？知道我是谁就是了解我立于何处,我的认同是由承诺和自我确认所规定的,这些承诺和自我确认提供了一种框架和视界,在这种框架和视界之中,我能够在各种情境中尝试决定什么是善的,或有价值的,或应当做的,或者我支持的或反对的。换言之,它是这样一种视界,在其中,我能采取一种立场"①。它强调伦理价值对人主体性的塑造。如霍耐特认为爱、法律、团结是承认的三种形式,他者通过家庭、市民社会、国家等伦理道德规范,达到自信、自尊、自豪的自我塑造,实现共同体组织的重构。

根据认同的领域可分为心理认同、经济认同、政治认同、文化认同、社会认同与生态认同等。威尔特·A.罗森堡姆认为"政治认同是指一个人感觉他属于什么政治单位、地理区域和团体,在某些重要的主观意识上,此是他自己的社会认同的一部分"②。它强调个体对政治体制的思想、行为的身份辨识。社会认同是个体对社会情感、价值的角色与身份的确认。社会认同是个体在社会群体中的情感、价值、权益与爱好等特质的身份归类。社会福利保障与社会组织的发展都属于社会认同的范围。根据认同的群体组织可分为国家认同、民族认同、政党认同。国家认同是公民对国家共同体主权、人口、领土等要素的态度与归属感。民族认同是个体对特定民族血缘、思想、文化习俗等要素的身份确认。菲尼认为民族认同发展是一个从消极到积极发展的历史过程,期间经过消极迷茫、认同意识觉醒与积极认同的构建三个发展阶段。政党认同是个体对政党理想信仰、政治目标、政策方略等的认可与接纳。

认同的方式有硬认同与软认同。硬认同是主体通过军事实力、经济实力等威胁恐吓的暴力方式,来达到他者对自我的接受与同意。主体间关系是一种紧张胁迫,随时都可能爆发冲突的岌岌可危的共同体。为了维持他者与自我的这种臣服的主体间关系,自我与他者需要在经济、政治、文化、心理上投入与承受巨大的负担;或者,他者在自我的强迫下彻底丧失主体身份,沦为主奴关系,共同体关系名存实亡。这是硬认同的弊端。

与权钱关系这种认同不同,暴力、战争是一种屈打成招的认同。暴力、战争等强制认同的缺点在于这种认同所构建的共同体是脆弱的、暂时的,是不稳定的,是一种工具理性的形式认同,它很容易被其他认同所取代。"非我族类,其心必异。"暴力认同压制或者消灭另一极主体,以此来达到唯我独尊,使"天下皆备于我"。希特勒曾经试图通过消灭肉体的种族灭绝来消除文化认同,直接把另一极主体降低为客体,形式上达到认

---

①查尔斯·泰勒:《自我的根源:现代认同的形成》,韩震译,南京:译林出版社,2001年,第16页。

②威尔特·A.罗森堡姆:《政治文化》,陈泓瑜译,台北:桂冠图书股份有限公司,1984年,第6页。

同,维持社会的稳定;但是这种认同需要不断地投入社会的人力与物力来施加强认同,实际上不断地掩盖了认同危机,造成了更大的认同危机。这种认同是形式认同、消极认同,使认同流于形式,本质上是一种外在的认同。认同的本质已经丧失,主体之间无法达成和谐稳定的共同体关系,共同体丧失了内在活力,缺乏凝聚力与向心力。

文化作为一种国家的软实力,是软认同。"文化软实力就是一个国家借助文化媒介同化与引领其受众的价值观念及生活方式以实现共同目标(利益)的能力。"①文化它不像军事实力、经济实力那样,对他者形成一种外在的、胁迫式的认同;而是强调通过日常生活的柴米油盐、文化习俗等方面潜移默化地影响与改变他者对自我的看法,对自我形成认同。所谓不战则屈人之兵,上兵伐谋就是这个道理。软认同与硬认同二者相互补充、相互促进,共同推动共同体的发展。所以,我们一方面要加强国防与军队现代化建设,捍卫国家主权平等与领土完整;另一方面,要增强与提高文化软实力,推动文化强国建设,发挥文化的吸引力、向心力与说服力,夯实中华民族共同体。

文化认同是主体间内在的情感共鸣。权钱关系是一种脆弱的认同。主体间的关系以权力与金钱等利益为纽带,有钱、有权的时候,主体间的关系是稳固的,一旦丧失权力地位、金钱利益,主体间的认同关系就会终结,甚至降低为一种主奴关系,降低为一方对另一方的宰制;或者主体间的关系随着主体间的权力与金钱关系的量变而不断飘忽不定。归根到底,这是功利主义的认同观。"君子之交淡如水,小人之交甘若醴。"君子之交是信仰与价值的认同,不会因为暂时的利益关系而丧失彼此做人的原则与底线,他们之间的认同是基于认识、责任的尊重与认同。藏传佛教作为藏族人民共同的宗教文化信仰,具有极强的文化认同动力,人们对佛教的虔诚与崇拜已经到了无以复加的地步。他们注重来世修行,看淡现世的生活,认为现世生活是罪孽与苦难的历程,他们有些人积蓄多年、变卖家产,等身丈量、长途跋涉、忍饥挨饿,平日里一滴酥油都不舍得吃,也要攒油到佛前添灯。很多革命先烈与仁人志士,坚持崇高的理想信念,他们结成革命共同体,并不是为了满足自己的个体解放,而是担负起民族独立与人民解放的重任。思想认同、文化认同往往超越于个人利益。

①宁德业、尚久:《当前我国文化软实力发展面临的挑战及其应对》,《江西社会科学》2010年,第4期,第191页。

此外,曼纽尔·卡斯特根据认同的形式与起源,把认同分为合法性的认同、排斥性的认同与计划性的认同。[①]

三、认同的内涵

认同是一个主体间性概念,认同是对自我的塑造,认同是自我与他人的共识,二者统一于交往实践活动当中。第一,认同是一种辨识的过程,需要以他者为参照物,是通过与他者的比较来确认自我与他者的异同,进而达到自我位置与社会身份的认识;第二,认同是一个社会互动的过程,不会自发地生成,它是主体在复杂社会中通过长期的交往与实践而逐渐意识到的自身身份归属;第三,认同是一个变化发展的过程,时代的变迁与发展赋予人们多重角色的同时,也促使人们的认同度、归属感日益呈现出多重性、流动性与多变性。认同对个体的意义就是自我的成长与发展,对社会的意义就是社会共同体的重组,对国家的意义就是主权共同体的统一,对人类的意义就是人类命运共同体的建构。认同就是使人成为主体,成为一个丰富的、完善的主体。不论对宏观的、大写的历史主体,还是微观的、小写的历史个体,这都是一个具体的历史发展过程。

认同是人的主体性建构的实践活动。认同是主体性的建立。认同就是对主体的确认与肯定。我认同他的立场、观点与方法等等,对自我来说,说明自我是一种社会性的存在,自我不是孤立的个体,不是孤独得无人理解的个体;对他者来说,他者的主体性建立起来,自我是对他者主体地位的确认,相反,他者认同我的立场、观点与方法等等,我的主体地位就确立起来了。自我认同他者,他者认同自我,都有一个逻辑发展的进程,也不是一经认同就永恒不变的。他者认同自我的一些言谈举止、思想实践都是具体的、历史的,都是有表现形式的,社会历史的发展就是主体的觉醒与实践。揭示与说明这些认同的表现形式有助于说明人作为主体是如何建构起来的,人的主观能动性的历史限度在哪里,阻碍与推动人的主体性建立的因素有哪些,如何才能最大限度地调动与发挥人的主观能动性。

认同总是指向主体及其建构的。不论是国家认同、社会认同、政党认同、民族认同等这些以共同体为主体的认同,还是经济认同、文化认同、政治认同等等这些以认同内容为目的的认同,都是为了保持并实现主体地

---

①曼纽尔·卡斯特:《认同的力量》,夏铸九等译,北京:社会科学文献出版社,2003年,第4页。

位而围绕认同对象展开的实践活动。国家认同、社会认同、政党认同、民族认同都是指向主体认同的,希望围绕人这一主体通过一系列实践活动,增强人的主体性,增强共同体的凝聚力与向心力。经济认同、文化认同、政治认同等是维护个体权利的一系列社会生活领域,通过对主体经济、文化、政治等权益的保障来提升各个共同体组织的主体能动性。人类思想史是以人类理性反思的形式把人类的发展记录并书写下来的。这是人类主体性发展的一种表现形式,人们希望通过这种书写获得他人的认同,传承这种认同,实现人类社会的发展。人类每个时期主体性所达到的历史高度,通过人们的思想史精确地展现出来。它既成为人们获得主体性的一种确认方式,也为后代主体性的发展提供了资源要素。

认同是一个系统。每个认同系统具有整体性的特征,对人做了整体的秩序安排与行为规制,赋予人以意义与价值,并且人能够从中获得主体存在感与获得感。人的生产方式、生存方式不同,由此建立的认同体制也是不同的。前现代社会与现代社会是两个完全不同的认同系统。从一个认同系统到另一个认同系统的过渡,或者从一种社会形态向另外一种社会形态过渡有造成认同危机的可能。查尔斯·泰勒在《现代性中的社会想象》中认为传统社会向现代社会转变的过程中会发生"大脱嵌"的现象,从"大脱嵌"到社会生活的"重组"就是一个认同问题。前现代社会与现代社会是两个完全不同的认同系统,由此形成的认同理论是有差异的,以及人在该社会中的地位、人的存在状况与人的价值观是不同的。前现代生产方式的变革、生产秩序的重组都必然会引起人的存在发展状况的变化。随着人的思想文化价值体系的调整与重构,人的地位、意义必然重新得以定位与确认,因此,人才能找到归属感,人的心灵才能重新得以安放。这个变化调整的过程就是认同的过程,期间如果这种过渡进行得相对平稳顺利,认同的危机就会小一些。如果没有做好这个过渡过程的衔接,就会产生严重的认同危机。比如人会感到迷茫、悲观、失望,没有存在的价值与意义。认同危机一旦从个体发展为群体,就会对社会、国家、历史产生影响与冲击。

第一章　主体的生成

　　主体是与客体相对的,人的主体性的确立一是指向客观自然界,通过自然之镜实现人的感性与理性,二是指向他者,从主体间关系来达成共识,完成主体性的建构。不论从人类学意义上讲,还是从微观个体意义上讲,人作为主体都有一个历史发展的过程。

第一节 自然之镜

主体首先是透过纷繁复杂的感性世界的有形样态,去探寻万事万物的本质和原因,把握事物变化发展的内在规律。人类生产什么、如何生产,以及认识与把握自然的尺度决定了人类的认识方法和思维模式,反映了人类认识和改造世界的程度和水平,并最终体现在其思想意识形态当中。所以,自然界作为人的主体之镜,它通过人的社会生产实践,抽象而真实地反映了人的现实的生产关系和社会关系。具体来说,人通过生产力、生产资料与劳动工具所建构起来的人与自然的关系决定着主体的存在方式。

一、前现代时期

这是一个经历了采集和狩猎,以农业和手工业为主的社会。经过漫长的听天由命、天人合一的原始生活方式后,随着原始氏族部落的不断壮大和对自然的认识改造:血缘婚姻关系突破氏族部落范围,优化了人的生理机能;畜牧业的发展彻底改变了人的饮食结构,医学的发展提升了人的身体素质;铁器、青铜器的发明应用、天文地理知识的积累,提升了农业和手工业的工作效率,最后导致剩余产品的出现和积累。从农业中逐渐分离出来的手工业,逐渐在城市形成行会。专门从事剩余产品交换的商人,加快了地区间经济、政治、文化的交流与互动,区域交往突破了它们固有的狭隘的生产视域,使生产要素得到有效整合,提高了人类社会的生产力发展水平,使人类进入封建社会。等级森严的封建制度严重阻碍了自然科学的发展,使自然科学囿于孤立狭小的交往视域而裹足不前,"科学知识同启示一样,只是为替上帝服务所应思考、体验和运用的完整智慧里面的一部分"[①]。神父不仅是上帝的代言人,而且还是科学家、哲学家,宗教

---

①贝尔纳:《历史上的科学》,伍况甫等译,北京:科学出版社,1981年,第186页。

要把一切都收入囊中,使自然科学处于长期的沉寂和荒废之中。

　　自给自足、自产自销的小农经济和独立的手工业生产是传统封建社会的生产方式。中世纪封建社会,"人都是互相依赖的:农奴和领主,陪臣和诸侯,俗人和牧师。物质生产的社会关系以及建立在这种生产的基础上的生活领域,都是以人身依附为特征的"①。国王按照血缘宗法把土地分给封建领主和教会,封建领主把土地、劳动工具等劳动资料按照封建等级分给部属、将士、农民,农民在自己的小块土地上自由地开展农业生产和手工作业,定期向封建主交纳地租和纳贡服役,封建领主定期向君主国王进贡纳税。农民依附于封建领主,在完成一定的地租和劳役外,其余的劳动成果都归自己所有,但他们有一定的人身自由,是自给自足的主体。他们在自己的土地上耕种,安排自己的生产活动,改进自己的工艺技术,过着男耕女织的生活。农民劳动的积极性和主动性被激发出来,劳动者真切地感受到主体的创造力量和自由,使封建社会的生产力得到了有效的提升。在一定的历史时期,对他们造成威胁的只有阴晴不定的自然灾害和不期而至的战争。中世纪人们与生产资料的经济关系决定了封建宗法等级制度,封建地主阶级为了维护阶级统治,不断地把安分守己的社会生活宗教化和合法化。宗教思想一旦产生就发挥了它维护和改造社会阶级统治的功能。"随着封建制度的发展,基督教成为一种同它相适应的、具有相应的封建等级制的宗教。……中世纪把意识形态的其他一切形式——哲学、政治、法学,都合并到神学中,使它们成为神学中的科目。"②统治阶级不断对基督教进行修正和完善,使它既维护了既得利益团体,又规训了社会群体,让人们过着墨守成规、相安无事、自得其乐的生活。

　　传统农业社会赋予人的主体性特征如下。

(一)朴素性与直接性

　　早期人类社会极端低下的生产力水平与简单狭隘的生产方式,决定了人的内涵与限度。主体性只能是对当时极端恶劣环境下的简单而直观的反映,本质上仍是一种极端形而下的产物,难以突破形的限度,难以超越人的感性认识范围,只是对现象世界的形象直观,器仍然是器,还没有

---

①《马克思恩格斯文集》第5卷,北京:人民出版社,2009年,第95页。
②《马克思恩格斯文集》第4卷,北京:人民出版社,2009年,第310页。

上升为形的概念,这在早期希腊哲学中得到了充分的反映。泰勒斯的水本源说、阿那克西美尼的气本源说、阿那克西曼德的无定说、赫拉克利特的火本源说、恩培多克勒的四根说,把世界的本源归结为一种或几种自然物,已不像原始社会时期万物有灵论的多神教那样宏大壮观的本源追溯,本源的数量从多逐渐归纳为几种或一种,"一与多"的关系已在古代奴隶社会生根发芽,这说明人们已学会简单地归纳总结,尽管仍然没有突破形的限制,但已有长足的进步。

(二)宗教性与抽象性

泾渭分明的封建领地、等级森严的宗法制度、按部就班的行会制度、重信仰轻理性的宗教教义、自给自足的生产方式赋予中世纪形而上学浓郁的神学色彩,使其具有抽象性和对立统一性。经院哲学以理性服从信仰为目的,把哲学、自然科学等看作信仰的有力见证,充当神学的婢女,给自己披上一层神圣的外衣。低下的社会生产力、落后的科学技术、脱离现实感性生活的无知信仰和冥思苦想必然形成哲学概念的空洞性和抽象性。等级森严的封建政治制度,要求尘世与天国、具体与个别、特殊与普遍、物质与精神、人与神、肉体与神魂、感性与理性、马尔克与行会等概念范畴的对立,范畴之间具有严格的等级性和不可逾越性,在这些范畴背后矗立的却是封建社会的剥削、统治人民的群像、自然界对人的奴役,以及人对自然界的无知。人与自然界在根本上是对立的,有着严格的界限,这种界限也反映一种无助,并给信仰留下广泛的空间。

(三)统一性与开创性

中世纪封建社会时期,农村的人们过着男耕女织的生活,行会中"工人与他的生产资料还是互相结合的,就像蜗牛和它的甲壳互相结合一样"[①]。生产资料还没有独立化到同工匠相对立,人们还能在生产活动中实现自身的力量,确认自身的存在,还是一个相对完整统一的人。在等级森严的封建中央集权专制统治下,封闭狭隘、自给自足的生存方式,使得中世纪思想在对立中又显现出一种统一性。在信仰启示下的理性,在理性探索中的信仰,个体与共相,尘世与天国总会实现统一,宗教神学与现

———————

①《马克思恩格斯文集》第5卷,北京:人民出版社,2009年,第415页。

实世界在对立中不断走向融合。苏格拉底与柏拉图将巴门尼德"一与多"的存在之学转化为"一般与个别、普遍与特殊"的关系问题，亚里士多德为现实世界建构起形而上学的体系，尽管还没有说明构成事物现象与本质的各个细节。托马斯·阿奎那借用亚里士多德的四因说，构建了一个由火气水土物质四元素、植物、动物、人类、天使、上帝组成的自下而上的宇宙等级体系，实现了唯名论与唯实论的完美融合，成为古典形而上学的集大成者。前现代时期，人类围绕事物是什么的问题，从朴素的自然界出发，首次突破了"器"的束缚，把"器"上升为"形"的高度，用概念对事物做出了形的概括，人是借助于物，从物中抽象出形，从形中得出概念，并借助不可知的宗教神学建立起形而上学的体系安身立命的。

二、近现代时期

这是一个以工业为主的商品经济社会。资本主义萌芽大约从 12 世纪产生，经过中世纪后期的潜伏酝酿，在近现代得到了飞速发展，资产阶级逐渐成长起来，并在统治阶层占据日益重要的地位。15 世纪，资产阶级的地理大发现加快了世界文明的交往范围，中国的四大发明经丝绸之路传入西方，从古希腊亚历山大时期开始的自然科学，经过中世纪阿拉伯人的传承，在文艺复兴时期逐渐得到了关注和重视。"随着中等阶级的兴起，科学也大大振兴了；天文学、力学、物理学、解剖学和生理学的研究又活跃起来。资产阶级为了发展工业生产，需要科学来查明自然物体的物理特性，弄清自然力的作用方式。在此之前，科学只是教会的恭顺的婢女，不得超越宗教信仰所规定的界限，因此根本就不是科学。"①自然科学如雨后春笋般在整个世界遍地开花。在此期间，欧洲各国科学院都陆续成立，为科学向自然进军，为欧洲近代自然科学的繁荣起到了直接的推动作用。科学技术带来的巨大生产力彻底改变了人类的生存环境和生活面貌，人们在科学中发现了自己、找到了自己。十八世纪六七十年代的第一次工业革命方兴未艾，十九世纪六七十年代为标志的第二次工业革命接踵而来，西欧资产阶级在风起云涌的社会革命浪潮中先后完成资产阶级革命，并逐步走上工业化发展道路，机器大工业不断取代工场手工业成为资本主义新的发展阶段，科学技术作为第一生产力不断改变着人类的历史与生活。科学与技术的快速转化运用，使得发电机、电动机、电话、电

---

①《马克思恩格斯文集》第 3 卷，北京：人民出版社，2009 年，第 510 页。

灯、电报机、汽车、飞机等电气化设备,打破了时空的绝对界限,把"许许多多的地方性时间"连接起来,在整个宇宙当中形成"同时"。① 以电力的广泛应用和新交通运输工具的发明推广为标志的第二次科技革命迅速在世界扩展,加快了世界文明交往的进程,使得资本主义国家纷纷进入帝国主义发展阶段,并最终导致资本主义世界殖民体系在全球范围内的确立。

商品经济的发展,造成手工业者大量破产,圈地运动的深入开展使雇佣工人成为一贫如洗的无产阶级。为了追求财富资本,满足市场的需求,资本家不断提高劳动生产率,发展细化分工。"工场手工业使工人畸形发展,变成局部工人。"②人已不能完成一套完整的工艺流程,只能固定从事一道工序,成为一架机器、一个工具。"过去是终身专门使用一种局部工具,现在是终身专门服侍一台局部机器。滥用机器的目的是要使工人自己从小就转化为局部机器的一部分。"③随后的二次工业革命用"纺纱机、机器织机和蒸汽锤代替了纺车、手工织机和手工锻锤",总之,用机器代替人。工场手工业时期,手工业者、工人不一定终身被雇用,在工业革命之后,人们与他们的生产资料彻底分离,工人已只剩下苟延残喘的体力劳动了。"工人的工作只限于监督和调整机器运转。"④人成为生产的监工和看守,机器把人力所能及的和无能为力的都做了,只剩下人的智力、主观意识、非理性因素、脑力劳动不能代替。机器大工业把人从手推磨的生产方式中解放出来,使人变成机器的监工。电气工业把人从蒸汽机的生产方式中解放出来,使人成为无业游民,成为资本主义再生产过程中的一个有机环节——产业后备军;使商品经济加速走向世界市场,资本主义生产经营的各要素在世界范围内得到重组,自由竞争资本主义逐渐转入国家垄断资本主义。生产的社会化,股份公司、国家所有制的出现使资本家也变得可有可无。工资越来越少,失业工人越来越多,剩余产品越来越多,经济危机越来越多,破产越来越多,资本家也越来越少。人逐渐变得"多余",无产阶级变得越来越多余,得不到认同,与资产阶级的矛盾日益上升,导致社会危机频发。

它们使近现代的人呈现出如下特征。

---

①斯特隆伯格:《西方现代思想史》,刘北成、赵国新译,北京:金城出版社,2012年,第453页。
②《马克思恩格斯文集》第5卷,北京:人民出版社,2009年,第418页。
③《马克思恩格斯文集》第9卷,北京:人民出版社,2009年,第308页。
④《马克思恩格斯文集》第3卷,北京:人民出版社,2009年,第502页。

(一)科学性

人们在科学中找到了自身蕴含的力量,其哲学体系日益成熟。形而上学的范畴体系尽管在亚里士多德时期就已经初步确立,但范畴的内在结构、相互关系等内涵,还没有得到实质的说明。中世纪封建宗法社会对它进行了神秘空洞的说明,近现代资本主义的商品经济社会对此做了深入的解答,同时也为机器大工业来临打下了坚实的物质基础。人成为机器——可量化的精密仪器,主体所展现出来的机械性、能动性与系统性,正是近代工场手工业的生产力发展水平与生产关系状况的曲折反映。近代哲学家培根专门从事科学实验;洛克专注于医学研究;笛卡尔热衷于代数和几何;莱布尼茨担任过柏林科学院院长;拉美特利进行医学等自然科学研究;爱尔维修和霍尔巴赫精通地质学和物理学;康德提出了星云假说。霍布斯、斯宾诺莎、贝克莱等哲学家,他们即使不是科学家,也与当时的自然科学家伽利略、牛顿、惠更斯、波义耳等交往甚密。他们热衷于自然科学现象,关注自然科学前沿动态,坚持用自然科学的最新发现来武装并论证他们的哲学理论,以期揭示人类生活的奥秘。经验论以物理、化学、医学等实验科学为依据,重视人的观察、感觉、经验,强调身体力行的经验归纳法,倡导经验是知识的来源,知识与观念、真理的尺度在于经验的积累与组合。唯理论以数学、逻辑学等人文科学为依据,重视理性的能动性、逻辑构建,主张逻辑推理的演绎方法,认为理性是知识的来源和可靠保证,坚持天赋观念,认为感性经验只是理性思维的外在机缘。经验论与唯理论的分歧经休谟与康德的反思总结,发展为现象与物自体、形式与内容、知性与理性之间的不可跨越的二律背反。柯林伍德说:"新的物理学和新的几何学造成了康德的体系的一个明显的破裂。这种破裂实际上已经被黑格尔预见到了,并且黑格尔已经提出了它的一些成果,黑格尔被贯穿在19世纪的核心时期的那些理由所联合抵制,只是到了人们不再满足于那个时期所接受的原则时,人们才重新研究黑格尔。"[①]因为黑格尔已经正视了这种破裂,并用辩证法重构了这些破裂,从而使他成为近代哲学的集大成者。随着自然科学的积累发展,最终催生了19世纪中期自然科学的三大发现——进化论、能量守恒定律、细胞学说,它们不仅把近代自然科学提升到一个新的历史水平,而且在事实上也为辩证法做了印证。

---

① 柯林伍德:《形而上学论》,宫睿译,北京:北京大学出版社,2007年,第29页。

(二)机械性与片面性

笛卡尔把人看成钟表,拉美特利把人看作机器,近代哲学把运动归结为机械的外在推力,理性与经验、现象与本质、原因与结果、必然与偶然、物质与意识等范畴之间非此即彼的机械特征,这些是人类认识事物的客观历史,是认识事物的必经阶段。分工的细化与专业化,机械地重复一种生产工序,日趋片面的生产、生活方式,把自然界分成若干个领域,进行分门别类的研究。这是刚刚从中世纪蒙昧世界走来、努力尝试了解自然社会的人们所能达到的历史认识水平。这种用孤立静止片面的观点去观察了解认识事物的方法是获取感性材料、收集信息的首要阶段,这是合理的,而且也是必需的。它为人类社会的生存发展积累了经验,为自然科学的成长打下了坚实的基础。"把各种自然物和自然过程孤立起来,撇开宏大的总的联系去进行考察,因此,就不是从运动的状态,而是从静止的状态去考察;不是把它们看作本质上变化的东西,而是看作固定不变的东西;不是从活的状态,而是从死的状态去考察。这种考察方式被培根和洛克从自然科学中移植到哲学中以后,就造成了最近几个世纪所特有的局限性,即形而上学的思维方式。"①

(三)系统性

感性直观的经验总结、思辨抽象的理性形式,这些都是资本主义简单协作和工场手工业历史抽象的产物,而这些又注定会扬弃为一个新的有机统一体。简单观念的积累是复杂观念的必备,丰富感性的经验积淀必定会产生质变。近代自然科学对各领域现象的积累与穷尽,最终打破了自然科学各领域的固定界限,实现了事物的有机统一。无机界与有机界的绝对对立走向了和解与融合,黑格尔包罗万象的哲学全书突破了康德现象与物自体的二律背反。因此,"从笛卡尔到黑格尔和从霍布斯到费尔巴哈这一长时期内,推动哲学家前进的,绝不像他们所想的那样,只是纯粹思想的力量,恰恰相反,真正推动他们前进的,主要是自然科学和工业的强大而日益迅猛的进步"②,对自然界的揭秘不断成就了人。

---

①《马克思恩格斯文集》第 3 卷,北京:人民出版社,2009 年,第 539 页。
②《马克思恩格斯文集》第 4 卷,北京:人民出版社,2009 年,第 280 页。

(四)非理性

工业革命改变了人类社会的生存方式,"人们长期以来所熟悉的世界图景已全然不适用,这使人们产生一种困惑和失望的感觉"[1]。人们感到自己是一个"孤独的个体",自由的"忧惧与虚无"使人们期盼"信仰的一跃"。盲目疯狂的"生存意志"贯穿于世界的每个角落,世界就是这样一个"欲望之流、意志之流"的表象与产物。人是被"抛入"到这个世界来的,孤独、迷茫与荒谬笼罩着每一个人走向死亡,人与人处于一种"他人是地狱"的生死状态,人们只能囿于语言的存在之家。人的存在是一部多元主体视域融合的理解史,我们必须实现从自在存在向自为存在的转变。我们应该接受"上帝之死"的现实,用"超人般的强力意志"在"永恒的生命轮回"中去实现人的自我创造和自我超越。人的存在和自由意志只有在"直觉"的"生命绵延"中才能得到把握,而工具理性与技术理性是无法把握的。面对资本主义工业化的危机,有人提出"回到康德那里去"的口号,有人发出"回到黑格尔那里去"的号召,以期用"理性批判"和"绝对理性"来克服人类的精神危机。弗洛伊德认为人的焦虑迷茫已形成一种普遍的精神疾病,文明的进步就是对人的本能的压抑。现象学分析了欧洲科学的危机,对实证主义进行批判,要求回到现象本身,并通过"悬置、本质直观、意向性、主体间性"来还原生活世界的意义。人类的异化已深入人的内心、思维,人已成为单向度的人,只有"大拒绝",坚决地"否定",不断地批判才能唤醒沉睡的人们。科学主义思潮秉承工具理性的科学方法,拒斥思辨唯心主义和主观经验主义,把哲学归结为逻辑、概念、结构、语言、语法的剖析,只留下干瘪的数理逻辑和结构分析。

三、后现代时期

这是一个以信息网络为主的后工业社会。人是符号。二战后,世界经济进入复兴重建时期。以计算机、航空航天和生物工程为重大突破的第三次科技革命,开启了一个信息时代。计算机的发明应用把人类带入了互联网时代,使资本、技术、人才等传统工业资本形式通过信息这种新型资本创新形式,逐渐在全球化过程中发挥支配作用。干细胞的发明应

---

[1] 斯特隆伯格:《西方现代思想史》,刘北成、赵国新译,北京:金城出版社,2012年,第458页。

用、克隆技术的成熟、纳米技术的开发、DNA 密码的破译、大数据模型的出现,催生了知识经济的繁荣。航空航天技术的发展,加快了世界的联系,跨国公司、联合国、世贸、国际货币基金组织等国际组织纷纷成立,世界经济政治的趋势与格局发生变化,形成了独具特色的后工业社会。

世界经济政治的新格局,使得资本不得不以新的形式改头换面、粉墨登场,资本虚拟化与信息传媒技术使技术、人才、原材料等生产要素跨越时空壁垒,在全球范围内得到了重新分配与重组。垄断组织实现了拓展升级,垄断从行业垄断、国家垄断发展到国际垄断。产业结构得到了优化调整,呈现出从以第一产业、第二产业为主向第三产业的转型。经济增长方式实现了转型更替,从以实体经济、粗放式经济为主转向虚拟经济、数字经济,全球经济表现为一种信息交流、金融贸易、虚拟经济,金融资本从世界范围内蜂拥而至,又转瞬即逝。为了摆脱国内外政治经济的困境,维持高增长,政府不断鼓励人们超额消费、负重贷款,加剧了发达国家对发展中国家和不发达国家的剥削和奴役,给世界经济的恢复和可持续发展埋下了风险和隐患。

阶级结构发生了深刻的变化,战后西方国家实施的福利政策,提高了全社会的生存保障待遇,改善了无产阶级的状况,无产阶级日趋消散隐退,资本家逐渐退居幕后,雇用大批白领,中产阶级逐渐壮大成为社会的中坚。国内政治“第三条道路”日渐凸显,工党、社会党等共产党组织日渐分化转型,消解了工人阶级的战斗热情,使多元主体及政治多极化日益显现。国际局势上,美苏争霸、东西冷战、第三世界崛起、苏联解体、北约东扩、局部战争不断、南北差距拉大、恐怖主义肆虐、六月风暴、东欧颜色革命、占领华尔街,从而给世界和平发展带来了严重的危机。西方资本主义国家实施资本创新,把资本的统治建立在知识、技术、人才的垄断之上,以此来实现在全球范围内的资本重组,既实现了资本在世界范围内的增值,又转移了国内的政治统治危机,形成了资本主义“中心—边缘”的统治方式,开启了资本信息技术全球化的新局面,改变了人的生存方式。信息时代的全球化日益超越时空的界限,加速了“脱域”的历程。一方面展现了历久弥新、光怪陆离的“景观社会”“符号社会”,资本创新促进大众文化、消费社会的繁荣发展,它们既缓解了工人压力,又加快了剩余价值的利润回收;另一方面让人们彼此间失去了往日的信任和和谐,使人们对未来日益感到焦虑不安,人们的生产生活劳动逐渐失去其实体性的劳动内容,科学技术作为人的自在本质力量的再现,转变为统治阶级对科技应用的自为工具,全球金融危机、次贷危机、核扩散、环境恶化使世界日益陷入一个捉摸不定的风险社会。

后工业社会使后现代的人呈现出如下特征。

(一)符号性

信息技术革命使符号成为分析当代消费社会的核心概念,符号的生产、交换、分配、流通,成为消费社会经济政治文化发展的核心,对符号的掌控与支配成为消费社会的重要筹码。当代哲学家们从不同角度对消费社会的符号性进行了阐释。德波认为资本主义商品经济的繁荣昌盛已打造出一个丰富多彩、五花八门的景观社会,它借助现代科技传媒来刺激和制造虚假消费需求,通过大众消费来控制大众,维护统治的合法性,实现资本利润。因此景观社会是阶级统治和资本剥削的一种新的方式和工具。鲍德里亚改造罗兰巴赫的符号理论,认为消费社会的本质是符号,"电视就是世界"。[①] 他对当代资本主义社会做了符号政治经济学的批判改造,大众传媒用大量符号、代码、意象代替真实再现,来实现资本增值和社会的转型发展,维持资本主义的阶级统治。利奥塔认为"知识以信息的商品形态出现,成为生产力的不可或缺的要素,在世界范围内的霸权争夺中,已然成为最重要的筹码"。[②] 吉登斯强调信息传媒技术在符号系统与专家系统的脱域机制、时空延展、知识的反省性中的地位,哈贝马斯从语用学角度强调语言符号在交往行为理论中的功能。总之,人被数字化了。

(二)差异性

后工业社会转瞬即逝的流动性与不确定性,使得任何一种单一固定的形而上学范式,都成为一种专制与幻想。后现代的哲学家们纷纷反对宏大叙事与专制集权,追求差异性与多元性。差异的个体使得认同变得越来越迫切与必要。利奥塔认为现代性是一种元叙事,它为现代社会的权力、制度、统治提供合法性辩护,导致人类社会的分裂,他强调语言游戏与话语体系的多元叙事的差异性与平等性,人们应该在平等的对话交流中超越现代性。福柯对现代资本主义社会权力控制下的理性进行了批判,对语言、知识与权力的内在关系做了结构主义的分析,认为知识的不

---

①大卫·莱昂:《后现代性》(第二版),郭为桂译,长春:吉林人民出版社,2004年,第135页。
②让·弗朗索瓦·利奥塔:《后现代状况》,岛子译,长沙:湖南美术出版社,1996年,第36页。

同类型是由社会政治力量的结构决定的,所谓的文明、理性都是权力主体为了安定社会秩序,维持执政合法性的规训过程。因此他强调"话语",反对总体性对人的强制、驯化、压迫,号召个人微观权力论,提倡多元差异,以此来实现人的自由发展。德里达进一步认为理性的形而上学和中心结构根深蒂固,已成为人类的思维定式,必须对人类的语言、文字与文本进行全面的解构,在延异和不确定中来获得自由。哈贝马斯强调通过多元主体间的交往协商来挽救现代社会的合法化危机。后现代哲学从主题丰富、流派繁多、语言风格迥异的角度,对传统哲学的基础主义与本质主义,进行大写的人、抽象的人、单一的人的颠覆与肢解,使当代形而上学内爆为形式各异的碎片,凸现了人的边缘性与差异性。

(三)公共性

信息社会把各种社会资源经过信息化、数据化的处理后呈现在世人面前,经济全球化把一切国家与地区的生产与消费统统置于世界性的范围之内,"物质的生产是如此,精神的生产也是如此。各民族的精神产品成了公共的财产,人们尝试去构建新的认同秩序。民族的片面性和局限性日益成为不可能,于是由许多民族的和地方的文学形成了一种世界的文学"。① 经济的全球化必将会推动世界文化呈现出全球化的整合建构态势。吉登斯认为时间与空间的虚化、社会关系的脱域机制、知识的反省性,加快了人类全球化的现代性历程,同时也把人们带入一个不确定的风险社会,要通过对话民主与政治创新来超越"现代性的限度"。罗蒂的新实用主义既反对逻各斯中心主义,又对各种偶然性持开放性态度,强调主体与客体、科学与自然、理性与非理性之间应保持一定的张力,力避绝对极端,在民主多元的平等对话中实现现代性与后现代性的兼容,用实用主义原则重建哲学。哈贝马斯对极端的后现代哲学思潮持批判态度,面对现代社会的合法化危机,在批判吸收现当代社会科学理论成果的基础上,用基于普遍语用学的交往行为理论替代工具理性行为,并把它贯彻应用于生活世界的一切领域,来致力于现代性的重建。罗尔斯面对多元主体的差异性社会,提出建构一种区别于个体理性的公共理性来解决社会的正义问题,使后现代的人必须具有开放性、公共性的特征。

前现代人的主体是由民胞物与落后蒙昧的平均主义生产方式决定

---

① 《马克思恩格斯文集》第 2 卷,北京:人民出版社,2009 年,第 135 页。

的,中世纪人的主体是由男耕女织的生产方式决定的,近代人的主体是由各自为政、孤立机械的生产方式决定的,现代人的主体是由自由落寞、机械自动的生产方式决定的,后现代人的主体是由多元差异、信息虚拟的生产方式决定的。人总是一种对象性的存在。它离不开感性的经验现象,离不开丰富多样的特殊事物,离不开人类社会的自然界前提与语境。主体扎根于人类认识改造自然和社会的生活实践。"人的思维的最本质的和最切近的基础,正是人们引起的自然界的变化,而不仅仅是自然界本身;人在怎样的程度上学会改变自然界,人的智力就在怎样的程度上发展起来。"①自然是人类主体价值实现的镜子与载体。主体的概念、范畴、特征、水平,要到历史的具体的生产力要素,人与生产资料、社会关系、劳动对象的关系中去寻找,人在劳动对象中展现了人的力量,在劳动工具中认识了自身,在生产方式中建构起自己的认同方式。

---

①《马克思恩格斯选集》第3卷,北京:人民出版社,2009年,第922页。

第二节 多元主体的生成

人不仅是一种自然存在,而且还是一种社会存在。人作为社会主体,大体主要经历了前现代神学主体、现代主体和后现代多元主体三个发展阶段,他者的觉醒既标志着神学主体的彻底终结,也开启了多元主体的生成。亚里士多德认为"人类在本性上应该是一个政治动物"①,托马斯·阿奎那认为"人天然是一个社会和政治动物,注定比其他一切动物要过更多的合群生活"②。"人是最名副其实的政治动物,不仅是一种合群的动物,而且是只有在社会中才能独立的动物。"③政治哲学的历史表明,人类与政治是密不可分的,政治的起点是人类,政治的终点仍然是人类。人类如何获得政治生活的主体地位与权利分配,哪些人可以在政治生活中获得参与权与决定权,政治生活赋予主体以何等的地位与权利,主体经历什么样的历史变迁,这实际上是人类不断摆脱蒙昧,解放自我的社会历史过程。主体作为政治哲学的核心,在不同的时代背景下,有着具体的历史内涵。主体不是一蹴而就的,它是一个实践的历史建构过程,主体从无知蒙昧到解蔽疯狂再到他者觉醒,它的变迁不断改变与推动着政治哲学的主题。

一、前现代神学主体

人类刚刚从混沌不清的自然界挣脱出来,主体自身基本上处于一种无知愚昧的状态,毫无主体性可言,只有本能的服从和盲目的自然图腾崇拜,唯有这种对自然规律和原始秩序的遵从才能维持其生存。采集狩猎和刀耕火种的生活方式,决定了人们只能过一种以血缘为纽带,分工协作、各尽所能的群居生活。这种落后的生活方式在古希腊城邦奴隶社会

---

① 亚里士多德:《政治学》,北京:商务印书馆,1965年,第7页。
② 《阿奎那政治著作选》,北京:商务印书馆,1963年,第44页。
③ 《马克思恩格斯选集》第2卷,北京:人民出版社,2009年,第684页。

仍没有得到根本的改观,改变的只是利用私有制和阶级压迫把奴隶永久地固定在繁重的体力劳动分工之上,让奴隶主阶级永远处于统治阶级的地位。苏格拉底认为人的能动性来自神的恩惠与创造,神赋予了人感官生存的能力,赐予人以理性和灵魂来认识事物、管理国家,体现神的意志与安排。

柏拉图认为人的主体地位只能在城邦的群居生活中得到保障。"在我看来,之所以要建立一个城邦,是因为我们每一个人不能单靠自己达到自足,我们需要许多东西。""因此,我们每个人为了各种需要,招来各种各样的人。由于需要许多东西,我们邀集许多人住在一起,作为伙伴和助手,这个公共住宅区,我们叫它城邦。"①个体生存需求的多样性和主体能力的匮乏决定了人类生存发展需要紧密有序的分工协作,个人的生存发展只能依靠城邦的支撑。因此,主体地位的获得依赖于生存本能的群居协作。可见,城邦政治的主体俨然是一个"大写的人",它的主体性是以城邦少数人片面的主体性即无个体主体性为前提,以多数人被奴役的奴隶生活为基础的。在基于自然本能必要群居生存方式的基础上,理想国才能得以建立,理想国的三个分工明确、各司其职的主体阶层才能得到确立和保证。最终,柏拉图利用宗教神话对奴隶主阶级的统治主体地位进行了论证,认为城邦所有成员都为一土所生,哲学家是统治者为黄金所造,武士是守护者为白银所造,工匠是生产者为铜铁所造,而且他们具有血缘世袭关系。这是一种先验城邦主体政治,只有城邦统治阶层恰当地分有了理念实体,并合理地把哲学家、武士、工匠组合协调起来才能成为一个正义的善的国家。

亚里士多德认为人是自然宇宙体系中的一个有机环节,在城邦的起源问题上,他与柏拉图都是持"人的自然社会属性的需要而结成城邦"的观点,人的主体性只有在城邦中才能得到保障。在政体理论方面,亚里士多德强调城邦中主体的权利与义务要大致保持均衡;在城邦治理方面,他强调推崇用法治来规约城邦中主体的行为纪律,主张建立以中产阶级为中心的混合政体,维护城邦等级制度。由于亚里士多德的政治学是基于对古希腊158个城邦经验调研的基础上完成的,因此,主体具有经验主体的特征。在亚里士多德看来,实体就是主体,主体是与属性相对应的,它是自因的,在所有实体中最高的实体仍是上帝。

罗马帝国东征加速了东西方文明的交流,动摇了城邦与个人整体主义的国家观;斯多葛派突出个体的自足性,强调自然法的神圣性与必然

①柏拉图:《理想国》,郭斌和等译,北京:商务印书馆,1986年,第60、62页。

性,他仍没有完全脱离整体主义国家观;西塞罗将自然法等同于神法,强调它对人类理性的启发作用;罗马的《查士丁尼民法大全》批判现实的奴隶制度,区分公法与私法,用自然法、万民法和市民法赋予人类权利。"中世纪把意识形态的其他一切形式——哲学、政治、法学都合并到神学中,使它们成为神学中的科目。"①奥古斯丁作为中世纪神学政治论的奠基者,通过人的原罪说来肯定上帝至高无上的绝对权威,贬低人的软弱无力。人类要想获得救赎,只有借助上帝的恩典、教会的救助才能实现。阿奎那调和信仰与理性的对立,虽然承认人类理性的积极意义,但理性终究是出自上帝之手,是上帝的见证与补充。他把法律从高到低分为神法、永恒法、自然法、人法,人法必须服从自然法,自然法必须服从永恒法,永恒法必须服从神法,将一切法律置于神法的领导与统治之下,国家、世俗权威、教会是上帝的代言,依法管理世界。

前现代主体是统治阶级少数人的主体,大多数奴隶是少数贵族统治阶级会说话的工具。主体带有不同程度的先验主体成分,主体地位的获得最终借助于宗教神学来得以实现,"人的理性是上帝理性的体现,法的本质是上帝的意志"②。自然法是在"君权神授或私法王授"的前提下完成的。前现代的人作为主体只是神的代言和工具,是匍匐在神权之下上帝的婢女与傀儡,所谓的哲学王、君主作为主体也是有限的,在其身后站立的始终是高高在上的第一实体上帝。因此,前现代的政治主体根本上不是独立自主的主体,主体是被压抑束缚的、无自决权的主体。

前现代主体终结了蒙昧自然神话对人任意盲目的宰制,开启了人类文明的发展历程。原始社会人类采集狩猎的生产力水平状况,决定着人类过着一种"听天由命"的生活,形成了自然图腾崇拜的宗教世界观,自然哲学的机械决定论是人类直接依赖自然物生存的最高思想形态。前现代的人通过借助于神力,赋予人以理性与智慧,达到自我持存,相对于早期自然哲学的机械目的论而言,这已是一个进步。

在农耕文明下,人是社会性的动物,以人的相互依赖为基础,结成社会群体是生存下来的根本前提和保证,群体的组织形式和群体的共同利益是先于个人利益而存在的,是高于个人的。主体是借助于上帝之必然大力才能立足于自然的,是基于人类的生存本能需要而结合的群体主体、宏观主体。在一定意义上,它体现了人类社会的文明进步,为现代自由主

---

① 《马克思恩格斯文集》第 2 卷,北京:人民出版社,2009 年,第 310 页。
② 西方政治思想史编写组:《西方政治思想史》,北京:人民出版社,2009 年,第 101 页。

体的觉醒与确立提供有效的保障。但由于前现代主体先验地依据血缘和等级分有了上帝不同的理念,使主体具有等级性、血缘性、世袭性的特征,固化了阶级和阶层利益,激化了社会矛盾,给社会文明的发展埋下了历史的革命火种。前现代社会是一个等级森严的神学政治时代,这是一个以上帝为中心的专制权威秩序,世界万物是被严格以血缘和门第为等级划分并作为"他者"分布于上帝周围的,人永远被定位为边缘化的"他者"。

二、现代主体

(一)主体的确立

资本主义萌芽的产生发展、新航路的开辟拓展、东西方文明的交流融合、科技的发明与应用及商品经济的繁荣昌盛,孕育了一个新的市民阶层。新兴资产阶级相对自由平等的身份,形成了独具特色的市民社会,他们与封建统治阶级日益激化的矛盾,冲击着等级森严的宗法统治秩序。由封建上层开明人士和金融大资产阶级主导的文艺复兴运动,由土地贵族和城市中下层工商业资产阶级主导的宗教改革运动,相继开启了人类启蒙的现代化进程。他们反对神学统治与封建特权对人的束缚与压抑,主张自由、民主、平等、博爱,这都标志着人类进入新的历史时代。

马基雅维利认为,国家是人类基于争夺权力与财富的自私本性而为避免陷入纷争成立的。国家的职责是保护人们的权利和财产,国家的核心问题是统治权,君主行使统治权应该摈弃神权和教会的干扰束缚,通过争取民心来应对臣民和外敌的挑战。马基雅维利抛开前现代的神学政治观,从人的现实经验出发,用人的眼光来考察国家的产生和统治权问题,使人摆脱君权神授的阴影,把人的权利归还于人自身,开辟了近代政治哲学的先河。博丹首次把主权与国家联系起来,把主权与具体的统治者相分离,使国家具有抽象"大写的人"的特性;格劳修斯强调主权国家的国际交往,试图用人的理性来说明自然法的合理性,"自然法是如此不可改变,甚至连上帝自己也不能对它加以任何改变。尽管上帝的权力是无限广泛的,然而有些事物也是权力延伸不到的"[1]。

霍布斯以机械唯物主义和经验主义为基础,用几何学的演绎逻辑来

①胡果·格劳修斯:《战争与和平法》,何勤华译,上海:上海人民出版社,2005年,第33页。

构建政治学,他批判君权神授说,认为人人都有自我保护的权利,它使人们处于"一切人反对一切人的战争状态",国家就是人类从自然法出发追寻和平共存而创造出来的一种人造物。每个人都通过契约的形式,放弃个人所有的权利授予个人或集体即国家,让国家来行使管理权和领导权。国家主权是不可分割和转让的,其他人必须绝对服从。霍布斯身处 17 世纪英国,混乱的欧洲局势,造就了利维坦式的国家权威。区别于霍布斯自然的战争状态,洛克认为自然状态是人类拥有自由平等权利的自足状态,这是自然理性之法赋予人们的不可侵犯的人权。为了更好地保护生命、自由和财产等权利,人们通过每个人同意的契约把惩罚权委托给政府进行管理。洛克反对专制,提倡法治和三权分立,坚持人民反对暴政的权利,首次提出人民同意、分权、私有财产权、有限政府等学说,这标志着西方近代政治权利观的形成。卢梭认为人生而自由平等,文明的进步造成了人类不平等的历史进程,只有通过暴力革命才能打破枷锁实现自由。为了实现人的自由发展,每个人应该把自己的全部权利让渡给"整个集体",形成"公意",服从"公意"。人民主权实质上就是"公意",它不可分割、不能转让、不能代表,由全体人民直接行使主权。休谟从经验论和怀疑论的立场出发,认为政府源于人性的自私和自然资源的匮乏,并非源自自然法的理性指导,政府的设计应该基于"无赖假设",政府的目的在于限制人性的贪得无厌与自私自利,确保私人财产的安全与转让。康德之前,人们用自然法、理性来论证人的主体地位,人是自然法的产物,人分有自然法的理性,人分有理性的智慧,自然赋予人以力量;而康德宣称人为自然立法,充分承认人的主体地位,尽管他把人在经验与物自体之间进行泾渭分明的划界,把人置于一种二律背反的矛盾之中,但还是把人的主体地位推到一种无以复加的地步。他认为人是目的,不是上帝代言的工具,实现了人类主体地位的历史翻转。政治、法律、道德都是为人服务而建构起来的,国家是先验理性下全体人民社会契约的产物,国家实行三权分立和依法治国,人民必须绝对服从,且没有暴动的权利。黑格尔的法哲学包括抽象法、道德和伦理三个阶段,伦理高于道德,道德高于抽象法,家庭、市民社会和国家构成伦理的三个环节。他认为自由是人的本性,真正的自由是具体的自由、自为的自由。他人是自我成立的前提,自我与他人处于相互对立而又相互依赖的主奴辩证互动关系中。具体真实的自由在经历家庭、市民社会后,才能在国家中得到充分圆满的实现。国家是主观意志与客观意志的对立统一,它是对家庭与市民社会的超越。黑格尔从个别与一般、特殊与普遍的对立统一中,确立了人在自然、社会、思维一切领域的主体地位,彻底把宗教神学政治观拉下神坛,排挤出人的势力范围,把绝对精神推到无以复加的地位,成为近代政治哲学的集大成者。

启蒙时代处于资本主义商品经济发展繁荣的时期,是一个以物的依赖性为基础的现代社会,它打破农业文明以人的血缘和门阀为依据的等级社会,把人与人的关系转化为冰冷的物与物的关系,人的存在只有借助于物的尺度才能得以说明,人类拼命在自然面前来表征人的存在。

人把自然从神域中分离出来,使自然具有自足性,并借助自然之力与神作战,而且理性是自然法的本性,自然理性赋予人以理性。人的权利并非出自"君权神授"或"私法王授",权利是天经地义、名正言顺地出自人自身的,是人与生俱来的,不必经过神的批准和恩典。人是国家的基础,国家的合法性来自人的自然权利和自然本性,国家是基于人的现实需求成立的,并不是之前所说的上帝。

启蒙时代终结了上帝的神话,建构了一个把人作为出发点和归宿,以人为中心的抽象理性王国。现代启蒙主体的确立经历了一场巨人与神之战的征程。他们反对神学教会和封建贵族的原罪说与宿命论,赋予人类以宏观、先验的抽象理性,用天赋人权与自然理性论证人权,论证人的优先性和合法性,使现代主体具有先验抽象的特征。现代主体从人的经验与理性两方面来建构自身及其政治理论,让人回到人自身,回归一切属人的属性,直至把人的思维贯穿于世界万物的一切领域,打造成现代意义上抽象理性和"大写的人"的主体之学。

资产阶级以人类解放的名义完成了对神学政治的去魅与独立,启蒙主体注重自我意识强大的抽象认知功能,具有绝对的唯我论特点,处于被压迫阶级的"他者"基本上无力进入主体的视域,主体自我意识的独白与专断占据前现代神学主体的权威,对所有人展开压制与剥夺,逐渐背离启蒙精神的实质,使人陷入危机。

(二)他者的觉醒

随着自由竞争资本主义的发展,商品经济逐渐发展成市场经济,社会日益分裂为资产阶级和无产阶级,社会各阶层分化不断加剧,"大写的人"在完成其对神学的历史清算后,进而转向其自身,逐渐对不符合资本本性的人也展开其定位与清剿。

边沁源于对自由竞争资本主义状况的反思,率先对抽象的理性发难,肢解"大写的人"。他从个体出发把自私自利抽象为人类趋乐避苦的本性,把个人利益最大化看作人类最根本的道德准则。国家的目的就是最大化地保护统治阶级的财产与安全。密尔从他者的视角改造功利主义,提出社会功利学说,认为利益最大化原则应该关注到他人与社会的幸福和利益,强调个人与社会整体利益的协调一致,国家的目的是要促进大多数人的最大幸福。密尔一改近代资本主义自由的主题,提出人的思想言论自由、个性自由和交往结社自由,呼吁妇女的政治权利等进步思想,这标志着他者逐渐引起人们的重视。韦伯认为理性已开启了一个殖民化的进程,现代国家是一个科层制、非人化的、精细化的权力机关,它已失去启蒙理性所赋予人的主体地位,已沦为资本主义获取利润的实用化工具,人已不再是其目的,人类日益陷入相互剥削压迫的分裂境遇。

尼采批判绝对理性的客观历史性,认为这是权力意志的表现,所谓的历史与进化都是虚无,只是人类对它一厢情愿的解读。上帝死了,人必须自己为自己做主。要想说明混乱无序的社会状况,改变人们精神道德的危机,首先要"打倒偶像""重估一切价值"。世界是在自己的权力意志中展开的,是超人权力意志、最强权力意志、较强权力意志、弱者权力意志的呈现。权力意志论一定意义上终结了启蒙理性在道德信仰等领域的神话,为他者觉醒和人类的解放做了激进的说明和论证,但也容易被专制极权主义所利用。马克思历史而科学地论证了无产阶级作为他者的历史命运与解放出路。他认为一切历史都是阶级斗争的历史,从现实的个体出发,而非从抽象的理性出发,历史地展现了资本主义的产生发展过程,揭示了资本主义异化的私有制本质,以及建于其上的国家、法律、文学、艺术等一切上层建筑的阶级本性。他认为无产阶级要想得到主体承认,必须首先从物质生产着手,改变生产资料的所有制,从而重建国家政权及一切社会生活领域,当然也不排除无产阶级先夺取国家政权再实施社会主义改造的可能性策略,来实现无产阶级他者历史主体地位的建构,乃至全人类自由而全面发展的解放。西方马克思主义者卢卡奇强调在资本主义物化意识侵蚀下,无产阶级必须提高自身总体化意识水平,反对个人狭隘的历史视域,保持无产阶级意识的独立性和革命性,才能实现和保障无产阶级革命的成功。葛兰西认为在西方随着市民社会的壮大与崛起,文化领导权逐步超越政治领导权,在革命中具有重要的地位和意义。随着他者的觉醒,政党的组成突破工农阶级扩展到社会群众、中间阶层等市民社会的新兴成员。马尔库塞认为,异化已经使无产阶级丧失了一定的革命意识,革命的主体应扩充为青年知识分子、大学生、黑人、嬉皮士等边缘群体并与第三世界被压迫者和西方新左派实现联合。

　　福柯认为,理性已内化为一座监狱之城,构建出一张权力之网。微观权力是构成国家权力的主要基础,它散布并渗透于社会的各个角落,对人的身体、精神形成规训。话语成为与人相异化的产物,它构成知识支配控制了人。每一个权力、知识的背后都站着一个主体,每一个知识类型、学校、工厂、军队等权力机关的真正载体是人,权力对人的规训,对肉体的摧残,对灵魂的拷问,本质上是人对人的征服与压迫。人前脚迈出神权的羁绊,后脚又走进自我理性的陷阱,上帝死后,又直接宣布了人的死亡。这种人的死亡是无奈孤寂的,不是偶然,而是必然的,是共在的。正因如此,萨特才发出"他人即地狱"的哀号,启蒙理性所赋予人的主体地位丧失殆尽,人们陷入你死我活的纷争。萨特反对任何历史决定论,提出"存在先于本质"的论断,提倡绝对自由的无政府主义来反抗权力与理性的僭越。利奥塔反对一切由先验理性所构建出来的宏大叙事,认为宏大叙事忽略与漠视多元差异个体,强调要"回到事物本身",直面现实生活世界个体的异质性。他反对形而上学的普遍归纳与逻辑抽象,批判"人类普遍历史概念"的同一性与空洞性,宏大叙事以人民、国家、社会的名义,歪曲了自由民主的真谛。知识与信息成为权力政治的有机组成部分,成为控制社会的手段,只有以微观个体组成的语言游戏,才能永远保持人的初生状态,实现人的自由创造本性。德里达肯定解构与民主的一致性,认为解构可以使民主摆脱自身的局限性,引入多元异己的他者,将民主带入一个广阔的视域,这完全是符合民主本性的。民主在解构发生的一切领域中发挥作用,使"无限的异质性"都有平等的对话权,解构的延异使政治一直面向未来,一直处于不确定状态。解构在于发现他者、面向他者,不能简单地忽视他人,所谓"历史的终结"是概念的终结,看清现有民主体制的暴力和专权,从更广泛的意义上改善民主政治。

　　萨义德强烈批判西方狭隘的民族主义及其对东方的帝国主义霸权,认为由于西方强权政治与文化霸权,东方长期处于被西方文化不断建构和话语权力胁迫的弱势地位,西方和东方的关系明显地表现为由主客二元对立思维模式所形成的主宰与被主宰、制约与被制约、影响与被影响的单向度关系。所谓的东方主义是西方对东方的主观独断论,是西方文化霸权所虚构出来的东方神话。西方具有先天的优越性,东方代表着落后愚昧,西方代表着世界文明的未来,东方需要西方的救赎与解放,这是西方中心主义的产物。他强调直面多元文化的差异,差异并不意味着对立冲突,这是我们平等对话的前提。拉克劳·墨菲的激进多元民主政治尽管否定乃至取消革命的意义,背离马克思主义,但他关注工人阶级内部诉求的利益差异,执着于战后兴起的女性主义、生态主义、后殖民主义等运动的重要性,执意对合法斗争下碎片化、多元异质主体进行联结与缝合,陶醉于自发的、非组织的、散兵状的边缘群体运动,这无疑都是对当代多元主体民主政治的探索与尝试。

资本主义市场经济的深化发展已经把人变成最大的有机剩余劳动力,使人不得不面对来自另一个自我的竞争。人的绝对理性在此遭遇了前所未有的挑战和威胁,陷入一种你死我活的主客对立境地。

他者的觉醒终结了先验理性建构的人学神话。自我中心主义,掩盖和压制他者的异质性,要求理性的绝对同一性,以潜移默化的方式,用知识、信息、语言等形式,覆盖经济、政治、文化、科技、教育、心灵等一切领域。因此,我们应该对现代文明采取大拒绝的态度,解构一切现代文明的成果,为他者提供一个新的话语平台。从他者意向性的萌发、他者话语权的关注、自我与他者的主客二元对立矛盾,以及他者的革命理论等西方政治哲学的发展来看,他者已经觉醒,他者反对主体的独白与专断,反对自我主体不证自明、先入为主的唯我独尊,反对先验绝对理性对他者的任意建构,反对假借理性之名对他者的强权暴政与身心麻痹。他者已经出场了。他者虽然呈现出否定性的虚无主义倾向,但蕴涵着一种新的意义和希望,他者终结了自我狭隘的视域,昭示着一种新秩序的可能。

三、后现代多元主体

现代民主社会,多元主义已经是一个事实。对他者的漠视与强权,只会导致暴力与革命,更会导致虚无主义和无政府主义。面对这样的事实,不同的思想家表现出不同的态度,以不同的方式为他者提供多种合法性说明和论证。

罗尔斯批判功利主义的个人计算理性,为完成对最不利者的兼顾,诉诸抽象理性的同一性假设,提出权利平等的自由原则、机会公平原则与差别原则,建构理想的正义社会,由于他典型的理性主义话语逻辑体系,受到了自由主义内部、社群主义和共和主义的责难。罗尔斯经过对《正义论》的反思与批判,鉴于对多元文化背景下形成同一理性合法性的回应,进而提出重叠共识来达到对多元理性的包容,规范人的权利与责任,完善自己的正义理论。社群主义认为当代自由主义的扩散造成了"现代性的病症",必须对以个人主义为中心的自由主义进行批判,他们反对超验的个人,强调从具体的历史语境来考察个人,个人不具有优先性,不能脱离群体存在,而是依托群体存在的;强调美德优先,个人权利的选择不能威胁到他人的利益,要承担起个人应有的社会责任。社群主义在资本主义范围内抽象狭隘地谈论群体利益,没有从历史实践的角度来说明群体与个人之间的关系,局限于道德、理性的特殊性,因此社群主义有相对性、多元性的倾向。

亨廷顿认为冷战结束后,东西方冲突已由意识形态之间的矛盾转化为世界八大文明的冲突,表面看似是不同国家的利益冲突,实则是文明之间不可调和的差异。尽管他认为世界文明将会是西方文明普世化的终结,但现实是各个文明都在不断强化自身的文化价值,人类只有接受并认同全球文明的多元差异,才能维持全球政治的安定。达尔认为当代社会不同于传统现代社会,现已形成一个利益多元、权力多元、矛盾多元、认识多元的多元社会,它是构成多元民主的基础与前提。在分析批判西方古典三权分立与人民主权政治的基础上,他认为多数人的民主是一种理想民主,实行多重少数人的"多头政治"才是现实的民主。鲍曼认为资本在全球范围的自由配置与组合,使现代社会呈现出流动性的特征。人不断"瓦解传统"关系的束缚,变得日益原子化、个体化,构成现代社会多元性与差异性的基础。差异、他者应该获得认真的对待与广泛的认同。现代社会真理的确定性已无法说服多元差异的个体,作为深度发展的后现代只有"复数的真理",后现代政治就是要保护个体的自由与多元差异,给予其合法性的认同。吉登斯分析解放政治的悖论,批评自由主义的个人权利观,认为资本主义、工业主义、监控、军事力量的互动构成了社会历史发展的动力,主张建构广泛的公民社会,实现从统治、管理到治理的转型,每个人都有参与社会管理的权利与责任,国家应该服务于公共利益,强调多元主体间团结合作、包容协商的集体主义;反对理性中心主义的设计与抽象理性的政治解放,反对后现代主义对主体的消解与虚无,着重对破坏的理性进行修缮统一。哈贝马斯谴责实用主义对生活实践的侵蚀,认为工具理性使生活世界殖民化,扼杀人的价值判断,造成资本主义合法化危机;分析科学技术作为意识形态代替国家机器,发挥规范和维护资本主义合法化统治的功能。国家福利政策、资本主义统治世界方式的改变,使多元主体构成生活世界的共在;语言不仅是主体间相互了解、连接多元理性的中介,更是重塑社会生活的前提条件。交往理性正出自此,通过语言的真诚性、真实性和正确性来达成一致,它是话语伦理实践的产物,并以此为理论基础建构起协商民主、全球国际理论等政治理论。

后现代是多元主体的时代。人们越来越清晰地认识到没有他者参与建构的主体是无法成立的,后现代主体必须在自我与他者的互动过程中动态形成,它所依赖的基础,恰恰不是自我主体而是另一个他者。现代主体的狂妄自大与主客二元困境,只有在自我与他者认同共在的多元主体中才能得到解脱与释然。

他者的觉醒既是人类社会实践的结果,也是人类自我反思的产物。他者提升了主体的内涵和意义,使主体上升到一个新的历史高度。一种具体的历史的多元主体已经持续在场,正视他者,尊重他者,倾听他者,以他者为中心已经为我们寻得理性自我救赎与主体重生的出路,更为我们构建一种新理性,开辟出一个新的发展境遇。

第二章　民主与认同

　　主体的觉醒就意味着民主的开启,民主是人民当家作主,民主的起点在民。人民当家作主不是既定的、现成的,需要人的启蒙与觉醒,创造当家作主的条件并为之而奋斗。在这一过程中人的智慧得到呈现,人的力量得到肯定与彰显,这就是人的认同问题,而人民当家作主在一定意义上是认同的外化与结果。所以,没有发自肺腑来自内心的认同,真正的民主是无法实现的。

第一节　中国古代民本的历史逻辑

认同的话语并非起始于当代,中国古代具有丰富的认同思想资源。中华民族共同体是一个集物质、生产、生活、宗教信仰、风俗文化等要素于一体的认同体系。单靠种族、血缘无法形成一个有机的共同体组织。"中国者,聪明睿知之所居也,万物财用之所聚也,贤圣之所教也,仁义之所施也,诗书礼乐之所用也,异敏技艺之所试也,远方之所观赴也,蛮夷之所义行也。"[①]所以,中华民族并非仅仅是地域、财富意义上的共同体组织,更是一个文化认同意义上的组织。从万物有灵论、图腾崇拜到周礼、诸子百家、儒释道结合、程朱理学等,不断创新发展着思想文化,规训与团结着中华民族走向未来。思想文化认同具有超越暴力战争等强制认同的消极意义,对国家政治共同体的建构发挥着根深蒂固的作用。从此意义上来看,思想文化的认同是一种内生的认同,构成了自我及社会发展的根基。

一、中国古代的民本思想

中国古代政治思想的主题是什么呢？按照刘泽华的观点就是围绕君主,为了维护君主专制统治地位而树立的一种臣民意识与崇圣观念。君主专制是需要臣民来认同的,这是一个历史的建构过程。前现代向现代政治的转变就是从君主专制主义向民主主义、由臣民意识向公民意识、由崇圣观念向自由观念的转变,是单一主体向多元主体民主政治的转变。[②]这也是一个认同的历史建构。

---

① 《史记·赵世家》,北京:中央编译出版社,2016年,第37页。
② 刘泽华主编:《中国政治思想史》,杭州:浙江人民出版社,2020年,第8页。

(一)人的自然尺度

人类社会的发展必须以尊重自然为前提。中国古代自然观经历了"畏天""敬天""问天""观天",从"人谋胜天"到"天行有常",从"天人感应"到"制天命而用之"的发展历程。"天""气""道""一"等概念是对自然界的思考。① 周易《序卦传》认为,先有天地,然后才有万物,有万物然后才有男女,有男女然后才有夫妇,有夫妇然后才有父子,有父子然后才有君臣,有君臣然后才有上下。

夏商周像西方的前苏格拉底时期一样,还没有形成理论化的哲学。老子批判统治的暴虐、社会的争斗,因此,他强调无为而治,主张"绝圣弃智,民利百倍""道法自然",彻底把人还给自然,认为人的主体性建立及其终极认同在于和自然的天人合一。他主张"复归静,复归无,无为、无私、无欲",主张从"王法地,地法天,天法道,道法自然"的原则出发来建立遵循自然之道的无为政治。道家与阴阳家认为人是自然界的产物,人是自然存在物,人在自然界是无能为力的,所以要寻求人与自然界的统一。道教的葛洪认为"天"是人类社会生存发展的空间场所,尊重自然就是尊重人类。管子认为可以通过法天、法地来达到人与自然的和谐,但同时也认为人可以制天命来成为自然界的主人。庄子认为"天地与我并生,而万物与我为一",庄子的超然世界观是对人的自我意识的否定,天人合一是放弃人性特点的过程,圣人是放弃了人性之蛹的"羽化登仙者"。

儒家虽然强调仁爱,但仁爱首先要爱物,先"仁民爱物"才能由己及人及物,才能把"仁爱"推广到宇宙间万事万物。孔子讲首先畏天命,然后才谈到畏大人,畏圣人之言,强调"知命畏天",达到"知者乐水,仁者乐山"的境界。孟子强调"亲亲而仁民,仁民而爱物",要顺应自然规律,"不违农时,谷不可胜食也;数罟不入洿池,鱼鳖不可胜食也;斧斤以时入山林,材木不可胜用也。谷与鱼鳖不可胜食,材木不可胜用,是使民养生丧死无憾也",人与自然要建立可持续发展的和谐关系。荀子强调自然界的先天客观性,认为"天行有常,不为尧存,不为桀亡""天有常道矣,地有常数矣""天不为人之恶寒也,辍冬;地不为人之恶辽远也,辍广"。"春耕、夏耘、秋收、冬藏,四者不失时,故五谷不绝,而百姓有余食也",人只有尊重自然,才能安身立命。王充认为元气是自然界的本源,世界万物都是元气变化

---

① 孙涛:《中国古代生态自然观阐析》,《山西师范大学学报》2013 年,第 2 期,第 42 页。

的产物。董仲舒提出"人之人本于天",认为"天人之际,合而为一",天与人本质上是相通的,所以天与人是可以相互感应,达到合一的。刘禹锡认为人是有思想精神的,人可以利用自然界来为人类造福。北宋程颢强调"天人本无二,不必言合""仁者浑然与物同体",人不仅应该承认自然界的独特价值,而且应该自觉地与自然保持和谐一体。禅宗认为"众生平等、生命轮回",所以要求人们不要杀生,要尊重生命、珍惜自然。

(二)人之为人的尺度

人民是国家认同的主体与根本,是国家合法性的来源。夏商时期,王朝更替变幻莫测,这是一个不可揣摩的不可知论问题,人们只能顺从天命,祭祀鬼神。伴随着商王朝的灭亡、人类物质生产力的提升,人们开始逐渐摆脱"天命靡常"的束缚,开始尝试探讨"天命王道"与"社会人事"的历史周期律的问题。《尚书》中说:"天视自我民视,天听自我民听。"[1]就是说上天的所见所闻是来自人民的所见所闻的,并非只是一味地听信于君王的祭拜。"民惟邦本,本固邦宁。"[2]王朝兴衰,政权稳固,根本上来自人民的呼声,在于人民的认同。要把人民作为国家兴衰的根本,人民幸福安康,国家就会长治久安。所以,才会有"民为贵,社稷次之,君为轻"的论断。《左传》中讲:"国将兴,听于民;将亡,听于神。"[3]国家听信于民就会兴旺,听信于鬼神就会灭亡,彻底抛弃了鬼神对国家政权的合理性论证,把鬼神与人民对立起来。殷商时代首先是商王,认为众人的一切都是自己赐予的,所以要求人民听从自己,服从自己,臣民只能感恩戴德地认同,并把这种认同认为是忠君。"天下王有,权力王授,功归于天子观念,不管与事实有多大距离,但它指示的方向只有一个,即君主专制主义。"[4]父权不过是王权的一种家庭形式,尊君必然要求尊父母,尊祖宗,并把这种尊敬表述为孝的美德,通过维护家达到维护天下的目标。孟子认为人之为人的标准与尺度是人的是非、恻隐、羞耻与辞让之心;荀子认为分辨能力是人与动物的区别,礼仪关系的辨别是人作为人的尺度;墨子认为人的主观能动性是人为之人的标准;老子认为气、理是人与动物的区别。其后的思想家大多继承

①阮元:《十三经注疏·尚书》,北京:中华书局,1980年,第18页。
②阮元:《十三经注疏·尚书》,北京:中华书局,1980年,第156页。
③郭丹主编:《左传》,北京:中华书局,2012年,第28页。
④刘泽华主编:《中国政治思想史》,杭州:浙江人民出版社,2020年,第33页。

了这些思想来对人进行思考与定义。从中可以看出,人的认同一方面来自人自身,另一方面来自客观世界,或者是他人的伦理关系,或者是自然界的对象,人总要借助于客体来对自我进行阐释与论证。此时的论证具有极强的先验性特点,把人的本性归结于理、气、道、性等范畴的探讨上。

随着社会生产实践的发展,人的论证具有了后天实践的特点。对人的定量分析上,发展出动静、虚空、有无、寂感等范畴,并对人如何达到对人的认同方面,经过心、知、情、意、欲等范畴,通过天人感应、去私、至诚、法天、依天德、法自然、无为顺天、体悟、尽心、明易、弃分别,甚至巫术的方式,通过天人交相胜、天人相分、无为的方式,通过天道依于人、天佑与天罚、天对人的托付等方式,最后对物自体的命运数进行划界与分析,来达到身心合一、知行合一、天人合一的主体认同。墨子推崇的"尚贤、尚同、兼相爱、交相利、非攻"思想反映了小农和手工业者的主体性要求。从认同的主体来看,墨子处于战国时期,商周时期的血缘伦理共同体已经解体为一群分散的独立的个体。从认同的伦理规范来看,主体间认同的道德规范是基于私人利益之间的互惠交换建立起来的人与人之间的平等关系,不是基于血缘关系的三纲五常。墨家学说代表了私有制的小农思想,是建立在商品交换原则基础上的认同思维,与近代西方社会契约论思想的发端有着相通之处。

(三)国家认同的路径是利民与养民

治国有常,利民为本,许多人提出了"抚民""亲民""恤民""安民""惠民"等思想,来维护王权的合法性。《管子·霸言》载:"夫霸王之所始,以人为本。本理则国固,本乱则国危。"《吕氏春秋·恃君》载:"凡人之性,爪牙不足以自守卫,肌肤不足以捍寒暑,筋骨不足以从利辟害,勇敢不足以却猛禁悍。然且犹裁万物,制禽兽,服狡虫,寒暑燥湿弗能害,不唯先有其备,而以群聚邪!群之可聚也,相与利之也。利之出於群也,君道立也。故君道立则利出於群,而人备可完矣。"孟子说,"得其心有道:所欲与之聚之,所恶勿施尔也"。《大学》中说"民之所好好之,民之所恶恶之"[①],获得民心的道理就是急人民之所想,不要让人民做他们不愿意做的事情,这样就能得到人民的认同与支持了。唐朝史学家吴兢认为,作为统治者的君王必须爱护、体贴老百姓,懂得让百姓休养生息;如果不惜损害老百姓的身体与利益来满足君主的欲望,就好比把自己大腿上的肉割下来吃到肚

---

①阮元:《十三经注疏:礼记》,北京:中华书局,1980年,第1675页。

里,等到吃饱的时候,身体也不存在了。老百姓是身体,君王是头脑与思想,二者本来是身心合一的整体。损害老百姓就是断自己的后路,皮之不存,毛将焉附。管子认为对待老百姓如果像对待自己的父母一样,那么老百姓就会尊君爱国;反之,对待老百姓像仇人一样,老百姓就会疏远你。刘向认为君王对待老百姓就要像对待自己的孩子一样,饿了就给他们饭吃,冷了就给他们衣服穿,把他们养育成人是很快的。

(四)伦理的先天性

从认同的人性根基来看,《墨子·尚同上》中记载了与霍布斯《利维坦》同样的社会契约论:"古者民始生未有刑政之时,盖其语,人异义。其人滋众,其所谓义者亦滋众。是以人是其义,以非人之义,故交相非也。是以内者父子兄弟作,离散不能相和合;天下之百姓,皆以水火毒药相亏害。至有余力,不能以相劳;腐朽余财,不以相分;隐匿良道,不以相教。天下之乱,若禽兽然。"霍布斯的"人性恶"论认为人的自然状况是一种一切人反对一切人的战争状况。马基雅维利也持同样的观点。荀子是人性恶论的代表,在《荀子·富国》中云:"量地而立国,计利而畜民,度人力而授事。使民必胜事,事必出利,利足以生民,皆使衣食百用出入相掩,必时臧余,谓之称数。故自天子通于庶人,事无大小多少,由是推之。故曰:'朝无幸位,民无幸生。'"只有把人作为主体根本,才能实现从"生民"到"民生"思想的转变。董仲舒说:"道之大原出于天,天不变,道亦不变。"《庄子》外篇中指出世俗社会的伦理规范是源于上天的。张载在《正蒙·动物》中认为,时间先后是天序,大小高低是天秩,这都是先验的。《周易》进而指出,天尊地卑的安排也是先验的。人间的"三纲五常"都是取之于天的。天道有常,政治统治安排都是奉天承运的。人的认同的限度都是先验的。国家的合理性也是来自上天的。《诗经·商颂》中说,"天命玄鸟,降而生商";《尚书·周书·武成》中说,"我文考文王,克成厥勋,诞膺天命,以抚方夏";《尚书·诏诰》说,"有王虽小,元子哉"。王权统治的合理性,只有得到天的授意才会有终极的权威。王权不仅要有天命,而且还要有德性。《尚书·梓材》说:"先王既勤用明德,怀为夹,庶邦享作,兄弟方来。亦既用明德,后式典集,庶邦丕享。皇天既付中国民越厥疆土于先王,肆王惟德用,和怿先后为迷民,用怿先王受命。已!若兹监,惟曰欲至于万年,惟王子子孙孙永保民。""明德""仁爱之人"才能更好地行使君权,以德配天;否则会遭到上天的"天谴",连上天也不认可这个暴戾的君主。

"儒学天命论虚拟了君王与上天的血缘关系,实际上也就启动了家天下的理论链条发端,使中国古代的国家在理论上与私人领域的血缘家族因素紧紧联系在一起,从理论的层面论证了自商、周以来在中国古代长期存在的家国同构现象的合理性,从而将中国古代国家认同导向具有私人性质的对君主个人及其家族的认同或对王朝的认同。"①

仁就是处理人际关系的总则。孔孟儒学主要是处理主体间关系的人伦思想。仁是儒学的核心,仁就是爱人、孝悌、克己复礼、忠恕、由己及人等等。根据不同的人伦关系,主体间有一个具体的主体身份的确定。父子关系、夫妻关系、朋友关系、君臣关系都通过严格的言语行为规范表现出来,这样主体间的人伦关系就建立起来了。孟子把人伦关系确立的人性基础做了区分与说明:侧隐之心,仁之端也;羞恶之心,义之端也;辞让之心,礼之端也;是非之心,智之端也。就主体认同的结果而言,孟子是从主体认同的伦理道德规范的角度做了论证,但是儒学的认同是基于宗法血缘关系的主体间关系,所以孟子说:"亲亲而仁民,仁民而爱物。"②血缘是构成前现代社会主体认同的依据,在此基础之上,才扩展为家庭关系、君臣关系、社会关系,形成与之相匹配的伦理道德规范。

义是认同的伦理道德边界。"义"繁体字是"義",从羊,从我。《说文解字》中说,"義,己之威仪也,从我从羊"。"威仪出于己,故从我,董子曰:仁者人也,義者我也,谓仁必及人,义必由中断制也,从羊者,与善美同意。"③"我"是一种兵器,意味着对主体的捍卫。可见,义是对自我的一种伦理道德规制,是对主体的一种界定与反思。在血缘宗法共同体中,义是最重要的个体行为总则。人们对一个人评价说:"他是一个仁义之人。"可见仁义是一个人伦理道德的标准,也就是说,这个人从里到外都是一个好人,体现了"修身、齐家"的道德实践。所以,孟子说:"仁内义外。"庞朴在《儒家辩证法研究》中认为,仁与义是一对辩证统一的范畴,是对人的伦理道德关系的界定。仁具有肯定的向度,义具有否定的向度。相当于人要成为人,应当做什么,而不能做什么的规定。类似于我们现在提到的两个清单,一个是正面的清单,一个是负面的清单。而老子的道家学说为血缘伦理共同体的解体试图提供伦理道德规范的依据。老子认为"大道废,有仁义"。大道是原始氏族社会共同体的伦理规范,仁义是天下为私的伦理

①彭丰文:《两晋时期国家认同研究》,北京:民族出版社,2009年,第65页。
②朱熹:《四书集注》,海口:海南出版社,1992年,第499页。
③许慎:《说文解字》,段玉裁注,杭州:浙江古籍出版社,1999年,第633页。

道德规范。庄子的浪漫主义表现出血缘共同体解体后人无家可归,自由自在地与万物融为一体的逍遥游心态。

礼是认同的伦理道德规范。主体间的认同关系形成之后,主体就会具有伦理道德的功能,这是与主体的身份地位相匹配的。有什么样的主体地位就相应会有什么样的伦理内容。孔子认为:"人而不仁,如礼何?人而不仁,如乐何?"人们都不相互爱戴,无法形成一种人伦关系了,要礼还有什么用呢? 所以,礼是作为主体间认同关系的结果而存在的,没有主体认同就没有礼仪道德规范。"非礼勿视,非礼勿听,非礼勿言,非礼勿动。"①魏晋南北朝时期,士庶是不能通婚的。《诗经·斯干》载,生儿子睡在床上,生女儿睡在地上。《礼记·内则》载,教小孩说话,男孩子声音要洪亮,女孩子声音要低细。司马光在《家训·训子孙》中指出,女人不需要能说会道,柔顺就是女人的美德。程颐甚至在《二程遗书》(卷二十二下)中说,女子饿死是小事,失去节操才是大事。然而不恰当的言行举止就会破坏主体间和谐的人伦关系,造成主体间的冲突,从而导致认同危机。西方的社群主义面对现代性的危机强调用认同伦理去修补主体间的社会关系,来达到现代性的重建。社群主义就是强调用主体间的伦理道德规范功能来对主体形成规范约束,防止主体做出破坏社群共同体的非礼的行为。还有人强调恢复古希腊的城邦伦理来完成现代社会的伦理教化,但实际上,这时的主体已经不再是那个形成伦理道德规范的主体,往往是出现的新的社会阶层,旧的伦理道德已无法对他们形成约束与规范。

如果说礼还是一种主体间达成的伦理道德的外在规范,那么信就是伦理道德规范的最高产物。"人无信而不立,业无信而不兴。"主体的能动性是以信作为内生性动力的。孔子说:"人而无信,不知其可也。大车无,小车无,其何以行之哉?"信成为检验主体认同的试金石。

法是伦理道德的硬规范。法家认为商周的衰落已是事实,儒家基于血缘伦理已不能再发挥社会规范的主导性作用,主张从国家认同的角度来实施依法治国的方略。儒家的伦理道德规范是一种内在的规范,法律是一种外在的国家规范,它对一切非血缘伦理成员形成主要的社会规范。依法治国对于结束战国纷争、国家分裂是有效的手段。儒家通过"亲亲"的血缘关系,形成一个三纲五常的礼制国家,法家认为认同的主体是不同的,主张严格区分国与家的界限,不能把家法当作国法,要完成国家统一,只能靠法治。所以,"王子犯法与庶民同罪"。个体一旦触犯国家法律,损

---

① 朱熹:《四书集注》,海口:海南出版社,1992年,第169页。

害国家共同体的利益,同样也要受到惩处。国法与家法是对主体在不同共同体中的行为规范要求。

在异质文明的认同方面,古代中国号称华夏文明,把华夏作为自我、自尊,使边疆蛮夷之地成为他者,而他者变为自我的路径就是接受华夏文明的秩序安排。"在中国文化中,没有绝对的他者,只有相对的我者"[1],而那些没有接受中华文明教化的蛮夷就是绝对的他者。在亨廷顿看来,世界上存在着西方文明、中华文明、日本文明、伊斯兰文明、印度文明、拉美文明、东正教文明与一个可能存在的非洲文明等八大文明之间的冲突。西方中心论要把一切非西方要素置于完全客体的他者地位,这俨然就是一种主客二元对立思维,八大文明之间虽然有冲突的因素,但也有和谐共存的可能,不能把差异完全解读为对立与冲突,而应该为和谐共处的可能留有余地。差异不意味着对立,多元不是非此即彼。对异质性文明采取悬置就是一种基本的尊重与认同。

前现代的儒家思想有着丰富的认同思想资源,但它与当代认同思想有着根本的区别。前现代的伦理认同思想是以"亲亲"血缘关系为认同性质的宗法血缘社会,它要求人们各尽其职,安分守己地践行自己的名分与身份地位,这种伦理规范是建立在"劳心者治人,劳力者治于人;治于人者食人,治人者食于人,天下之通义也"阶级剥削统治基础上的伦理认同规范,是为维护阶级统治主体地位的少数人服务的。一是二者的认同主体不同。儒家思想是一种血缘宗法关系共同体的认同思想,当代认同理论的主体不再仅仅是血缘伦理共同体,血缘伦理共同体仅仅存在于现代家庭之中,现代社会、民族、国家以及各种社会群体是一个超越于家庭的社会共同体组织。他们更多是基于社会生产分工形成的共同体。二是前现代的主体是基于血缘世袭关系形成的共同体组织,现代主体是一个基于利益、信仰、价值、兴趣为认同标准构成的共同体。二者在认同的主体间的关系、形式、伦理道德等内涵方面有着天壤之别。

二、中国古代的认同历史

中华民族的历史是五千多年各民族之间冲突与融合的过程。从中华文明的起源来看,女娲造人、盘古开天地、仓颉造字等增强了中华文明的

---

[1] 许倬云:《我者与他者:中国历史上的内外分际》,北京:生活·读书·新知三联书店,2010年,第20页。

历史认同的深度,与西方荷马史诗、雅典神庙、基督教的历史认同相区别,开辟出一条文明的新路径。

从旧石器时代到新石器时代,原始人的生存方式主要是人口生产,人口生产先后经历了群居杂婚、血缘群婚、氏族外群婚等方式,实现人的生存。由于对自然界的无知,产生了图腾崇拜,通过血缘+图腾的认同方式来识别人的身份。随着生产力的发展,母系社会逐渐让位于父系社会,从妻的对偶婚逐渐转变为从夫的对偶婚。从文明来看,西部的仰韶文化与东部的龙山文化逐渐融合,形成华夏文化,其中就文化习俗来看,龙山文化更多地被仰韶文化所认可、继承;从生产力来看,华夏文明中更多地继承了仰韶文化先进的农业生产技术。所以,文化是部落之间相互交往过程中不断比较、选择、继承的结果,哪一种文化更有利于共同体的发展,它就会得到共同体的选择与认可。之后,炎帝、黄帝与唐、虞、夏等部落不断征战,黄帝部落一直保持着主导优势,不断把炎帝、东夷等部落吞并吸纳进来,其他部落只能被迫不断向外迁徙。禹继承了尧舜的军事酋长职位,统一了黄河与江淮地区,建立了夏王朝,并把帝位传给他儿子。所以,"传统民主制度在国家形成后没有解体,而且以新的形式留存下来,使酋长制演化成世袭君主制,因政治融合的压力过大,不得不利用原始巫术,造就了中国早期政教合一的社会结构样态"。[①] 国家的建立是多种认同方式的结合,总是满足共同体的需要而融合起来的,有的在共同体的发展过程中被继承下来,有的被共同体抛弃。按照斯塔夫里阿诺斯的说法,商人来源于蒙古的游牧民族,他们把中东的青铜冶炼技术传到了中国。"商人采用的新技术丰富了当地的文化,而商人最终又为当地文化所同化,使中国人的传统毫不间断地流传下去。"[②] 正是这种强大的认同组合使华夏民族推动了社会历史的发展。商朝时期实行一夫一妻制,家庭作为社会组织形式出现在奴隶主贵族阶层,继承了氏族社会的祖先崇拜与巫术祭祀。周王朝建立起分封制的等级制度与嫡长子继承制,分为国王、贵族、平民、奴隶四个阶层,建立起各类刑法与《周礼》等各种封建法律礼教。总之,夏商时期包括西周,国家认同是基于血缘世袭关系的认同体系,通过血缘宗法世袭等级体系,国家社会的秩序得以构建。

春秋战国时期,周王朝礼崩乐坏,认同体系逐渐瓦解。历史上所记载

---

①王胜强:《论现代人的自由》,济南:山东人民出版社,2009年,第443页。

②勒芬·斯塔夫里阿诺斯:《全球通史》(上),吴象婴、梁赤民译,上海:上海社会科学院出版社,1998年,第137页。

的人物,绝大多数并非世家大族。"这是一个世袭社会解体、选举社会孕育,由封闭的等级社会走向开放的等级社会的过渡时期。在这里,由于贫富和贤愚替代贵贱而成为人们获取社会地位的新标准,因而给社会中下层人士提供了更多地发挥自己聪明才智的机会。"①诸侯纷争,与之相对应的认同理论也是五花八门,引发了百家争鸣的局面,各国都希望完成结束纷争、一统天下的任务。秦王朝主要依靠法家思想完成统一天下的重任,通过统一文字、度量衡,实行郡县制的方式建立了天下认同的机制,其九卿制度一直延续到清王朝,形成了高度集中的中央集权,但没有从伦理、文化的层面形成一个认同机制。所以国家认同必须辅助以微观的文化认同,否则就是一个脆弱的共同体组织。汉王朝建立后,靠郡县制来实现国家认同仍然是脆弱的,又恢复了血缘认同的机制,但血缘认同又带来了藩王之乱,平定叛乱之后,汉王朝又推出了"罢黜百家,独尊儒术"的文化认同策略,从思想文化层面建立统一的认同标准,对分封制可能带来的认同危机进行了文化上的规范。

两汉期间,特别是西汉,为了维护与巩固政权,招募贤良人士,效仿战国时期"招贤""察举"的方式,这在一定程度上打破了贵族统治集团,建立起一个士大夫阶层,间接地反映了底层民众的社会诉求,首次形成了高度稳定的国家认同体系。其后经过短暂的三国时期,这一时期虽然表面上看是三个分裂的国家,实际上从存在的时间来看,正是汉王朝的认同体系决定了三个看似分裂的国家的内在认同纠结。西晋统一后,得到了各方势力的广泛认同,发生了塞外少数民族与汉族的第一次民族大融合,出现了"太康之治"的太平盛世景象。唐代实行均田制,正式推出科举制度,社会各个阶层具有了相互流动性。唐朝虽然繁荣昌盛,但等级森严,即使是科举人才,也只有借助于通婚和权力关系,才能得到上层贵族的认可;占总人口90%的农民仍生活在社会的底层。宋代经济的繁荣发展对门第等级制度有很大的撼动。国家的重要职位都出自寒门学子,各个阶层的自由有所增进。宋朝,思想上,"四书"代替"五经"成为士大夫的经典,音乐戏曲等艺术被认为是伤风败俗的文化,科技发明创造被认为是奇技淫巧;政治上,推行军政分离,加强君主专制,贵族统治阶级也不能人尽其才,物尽其用,社会各阶层没有被完全认同。

元朝实行了严格的种族等级制度,庞大的汉族与蒙古族之间长期处于一种认同的危机。排斥汉族思想文化,废除科举制度,禁止汉人打猎、

---

① 王胜强:《论现代人的自由》,济南:山东人民出版社,2009年,第458页。

赶集、拜神等汉文化,汉人无法在经济、政治、文化、社会等领域中得到接纳与认同。明朝通过暴政与专制来加强政治认同,设立庞大严格的征税系统、诏狱系统、法治系统,来加强对社会各阶层的奴役与统治。清朝,统治阶级在思想上认同儒家文化的社会统治地位,广泛吸收汉人纳入统治阶层;军事上,建立绿营汉人军队;在文化生活方面,把满族的剃发留辫,作为政治认同的一种方式。

中国古代政治历史就是以君主专制为中心的封建宗法体制,形成中心与边缘的统治结构,其一切体系都是围绕血缘宗法体系来展开的。在原始部落时期,通过母系与父系血缘来建构氏族部落,在炎帝、黄帝、蚩尤等部落混战中,通过和亲的方式搭建认同,形成共同体;从夏王朝开始,君主通过世袭与分封的宗法血缘关系来完成政治统治权力的分工与协作,在此基础上建构起思想、宗教、文化等上层建筑体系。

第二节　西方民主的理论逻辑

文艺复兴时期,意大利哲学家皮科宣言:"我是人,人的一切特性我无所不有。"人的最根本的特性就是主体性,主体是如何建立起来的,是如何展现出来的,这就是认同理论的价值与意义。主体的建立需要以客体以及他者为对象,每个时期客体与他者的存在状况反映出主体的建构状况,其中建构的过程就是认同的逻辑发展过程,人经过不断地认同逐渐走向主体的自觉。

一、西方民主思想

(一)古希腊前的民主

从人类学来看,人类作为主体是在从猿猴到人的历史转变中实现的,而从人类思想史来看,人的主体性的确立是从有文字记载的文明史开始的。人类文明史前时期,人的主体性的确立是极其脆弱与艰难的。神话史诗是最早展现人类如何获得主体认同的。神话史诗的认同特征有六:一是严格的等级性。在神话史诗中,人的认同是根据其对社会角色的履行情况来鉴定的。"除非我们先了解了荷马社会中的关键性的社会角色和每个社会角色的要求,否则我们不能弄清荷马列出的德性。担负某种角色的人应当做什么的概念先于德性的概念,只有通过前者,后者才有实际意义。"[①]事物的功能与特长是固定的、不变的、与生俱来的。鸟有鸟的特性,马有马的特性。失去了事物的特性,事物就失去存在的必要与意义。英雄的认同与奴隶的认同先验而明确地规定了具体的认同内容。二是血统的先验性与世袭性。人是自然界发展变化的产物。自然界对人具

---

①阿拉斯代尔·麦金太尔:《德性之后》,龚群、戴杨毅等译,北京:中国社会科学文献出版社,1995年,第232页。

有先于人类存在的优先性，世界对人的存在就是先于人的经验。各个地区的自然环境、气候特征、矿产资源是不依赖人的意志为转移的。从英雄阿基琉斯的描述中，"我们知道，我的马远比其他驭马快捷，那两匹神驹，波塞冬送给家父裴琉斯的礼物，而裴琉斯又把它们传给了我。……这对驭马，踢腿飞快，地道的普洛斯血种，拉着他的战车"①。事物的认同是基于每个事物的特性的，这些特性是天赋的，具有超历史的特性，强调血缘宗法世袭的特征，只是沾了人的特性后，才有了历史性的特征。三是规范性。马、河流、剪刀、人都是有特定的功能与效用的，每个事物的功效是无法替代的，是专属的。每个人必须认识到自身的历史宿命，尽职尽责地完成自己的分工职责。"一个履行社会指派给他的职责的人，就具有德性。然而，一种职责或角色的德性与另一种职责或角色是完全不同的。国王的德性是治理的才能，武士的德性是勇敢，妻子的德性是忠诚，等等。如果一个人具有他的特殊的和专门职责上的德性，他就是善的。"②与每个事物的功能相对应的德性内涵也是固定的，这些伦理道德规范限定着事物的存在价值与意义。四是从神人同形到半神半人。其一，荷马史诗中人的形象是不完整的，还没有以完整的形象被塑造出来。这一时期的人，是潜在的主体。人没有自信把自己的意图、想法直接地予以表述，人的思想只能借助于神之口间接地表达出来。人不是一个严格意义上、完全意义上的主体。人的主体以文学的浪漫的形式表现出来。人的认同需要借助"大他者"神的认同来实现。荷马史诗是一部家庭的氏族社会结构。个体的身份、职责只能通过血缘体系得到说明。"社会的基本价值标准是既定的、早就确立了的，一个人在社会中的位置以及来自他的社会地位的权利和责任也同样如此。"③人的主体性是家族这个体系赋予的。其二，荷马史诗中的人都是天神与俗人的结合，为了改变人类历史，天神纷纷下榻人间与凡人结合，生下半人半神的英雄人物。英雄人物分有了神性，代替天神作战。因此，人的主体性、创造性，人的身份、特征与职责使命是天神赋予的，是与生俱来的。这一点被柏拉图所继承。他不相信人的感性经验，认为理性是世界的本源。天神是理性的化身，人是分有了天神的神性从而具有了主体的特性。人是理性达到目的的工具与手段，每个人都有他们

---

① 荷马：《伊利亚特》，陈中梅译，北京：中国戏剧出版社，2005 年，第 508 页。
② 阿拉斯代尔·麦金太尔：《德性之后》，龚群、戴杨毅等译，北京：中国社会科学文献出版社，1995 年，第 31 页。
③ 阿拉斯代尔·麦金太尔：《德性之后》，龚群、戴杨毅等译，北京：中国社会科学文献出版社，1995 年，第 153 页。

特定的德性。人的主体性只能借助上天神授获得,阿基琉斯、赫克托尔、阿伽门农都是神的后代。《伊利亚特》与《奥德赛》是英雄的赞歌,同时也是人的赞歌,是对人类勇敢、坚毅、美丽、荣誉、杰出等德性的赞美。通过史诗级的书写,希望人拥有这种力量,激励后人;通过认同的伦理意义完成主体性的规范与传承,继续推动人类的解放事业。"他们无一例外地把生命奉献出来,这使他们每个人都获得了永世常青的荣誉……这些人应当成为你们的榜样,我们认为幸福是自由的成果,而自由是勇敢的成果,他们从不在战争的危险面前有所退缩。"[①]神话史诗就成为人类发展成长的见证。五是荷马史诗中,人的认同过程是命定的,是一种宿命,是不能改变的。人的今生前世与未来都是确定的。人只是宿命上的棋子与环节。所谓人的认同就是按部就班地履行好自己的身份与职责。一切都是确定无疑的。阿基琉斯与赫克托尔都是英勇的战士。"真正勇敢的人无疑应属于那些最了解人生的灾难和幸福的不同而又勇往直前,在危难面前不退缩的人。"[②]阿基琉斯明知他杀死赫克托尔之后,他的死亡也会到来。这是阿基琉斯作为英雄地位的高峰,也是他生命的终结。在英勇的宿命中,人的主体性得到完美的展现,同时生命的终结标志着主体性的衰落。阿基琉斯对他的母亲坦言:"现在,我要出战赫克托尔,这个凶手夺走了我所珍爱的生命。然后,我将接受死亡,在宙斯和列位神祇把它付诸实现的任何时光……我也一样,如果同样的命运等待着我的领受,一旦我死后,我将安闲地舒躺。"[③]英雄的风采是按照既定的命运被安排出场的。也就是说,主体性是在神祇的安排下进行的。所以,罗素说:"在荷马诗歌中所能发现与真正宗教感情有关的,并不是奥林匹克的神祇们,而是连宙斯也要服从的命运、必然与定数这些冥冥的存在者。命运对于整个希腊的思想起了极大的影响,而且这也许就是科学能得出对于自然律的信仰的根源之一。"[④]六是从叙事方式上来看,荷马史诗是历史与神话诗歌的结合。人类自身的发展水平与能力还不足以以自身的力量来书写自己的历史,主体的力量还没有强大到足以战胜自然的一切不确定性,他们需要借助神话的方式来支撑人类的生存与发展。人只有借助神之口才能勇敢地表达自己,只有借助神之手才能去开天辟地地创造历史。在魔幻的神话

①修昔底德:《伯罗奔尼撒战争史》,徐松岩等译,桂林:广西师范大学出版社,2004年,第102页。

②程志敏:《荷马史诗导读》,上海:华东师范大学出版社,2007年,第204页。

③荷马:《伊利亚特》,陈中梅译,北京:中国戏剧出版社,2005年,第141页。

④罗素:《西方哲学史》(上卷),何兆武等译,北京:商务印书馆,1963年,第34页。

史诗背后是羸弱无助的人类。所有人都是奉神之名来行事的,不这样做,人就无立足之地。史诗的认同叙事方式构成了宗教文化的本源,一直延续到今天,仍然构成了当代人安身立命的组成部分。人类的历史处于一种神人同形、似是而非、真真假假的现实魔幻主义状态之中。通过史诗的叙事方式来完成自我的持存,来激励后人再接再厉勇往直前去书写人类新的篇章。史诗成为荷马时期人的生存状态的记忆与见证,等级性是荷马史诗的认同性质,血统成为荷马史诗的认同标准,宿命是人们的认同过程。

认同的客体性。人的主体就是自然客体对象,生命的持存就是对自然客体的本源性追溯。古典朴素唯物论者泰勒斯认为水是万物的本源,阿那克西美尼认为是气,赫拉克利特认为是火,还有恩培多克勒四根说,伊壁鸠鲁、德谟克利特的原子论;而阿娜克西曼德认为无定是本源,毕达哥拉斯认为是数,阿那克萨哥拉的种子说,巴门尼德存在说,柏拉图的理念世界与可感世界,使人类走出神话与想象的世界观,分别正式开启了人的认同历程。

(二)古希腊的民主

苏格拉底深受古典朴素唯物论影响,随着对自然的认识与智者相对主义的风靡,他开始把目光转向人自身,强调知识与理性,贬低感性的相对主义,要求人们"认识你自己"。这是人类自我反思的开始。首先,他把自己作为认识对象,从哲学上首次开启了自我的主体性何以可能的追问,开启了自我认同的问题。"认识你自己"就是说自我的主体性是如何开始的,批判了智者学派把人的主体性建立在感觉经验上的相对主义观点。智者学派助长了个人享乐主义与利己主义,也没有一个统一的善的标准。所以,善的标准还得到人自身上来寻找。美德、善到底是什么呢?在苏格拉底看来就是谦虚地承认自己的无知,并不断地追问,这就是智慧。其次,他认为"德性是可教的",是后天的,即认为主体性是可以通过后天训练学习培养的。没有人愿意去作恶,人们通过理性的学习都不会去选择作恶。作恶只是主体性不健全的结果。最后,苏格拉底探讨了共同体何以可能的问题,个体如何结成共同体。智者学派从个人相对主义出发去理解道德,肯定感性经验的力量,这是对个体主体性的展现与说明,这在个体范围内是有效的。但超出个体维度,就会造成社会的经济、政治、文化危机,造成共同体的分裂。苏格拉底从共同体的角度分析个体的德性如何满足共同体的德性要求,只有把德性建立在共同体这一超越个体的维度之上,个体的德性才不会造成社会危机,所以个体主体性的获得求助于理性与智慧,而不是个体的感性经验,这样才能建立起一种不对其他人有害的道德规则与规范。"他通过对自己的意识和反思来关心他的伦理——普遍的精神既然在实际生活中消失了,他就在自己的意识中去寻求它;因此他帮助别人关心自己的伦理,因为他唤醒别人的伦理意识,使人意识到在自己的思想中便拥有真和善,亦即拥有产生道德行为和认识真理的潜在力。"①苏格拉底从伦理共同体的高度上来探讨人的主体性问题,为社群主义奠定了伦理学基础。

柏拉图的理性论开启了人类对自身主体性的真正思考,没有把神作为人主要依赖的对象。柏拉图首先把认同建立在人的哲学理性思考之上,没有像史诗神话的文学认同那样具有浪漫的叙述。理想国是一个运用理性、相信理性的城邦,它没有单纯地把一切问题推给英雄与天神,不是依靠神话史诗的浪漫主义与英雄主义来拯救世界,理想的国家是一个分工明确、各司其职、系统有序的和谐社会,是一个经得起理性思维检验的理性王国。虽然柏拉图继承了苏格拉底"认识你自己"的人类理性思维,超越了荷马史诗神话英雄论证,又反对人类的理性建立在感性经验的主观主义之上,但是他认为把人的主体性建立在感性多变的经验之上是复杂多变的,人的安身立命之所仅仅依靠感性,其不确定性太大,没有长久的说服力。人的主体性必须在理性中去得到检验与确认。其次,他继承了史诗神话的等级性认同形式及其伦理道德内涵。柏拉图的理想国是一个血缘宗法等级社会的共同体组织,生产者、保卫者与执政者三者各司其职,秩序井然,就是城邦正义,城邦人的主体认同。每个事物,不仅是自然界的事物,包括人及人的每个器官都是有伦理德性的。"事物之所以发挥它的功能,是不是由于它特有的德性? ……如果耳朵失掉它特有的德性,就不能发挥耳朵的功能了。"②社会各阶层的地位与功能具有一种排他的传承性与世袭性,社会各阶层因此具有安分守己、秩序井然的稳定性,他们的职责与功能也是固定不变的。节制、勇敢与智慧等主体的价值就相应地得以体现,并伴随社会各个阶层主体从生到死,至死不渝,这是整个封建宗法忠君爱国思想的滥觞。"勇敢就是一种保持。就是保

①阿拉斯代尔·麦金太尔:《德性之后》,龚群、戴杨毅等译,北京:中国社会科学文献出版社,1995年,第178页。

②柏拉图:《理想国》,郭斌和等译,北京:商务印书馆,2002年,第40页。

持住法律通过教育所建立起来的可怕事物,即什么样的事情应当害怕的信念。我所谓'无论在什么情形之下'的意思,是说勇敢的人无论处于苦恼还是快乐之中,或处于欲望还是害怕中,都永远保持这种信念而不抛弃它。"①理想国中人的德性延续了荷马史诗的世袭性,德性是先验的,不是后天建构起来的。人的主体性及其伦理道德规范是一一对应的、先天的,一切都是基于血缘关系建构的,是无须论证它的合法性与合理性的,是固定不变的。从血统到家庭再到国家,这些认同形式构成了理想国中人的存在依据以及存在形式。认同的伦理道德规范意义就得到了展现,而认同的伦理道德规范意义是就主体认同的结果而言的,在此意义上,认同才有伦理道德规范意义,没有经过认同主体前提确认的伦理道德规范是没有规范意义的。社会主体结构已经发生变迁,希望还用旧的伦理道德规范来完成社会重塑,最终证明是失败的。旧的伦理道德规范不能再给予人以主体的力量,无法维持共同体的有机属性。孔子仁政学说在春秋战国时期,不能成为平定天下的学说,就是这个道理。复次,城邦是工匠、卫兵与哲学王的等级制社会,无疑城邦的主体就是他们三者的和谐共存。其他社会阶层只能作为会说话的奴隶而存在,无法构成理想国的政治主体,城邦秩序是三个社会阶层的相互认同以及伦理秩序安排。城邦正义是他们三种人的伦理道德的要求,城邦的美德是一部分人的美德,是少数人的美德。柏拉图把节制赋予了工匠,把勇敢赋予卫兵,把智慧赋予了哲学王,把低贱与蔑视等赋予了一切被压迫阶级,把体力劳动赋予奴隶战俘。"劳心者治人,劳力者治于人。"战俘、妇女等是没有政治地位与历史地位的,在理想国中,他们既不是剧作者,也不是剧中人,他们的辛勤劳作成为城邦主人叙说城邦正义的基础,他们充当了历史的客体与底板。所谓人的理性、人的主体力量,就是统治阶级的力量展现,是工匠、卫兵与哲学王的理性实践。这就是统治阶级的实践,以及由统治阶级代表所开启的统治阶级的思想史,一个巨大的人民群众缺场的人类思想史。理想国是高贵血统的主体实现方式,是一种狭隘的社会共同体组织。再次,柏拉图虽然也强调血缘世袭等级,但认为由国家分配来进行社会分工更合理,这在一定意义上突破了神话史诗中的血缘共同体国家。现实的感性的善只是分有了真正的善的理念,才具有善的性质,但是这种分有是部分的分有,所以是有缺陷的、不完美的,可能造成恶的问题。身体是分有了灵魂的理性,才有了生机与活力。人的灵魂由欲望、激情、理智所构

①柏拉图:《理想国》,郭斌和等译,北京:商务印书馆,2002年,第148页。

成。由于分有的比例不同，所以形成的人也是不同的。在此，人的主体性即表现为欲望、激情与理智，有的人沉迷于欲望，有的人善于思考，有的人充满激情，与他们相对应的伦理德性主要就是节制、勇敢、智慧，与之相对应的三种人就是工匠、卫兵与哲学王。当然，这三种德性也贯穿于每个公民的心中。当三者和谐地统一在个体之中，或者社会各阶层主体都能达到一种德性生活，那么这个人、这个城邦就是正义的。这个个体及城邦就是一种理性王国。每个个体的主体性得到和谐充分的彰显，这个共同体就是一个生机勃勃的共同体组织。人的节制、欲望、勇敢以及城邦发展程度就达到了这个时期的最好状态。在柏拉图看来，理性就是人的主体性的最高水平，除了神之外，书写人的理性的方式就是理念。柏拉图对人的主体性思考进行了节制、勇敢、智慧的理性分类与思考。

最后，城邦所捍卫的主体仍是一个血缘伦理共同体。在《理想国》中，柏拉图认为，一是城邦不能只是智者学派"正义就是强者的利益"的正义观，智者学派所认为的城邦正义就是对强者的利益捍卫，城邦就是强者获得利益的工具与手段，城邦看上去是公共的，实际上是强者利益的化身。这一观点与马克思主义对资产阶级国家统治机器的分析批判是一致的。国家总是以人民的利益为借口成为私人获益的手段，所以，国家是统治阶级主体地位的合法化形式。二是柏拉图批判了格劳孔"正义是恶的妥协"的观点，格劳孔认为人性是自私的，都想不劳而获，但是这样的结果就是城邦的分裂与纷争，最终会伤及自身。所以，城邦正义就是人们对恶的一种妥协与制约。这一恶的人性假设被启蒙现代性学者所继承，成为血缘宗法共同体解体后社会正义的实现路径。三是城邦共同体是一个和谐的社会共同体，认同的主体虽然已不是荷马时期一个纯粹的血缘共同体，对每个人的认同是依据他们所从事的职业以及个体差异划分出欲望、激情与理智的标准，城邦共同体成员的职业是先验的，社会各阶层的和谐相处需要哲学王的治理协调分工，使社会各阶层都能安分守己、各司其职、和谐相处，达到一种正义之善。四是柏拉图认为每个人的角色地位是天赋的，每个人只能干好自己的本职工作，卫兵、工匠、哲学王等各司其职是命定的，奴隶是天生的，应该服从，随意进入其他职业阶层会引发城邦的混乱，会引发认同危机。其后的亚里士多德强化了这一观点：个人整体上要服从城邦的秩序安排。

智者学派更早地提出对人的主体性的捍卫。莱克弗隆认为："法律与国家是建立在契约的基础之上的，所以，法律的最终目的仅仅在于保证个人的安全，而国家所具有的仅仅是与防止不公正有关的消极职能。"契约、法律、国家是人的存在方式,它们是为人的存在做保障的。阿尔基达玛斯认为:"神使所有的人平等,自然未使人成为一个奴隶。"[①]神成为人存在的依靠,人存在的合法性在神那里得到终极的证明。普罗泰戈拉认为,在参与民主中,"所有人在争议中享有一份"。[②] 争论、协商民主是人存在的表征,参与代表着一种资格与身份。

　　亚里士多德的民主理论。首先,从叙事的内容来看,亚里士多德拓展了人的主体性内涵,除了继承柏拉图的节制、勇敢、智慧的主体话语外,还创作了《尼各马可伦理学》《大伦理学》《优台谟伦理学》等著作,他第一次把伦理学从哲学中独立出来,把维持人类主体性的伦理道德规范体系化与系统化,开启了伦理学的道德规训历程。社会生活的秩序安排必须借助于伦理道德的规范,这样的社会生活才是一种善的伦理共同体组织。人们只有经受过伦理道德的规范,才能成为一个合格乃至优秀的社会个体,人们把这样的社会个体称为一个有德性的人。在伦理学中,亚里士多德系统地阐述了伦理道德体系及其形态,包括善、幸福与德性及其相互联系,分析了意志、选择、快乐、痛苦等范畴内涵。毫无疑问,亚里士多德的伦理学继往开来、影响深远,既完成了人的主体性内涵叙述,也为人类历史的传承、认同与发展,奠定了思想的基础。马克思认为占统治地位的思想不过是占统治地位的物质关系在观念上的反映,"一部分人是作为该阶级的思想家出现的,他们是这一阶级的积极的、有概括能力的玄想家,他们把编造这一阶级关于自身的幻想当作主要的谋生之道,而另一些人对于这些思想和幻想则采取比较消极的态度,并且准备接受这些思想和幻想,因为在实际中他们是这个阶级的积极成员,很少有时间来编造关于自身的幻想和思想"[③]。其次,亚里士多德详细地区分了理智德性与伦理德性,认为"理智德性主要通过教导而发生和发展,所以需要经验和时间。道德德性则通过习惯养成,因此它的名字道德也是从习惯这个词演变而来的"[④]。虽然理智德性是先天的、不能改变的,但它的规范性是需要后天教育培育的,而伦理德性就不是先验的,是人们后天通过习惯养成的道德行为规范,因此是伦理道德。伦理是主体间关系的属性,道德是个体内在反思的属性,本质上都离不开社会的交往互动。再次,就认同的可能发生

---

①约翰·格雷:《自由主义》,曹海军、刘训练译,长春:吉林人民出版社,2005年,第4页。

②G. B. Kerferd: The Sophistic Movement, Cambridge: Cambridge University Press, 1981, p. 144.

③《马克思恩格斯选集》第1卷,北京:人民出版社,1995年,第99页。

④亚里士多德:《尼各马可伦理学》,廖申白译,北京:商务印书馆,2003年,第35页。

机制而言,亚里士多德提出了"四因说",即质料因、形式因、动力因、目的因,来说明实体作为个体如何成为主体,也就是人是如何实现主体性的。这仍是一个本体论的理论论证,当然,亚里士多德归根究底把第一推动力归结于神。但在伦理学范围内,人的主体性论证也是主体间性的论证方式。"伦理德性就是一种选择的品质,存在于相对于我们的适度之中。"①只有在主体间的伦理关系中,人的主体性才能确立,人的主体性所表现的行为才具有各种各样的德性。最后,就认同的主体来看,亚里士多德所讲的人,就是城邦的自由民,不包括奴隶、战俘、商人等阶层。亚里士多德认为奴隶制是合理的,奴隶是天生的,奴隶不能构成城邦的主体。他的伦理学是亚历山大贵族集团的统治哲学,所谓的认同就是统治阶层的各个个体、群体、家庭等如何实现一个有序的善的结合,形成一个统治阶级共同体。

其后的伊壁鸠鲁学派与斯多葛学派虽然也强调伦理共同体,但主要是从个体感性的角度来阐述德性伦理,肯定了人的物质欲望,张扬了人的感性,强调人在不触犯共同法律与公正理性下的自我满足。"在这个沿袭前人并无创造力的时代,形成研究中心的完全是个人伦理学。"②城邦陷落后,在一个没有严格民族与疆界区分的背景下,人的安宁不再是对外在自然界的认识与知识积累,也不是伦理共同体中的明智,而是内心的"自足与不动心"。社会正义不是独立于世人之外的,而是人们之间的约定。"正义本身并无价值;正义仅仅是一种减少与别人摩擦、和谐相处的手段。正义的理由就在于它的功用;所有社会都建立在社会契约之上,从而使人们不要有太多的妨碍。"③正义就是保护个体的持存,这是一种消解的主体认同,为马基雅维利、霍布斯等近代契约论开辟了道路。西塞罗从主体间伦理的角度来思考如何实现治国安邦的问题。他分别设定了神法、自然法、万民法,来协调处理各种自然关系、社会关系、人与神的关系,尽管这是一个拓展版的宗法等级体系,但对自由民平等的主体地位给予规定与尊重,认为只有这样结成的国家,只有这样的人才能成为"人民"。"人民,就是在什么是正当和共同体利益上有一致意见的集合体。"④人民的地位、道德、权利都是主体的表达与诉求,政府国家是切实保障人民主体权益的

---

① 亚里士多德:《尼各马可伦理学》,廖申白译,北京:商务印书馆,2003年,第347页。
② 文德尔班:《哲学史教程》(上卷),罗达仁译,北京:商务印书馆,1987年,第221页。
③ 伯林:《自由论》,胡传胜译,北京:译林出版社,2011年,第345页。
④ 尹松波:《理性与正义:罗尔斯正义论管窥》,成都:电子科技大学出版社,2014年,第30页。

组织。西塞罗对现代民主政治国家的意义是重大的。

古希腊时期,近现代人一般将人的自由民主看作一种伦理共同体的自由民主。"古希腊罗马人的哲学与历史书以及从他们那里承袭自己全部政治学说的人的著作和讨论中经常推崇的自由,不是个人的自由,而是国家的自由。"①已经开始探讨主体间的认同关系,并非简单地去探讨原子式的唯我论认同,或者片面地从客观世界中去获得自然界的认同。

(三)中世纪的民主

西塞罗认为人与神有一种血缘关系,人类承认神,是因为人类需要确认自身的来源。这都来源于柏拉图的分有说,奥古斯丁同样延续这种观点,认为人的存在是分有了神的善,来自神,所以人类爱上帝,"每个人变得像他爱的对象。你热爱尘世?那你就将在尘世。你热爱上帝?那么我要对你说,你将走向上帝"②。奥古斯丁借助于上帝阐述的宗教理论,为漫长的中世纪提供了强大的自然与社会秩序安排。奥古斯丁说,如果城邦没有正义,城邦就会沦为一个强盗团伙集团。这种正义是人类命运共同体的正义。首先,奥古斯丁以上帝之名希望建立一种爱的秩序,通过人对上帝的信仰,得到上帝的宽恕与认可,最后在天国成为一个纯洁的人、无罪的人。其次,奥古斯丁认为人类认同的动力在于人的肉体的腐败,是感性的欲望与诱惑使人从一个完美的主体变成一个有罪的匍匐在上帝面前的客体。在世俗之城中,每个人都是有罪的,国家就是一个罪人的共同体组织。世俗之城的国家是把自私放在第一位的,上帝之城是把对上帝的爱放在首位的,因为对上帝之爱而彼此相爱。而人要想成为一个自觉的主体,只有在上帝的感召下,不断克服感性的自私诱惑,彼此以诚相待,循规蹈矩,才可以进入到上帝之城。实际上,奥古斯丁也是要建立一个正义的社会共同体,在这个共同体中,每个人都能作为一个自由独立的个体去追求正当的权益,而不是相互欺诈,导致每个人处于一种危险的境地。反之,人的主体性就不复存在,人的德性就会成为一种虚妄与空谈。最后,在奥古斯丁看来,认同的标准就是圣经的教规教义,是上帝的理性与意志,通过圣经,经过教皇、教会、教父实现社会的和谐相处,达到一种至高

---

① 霍布斯:《利维坦》,黎思复等译,北京:商务印书馆,1986年,第166页。
② 查尔斯·泰勒:《自我的根源:现代认同的形成》,韩震等译,南京:译林出版社,2001年,第190页。

无上的善。就认同的过程来看,奥古斯丁摇摆在人的选择性与人的宿命论之间,但都必须经过感性世俗之城的考验与历练,人才能真正从自发的罪恶走向自觉的善的正途。从认同的目的来看,奥古斯丁直接阐述人获得上帝的认同就是要成为一个真正的人,成为一个真正的自由自觉的主体。世俗之人在获得上帝认可救赎的过程中,也获得了他人的认同,就能过上幸福的生活,这样的人的德性也得到彰显。从认同的伦理道德规范来看,这种伦理道德规范仍是先验的、唯一的、永恒的,不是主体间社会交往互动建构的后天产物,而是一个唯我独尊的唯神论者的话语体系,其伦理道德规范具有教条主义的色彩。

阿奎那的经院哲学从理性与命运的角度阐述了人的主体的确立。奥古斯丁主要依据《圣经》来建立基督教神学,他强调的是信仰,通过说明人的无助与罪恶,让人们信仰上帝,得到解脱。人类获得认同的原因在于原罪,原罪就是没有克服欲望、感性的享受,成为感性的奴隶。为了重获自由,首先是无条件地去信仰上帝,去获得上帝的恩典,才能成为一个人,成为一个可能的主体。阿奎那时期,随着希腊哲学的回流,阿奎那把希腊哲学的理性精神与基督教的信仰结合起来论证人,人虽然有理性思考的能力,有目的性,有自由的意志与选择权利,但这些理性归根结底是上帝赋予的。总之,人的主体性来源于自身与上帝二者,其道德特性就是审慎与爱。因为在阿奎那看来,没有对上帝无限的爱,就不可能有真正的德性。当然,没有对上帝的爱,某个行为尽管可以说是一般的善,但是它绝不可能被视为完美的德善,因为它缺乏终极目标的合适秩序。中世纪末期,奥康威廉认为国王是人民的代表,是人民的人格化代表,是人民的典范,如果国王压迫人民,就是对人民的侵害,人民有权反对他。文艺复兴时期的伊拉斯谟认为上帝造人时,人们彼此是平等的,国家及其国王是人们契约的产物,是一种认同关系,都需要服从法律约束。路德认为真正的认同是内在的,武力强权所达到的认同是脆弱的、虚假的,加尔文认为教会教职人员与信徒是一种平等的关系,不是一种上下级的主奴关系,强化了认同的伦理道德责任内涵,因此,把它表述为"因信称义",信仰、良心归顺于上帝,不是外在的事工及其强权。对上帝及其自然法的强化,为内生性认同奠定了基础。阿尔色休斯认为,"政治中的服从问题,是一个关于联合的问题。联合者通过公开的或默认的契约,相互做出保证"。联合的共同体分为私人共同体与公共共同体,私人共同体有家庭、协作组、市民联合体,公共共同体有部落、村庄、城市、国家或民族,它们都致力于形成一个"包容性的政治秩序",相互承担责任并履行义务。①

前现代公民的政治身份的认定主要通过血统与财产的方式来认定。"法律规定只有所谓的全权公民才有资格参与公共政治活动,异邦人和妇女等自由人只拥有一般的权利,而占总人口三分之一左右的奴隶则几乎被剥夺了所有的权利。即使在全权公民中,也只有少数人能实际享受这些政治权利。参加公民大会的人数几乎没有多过 3000 人。"②古希腊雅典自由民就是这么认定的,外邦人、奴隶、妇女都不能被看作是主体意义上的公民。之后,雅典的梭伦、克里斯提尼与伯利克等人为公民身份注入了平等、法律、美德的内涵。然而,斯巴达则为公民的身份加入了能征善战的因素,他们统治着整个城邦大多数的人,包括奴隶及生活在山区属地的居民。血统、财产、军事成为认定公民的标准,构成了民主的基础,而获得公民身份认同的主体又保障与完善了认同体系的建构。罗马帝国成立后建立了完备的法律体系。"在征服者与被征服者之间的关系上,罗马公民身份成为这种优越性的标志与体现。通过授予被征服者以罗马公民身份,它表明优势民族对于落后民族的承认、收编和改造。"③战争作为特殊的认同方式不断改造着公民的资格。中世纪的公民是上帝的子民,一切都需要得到上帝的恩典与授权。在农村,公民是封建领主与骑士;在城市,"上层主要由商人和封臣构成,他们是城市的领导者;中层主要由手工业者和工商兼营者构成,他们拥有市场权、财产继承权和补选权等权利;下层包括学徒、帮工、日工、家用雇工、仆役、用人、非婚生子女和刽子手等,他们不享有市民的权利,没有财产,但人数占多,往往占城市人口大部分"④。尽管公民有一定的地位与权利,但是他们之间的人身关系具有等级性质。"农奴听命于地主,地主听命于大庄园主,大庄园主听命于国王,国王听命于皇帝,皇帝由教皇加冕,教皇听命于圣彼得。"⑤现代民主社会中,经济层面上,人民作为主体,通过形式各异的经济制度、国家干预决策、宏观调控等来确保市场经济的自由竞争与规范有序。政治层面上,现代人民作为政治主体的认定通过法律或宪法来确认,这就是所谓的人权,它构成了现代政治的前提与基础,由此形成的认同就是政治认同。社会层面上,人民作为自由个体提供人性假设、物权、基本人权等法律保障个

---

① 迈克尔·莱斯诺夫:《社会契约论》,刘训练等译,南京:江苏人民出版社,2005 年,第 56 页。
② 王胜强:《论现代人的自由》,济南:山东人民出版社,2009 年,第 204 页。
③ 郭忠华:《公民身份的核心问题》,北京:中央编译出版社,2016 年,第 37 页。
④ 王胜强:《论现代人的自由》,济南:山东人民出版社,2009 年,第 222 页。
⑤ 霍布豪斯:《自由主义》,朱曾汶译,北京:商务印书馆,1996 年,第 5 页。

体的自由生存与发展,结成共同体组织。文化层面上,人民作为主体主要通过思想、信念、志趣、爱好等来予以认定,由此形成的认同就是文化认同。

神话史诗与宗教哲学的存在,再到上帝之死宗教的衰落是人类的内在需要,它们一步步地支撑并伴随着人类的成长走向未来。它们作为一种历史的成果记载着人类发展的印记。物质生产力的匮乏和对自然界的无知与陌生,逼迫人类要想完成主体塑造,必须借助于想象及其神学的支持,否则人类就不能生存与安定。人类企图通过自身的能力来达成一种安定团结的局面,往往陷入一种唯我论的纷争,使得人们逐渐怀疑人的能力,否定人的能力,贬低人的能力。要么肯定理性,要么肯定感性,使人类觉察人的认识能力的有限性,从而陷入不可知论。但实际上,人的发展与成长恰恰需要多方面的认同支撑。有时需要感性,有时需要理性,或者二者叠加。对生活彻底绝望的人,没有一点生存能力的人,他们又害怕固定,无法忍受孤独,他们把宗教奉为权威,把上帝作为一种善的大他者来进行沟通与对话,希冀通过宗教来摆脱尘世生活的枷锁。古希腊哲学是属于这一类的。从主体性觉醒初级阶段的人来看,有些人是道德圣人,而大多数人仍需要外在的道德律令来强制规范。中世纪哲学大体属于这一类。对一个有足够生存能力的人来说,人们相信通过人们的理性、知识、良心等能够结成一个社会共同体组织,满足人们的生存发展需求,社会能够达到一种正义,不太需要外在的神学权威与道德律令。近代哲学是属于这一类的。

(四)近代的民主

在城邦时代,苏格拉底认为,德性即知识,认识你自己,强调知识的道德规范与理性选择,他把知识侧重定义为一种伦理道德规范、一种价值理性。在文艺复兴之后,经验主义者培根认为,知识就是力量,在经验实践中认识事物,并在《新工具》中提出了用归纳法获得知识,向大自然进军,人类就获得了力量。人类只有把自然作为客体,人的主体性才能得到验证与说明。他把知识的定义侧重理解为一种工具理性。不论是价值理性,还是工具理性,都是人的主体性展现。培根虽然从工具理性的角度来阐述自然对人的重要性,但也批判了唯我论价值理性对工具理性所造成的影响。他认为人类要想客观真实地展现自我,必须警惕种族假象、洞穴假象、市场假象、剧场假象对人类认识世界的制约。

在价值理性中,主体性就是人性。人性分为善恶:善就是一种和谐的伦理道德实践,恶就是一种对他人造成侵害的伦理道德实践。从工具理性的角度看,霍布斯与培根一样,也认为经验对客观世界的改造实践是知识的来源,首次提出归纳法是一个从感觉到印象再到概念的认识过程,并进一步分析了客观事物的机械性、实体属性与偶性,深化了对自然界的认识,展现了人类认识自然的深度与方式。从另一方面标明了人类获得自然认同的必要性。从价值理性的角度,把人性定义为恶,像动物一样,每个人都是自私的。保护自己的生命与财产不受侵犯,这是自然法则的规定,所以所有人都处于一种丛林法则,也就是一种主客二元对立关系。这无法形成一种善的稳定的伦理关系,个体的生存最终无法得到保障,更何况主体的建立与完善? 基于恶的先验人性假设,霍布斯描述了饱受一切暴力、死亡等无政府主义之苦,他强调国家认同对人类共同体建构的重要意义,认为没有国家认同,人们必将陷入贫困、孤独、残忍、短寿的窘境,陷入一切人反对一切人的战争状态,陷入美杜莎之谜,陷入主客二元对立的你死我活的生存状态。为了实现主体间的和睦相处,彼此协商放弃部分权利,选举形成国家这样一个第三方机构来执行社会契约,对社会形成保护,并对违反契约的人进行审判,维护人的权益。霍布斯是从抽象的理性人假设出发来构建国家主权的,把每一个人都想象成具有理性思考的个体,国家是所有理性人合意的产物,国家本质上就是一个"大写的人",是由微观的理性人组成的。因此,国家就是理性,人是理性的代表,国家就是人,就是主体。人的本性与属性都在国家以及国家的建构发展过程中得到展现。国家行为就是人的主体性的反映。国家就是人的认同的理性形式。霍布斯从经验主义的角度论证了国家是人的认同形式,是人的实现方式。从认同的起点上,他延续了马基雅维利君主论对国家的认同起点的分析,把人的认同建立在从人的自身出发,不同的是:马基雅维利的人是经验主义的人,霍布斯的人是理性主义的人;马基雅维利把人的认同最终落在了君主国王身上,霍布斯把人的认同最终落在国家这个理性集合体之上。国家这一理性集合体是一个三权分立的国家理性机构,维护这一理性机构的人是一个具有同样理性思考能力的同质性社会群体。一个是个体君主,一个是主体间的社群。在认同的形式上,霍布斯超越了马基雅维利的君主专制国家,最终定位于现代民主国家,把人的认同的终点始终掌握在社会人的手中,不是独裁专制的君主手中。

洛克对经验论进行了系统化的阐述,证明了人是一个感性的主体,人的认同就是对自然界的认识与改造。首先,在知识的来源上,他反对笛卡尔的先验理性"普遍同意"说,洛克认为所有人都同意的规律是存在的,即使存在也是通过经验获得的。在道德原则方面,洛克也反对与生俱来的天赋道德观念,认为道德是一种传承与认同,是有功利性的,不经过思考判断的道德原则成为专制独裁的依据。其次,在认识论上,洛克提出白板说,认为知识是后天经验的结果,实质上他是在强调经验对人的塑造功能。在经验的种类上,洛克细化出感觉经验与反省经验作为获取知识的途径,也就是说主体建立的两个途径:一是通过自然界客观对象的外在主客二元关系的认识与改造,二是通过自我把自己作为对象进行主体间的反思。他还提出简单观念及其第一属性、第二属性,以及复杂观念及其样式、关系、实体等认识的逻辑环节,丰富了经验主义的主体认识框架。最后,洛克提出了他的社会契约论,探讨了资产阶级的民主认同政府形成机制。对洛克来说,劳工阶层不是构成社会契约的主体,"对他来说,可以达成社会契约的自由民,是贵族、神职人员、绅士、商人资本家和金融资本家中的成员,特别是那些有学识的有产者,那些在管理自己财富的过程中提升了自身能力的资产阶级"。[①] 洛克反对马基雅维利与霍布斯对人初始状态的假设,认为人的原始状况是和谐共处的状态,拥有生命、自由、财产三大天赋人权,这三大人权是做人的前提条件。洛克说:"人们联合成为国家和置身于政府之下的、重大的、主要的目的,是保护他们的财产。"[②]主体的认同不再仅仅包括生命的持存,进而扩展到财产。为了防止外敌入侵,保证人的权利,人们转让权利,形成契约政府,调节社会矛盾,保障人权,但是他不同意把人的生命、财产与自由三大权利转让给政府,而霍布斯认为除了生命权不转让,其他权利可以转让。从生命权不可转让到三大人权都不可转让,人的主体地位得到了强有力的捍卫。生命权是个体持存的前提与目的,财产同样是个体持存的前提与目的。认同不再是生命个体的持存,它包含的层面更广泛了。他强调为了克服霍布斯国家的利维坦自私的本性,政府也要与社会签订契约形成约束,提出"立法、行政、外交"的三权分立思想,人民有权推翻政府的专制统治。孟德斯鸠最后对三权分立进行了"立法、行政、司法"的改造,成为西方民主政治建立的理论基础。人作为一个政治主体,在现代民主政治中得到了详细的论证。

---

① 米歇尔·波德:《资本主义的历史》,郑方磊、任轶译,上海:上海辞书出版社,2011年,第29页。

② 洛克:《政府论》,叶启芳、瞿菊农译,北京:商务印书馆,1964年,第77页。

卢梭反对人性恶的假设，与洛克一样坚持人性论的善的分析，在《论人类不平等的起源和基础》中，认为国家与法不是起源于"一切人反对人的结果"，而是"奴役的关系，只是由人们的相互依赖和使人们结合起来的种种相互需要形成的。因此，如不先使一个人陷于不能脱离另一个人而生活的状态，便不可能奴役这个人"。① 人们本质上是自由平等的，随着剩余产品与私有制的出现，为了解决贫富差距，缓和社会冲突，法与国家由此而生。实际上，封建专制国家成为弱者的新的桎梏，国家成为阶级统治的工具，给富人以新的力量，它们永远消灭了弱者的自由，把保障私有财产和承认不平等的法律永远确定下来。卢梭已经觉察到马克思所说的国家是一个虚幻共同体的概念，国家实质上就是资产阶级自由意志的体现，是对被压迫阶级的专政，被压迫阶级是作为客体而存在的。在此，卢梭开始通过主客二元对立的方式来剖析资本主义社会的认同危机。

在克服国家这一虚幻共同体的弊端时，卢梭强调国家与政府的职能与分工。政府是人民公意的执行，国家可以随时替换有违民意的政府人员，甚至推翻政府，来体现国家对人民权利的尊重。因此，他反对封建专制国家，要求建立真正的民主国家，国家是全体人民的共同体。"人们之有正义与自由应该完全归功于法律。以民权的形式在人与人之间确立自然的平等地位的，就是这个公共意志的有益的机构。"②民主必须通过法律来保障，由法律保障形成的共同体是一个道德共同体，每一个都是共同体中的纽带。国家主权是全体人民的主权，它保护每一个人的权益，并通过法律、监督来执行。而且人民主权是不可转让、不可代表、不可分割与至高无上的；反对代议制，主张直接民主，所以，它不需要三权分立来运行。在此，卢梭明确指出国家是人的实现的最高形式，法律对人的认同与保障是首要的。虽然卢梭对绝对民主公意进行了激情的论述，但在阶级社会中，国家的绝对公意是无法实现的，只能是统治阶级的民意，但他对人民当家作主的民主含义做出了充分的阐述，使人类作为一个"大写的人"的主体性首次得到了理论性的阐述。

唯理论者笛卡尔把认同建立在理性之上，旗帜鲜明地提出"我思故我在"的主体存在宣言。主体的存在是因为我在做理性的思考与判断，感觉、判断、推理都在不断展现我的真实存在，不断塑造着自我的开启与形成。理性思考是表明我存在的唯一依据，这是确定无疑的。但是，自我的

---

① 卢梭：《论人类不平等的起源和基础》，李常山译，北京：商务印书馆，1962年，第108页。
② 卢梭：《论政治经济学》，王运成译，北京：商务印书馆，1962年，第9页。

理性思考不是永恒的,会被时间所中断,人要想保持一种持续的存在,保持自我的始终同一性是不可能的。经验主义者把经验与记忆作为保持自我统一性的依据,笛卡尔和休谟认为记忆具有偶然性与主观性,有发生错误的可能,因此不能成为保持自我统一性的依据。而上帝是保持自我不变的同一性的根本,它的完美性、至高无上的唯一性是自我保持主体存在的终极根基。知识正是上帝天赋观念的产物,这是所有人"普遍同意"的,不需要论证的理性规律。这是笛卡尔的先验认同思想。但是笛卡尔认为上帝所创造出来的物质世界与精神世界是彼此孤立的,是人通过身心交感联结起来的。身心交感是感性经验与理性思考的结合,这样与他的"我思故我在"及天赋观念论是矛盾的。也就是说人的主体性确立还不是一个自立的问题,人的实践能力在自然界和社会生活中还是有历史限度的,人还不能完全成为一个自觉的主体,还需要上帝外在力量的支撑。

斯宾诺莎与莱布尼茨在笛卡尔唯理论的基础上进行了系统化的论证,详细展现了人的思维的主体化历程。一是斯宾诺莎通过对知识的划分与论证,否定想象和意见等感性经验,坚持理性的直观知识,细致地阐述了理性知识的生成与体系化过程,深化了人的理性认同思维。二是首次提出"自由是对必然性的认识"的论断,从人与自然界关系的角度论证了人的主体性确立问题。一个人的知识越多,对自然界规律把握得越细致,人们就越能摆脱无知和不幸的困境,尊重自然规律,驾驭大自然,深刻地理解自由,体会到自由的释然与幸福。三是坚持理性主义的起点,提出神即自然的观点,把上帝作为终极实体的原因,认为身心是先验协调的身心平行论,不再需要笛卡尔身心交感的人为干预。

莱布尼茨认为理性是一种先天的禀赋,只需要经验的刺激就可以获得知识,而知识就是精神实体即单子,单子是多元、彼此孤立、不可分割的,具有能动性而又和谐相处,是前定和谐的。现实世界是一个最好的世界,上帝既赋予人类以自由意志,又保证世界的和谐有序。总之,莱布尼茨就人的内在思维方面进行了深入的阐释,但认同的依据仍需要将上帝作为依靠。

休谟丰富了观念的划分,认为经验的对象是知觉,知觉包括印象与观念,印象包括感觉印象与反省印象。在实体上,休谟认为物质与精神、上帝这些实体都是人类不可认识的,反对笛卡尔把人的主体性建立在理性的基础上,理性主体经受不住时间的考验,而因果联系等所谓的一些理想规律,只是现象之间的经验联系,它具有极强的主观性和偶然性,根本不具备客观必然性的规律,基于理性建立的实体乃是理性的自我妄想,自我依靠的仅仅是一系列的现象与感觉,人的主体性只能是感性的,而且是有限的,所以不能过分相信人的感觉以及由此建构起来的感性世界,其同一性在时间与历史的长河中,在人的感性的相对性中,随时可能变化,因此对人性应该保持审慎与警惕。基于人性恶,休谟建立了他的政治哲学体系。

休谟坚持经验论,但又怀疑经验论并把经验的缺陷放大,最终导致康德的不可知论。休谟的怀疑论质疑了人的主体性确立的根基,提出了主体到底能在感性中扎根多深的问题。唯理论强调逻辑演绎与逻辑推理,但忽视经验感性的内容,脱离生活实际,无法获取新的知识内容,从而走向独断论;经验论强调感性的经验总结,忽视理性的指导,停留于事物的现象,看不到事物的本质,走向了怀疑论。二者发挥的成果,实际上都容易陷入主观的独断论。人的主体性在他们那里得不到完整的体现,找不到一个扎实的主体依据,人们无法建立一个稳定的伦理道德及其社会秩序。康德彻底扭转了人在世界中的视角,提出人为自然界立法的观点,完成了哥白尼式的转变。他强调人是世界的中心,自然界的一切都是为人而存在的,尽管人是世界的中心,是世界的主体,但人的认识能力与道德责任都是有限的。他把休谟对人的感性认识能力贯彻到底,认为人确实是不能认识事物的本质的,事物的本质是不可知的,人的认识与感知能力只能局限于感性与知性的范围内,而且人的道德责任要始终以人为目的,不能把人当作工具,当作客体对象来处理,这是人的道德律令。"你的行动,要把你自己人身中的人性,和其他人身中的人性,在任何时候都同样看作是目的,永远不能只看作是手段。"自由并不是随心所欲、为所欲为的,人应该诚实、尊老爱幼等等,这样人就达到幸福和善的目标了。经验主义的认同理论更多从经验主义的角度来考察个体自我的成长与完善,把认同的对象建立在客观经验的自然客体之上,是一种外在的经验性的认同,自我具有主观相对性的特点,强调个体自我体验的认证,缺乏对认同机制的内在反思。

费希特认为自我设定自身,自我设定非我,自我完成与非我的统一。黑格尔的绝对精神哲学建立起一个包罗万象的哲学体系。实体即主体。人的能动性以客观的形式表现出来,把世界的一切要素都卷入进来,把自然、社会、国家、人等要素纳入精神的对象,形成一种"精神现象学",表现为一种"逻辑学"。人的主体性无处不在,但人也只能沦为精神的客体对象。"近代哲学家从认识论角度阐述自我意识,费希特把冲动作为实践自我的内驱力,黑格尔从相互承认的欲望出发,阐述自我意识的生命本质和社会存在,这在哲学史上是一大突破,使他能够在世界历史中展开自我意识从自在的主奴关系到自为的自由意志和分裂的苦恼意识的发展。"[1]黑格尔从自我意识的困境中,从自我与他者的主体间性角度阐述了认同的交往实践意义。

伯林定义了两种自由。一种是积极自由。"我要成为我自己的主人,而不被他人意志所支配,成为他人的客体对象。我希望我的行为是我的意志与目的所推动的,而不受其他外在因素所影响。……我希望成为一个实践者,自己当家作主,而不是由别人来替我做主。……我是一个有想法、有能力的存在者,并且我能够为我的选择负责……我觉得我就自由了,当有人强迫我时,我觉得自己是一个奴隶,不是一个主体。"[2]自我是一个主体间性关系,不是一个主客二元对立的关系。托克维尔认为:"在美国,人民主权原则决不像在某些国家那样隐而不现或毫无成效,而是被民情所承认,被法律所公布的;它可以自由传播,不受阻碍地达到最终目的。……人民之对美国政界的统治,犹如上帝之统治宇宙。"[3]他认为民主能够为大多数人服务,培养公共理性精神,尊重法律,加强政党民主活动。基于认同的民主会发挥出巨大的政治共同体力量。哈耶克在《法律、立法与自由》中从民主为自由提供的保障角度提出强制性权力必须以多数意见为基础,"它意味着:第一,个人只应当有义务服从那些必定能够从多数所认可的普遍规则中演化出来的命令;第二,多数人的代表所拥有的那种权力只有在管理和使用那些供其支配的特定资源的时候才不受约束"[4]。新自由主义必然内含着认同危机。哈耶克强调自由主义,即使碰到差异、矛盾,他也倡导在自由竞争中,在为承认而斗争的过程中去形成共识,达成和解。多数人的认同必定包含着少数人的抵抗,这时只能通过多数人的认同来强制少数人的认同。佩迪特认为"关键在于为法律体制创造一个经得起检验的选择环境,而不在于要求法律的制定必须得到一致的同意"[5]。 除了构建一个"法律帝国"外,还要通过"分

---

①赵敦华.《西方哲学史》,北京:北京大学出版社,2021年,第334页。

②Isaiah Berlin:Two Concepts of Liberty in Four Essays on Liberty,Oxford:Oxford University Press,1969,p.160.

③托克维尔:《论美国的民主》(上),董果良译,北京:商务印书馆,1988年,第61页。

④哈耶克:《法律、立法与自由》(上),邓正来译,北京:中国大百科全书出版社,2000年,第273页。

⑤菲利普·佩迪特.《共和主义:一种关于自由与政府的理论》,刘训练译,南京:江苏人民出版社,2006年,第365页。

权的约束、反多数至上、论辩式民主"等多种有助于保持民主活力的认同方式来避免暴政与专制。

近代认同理论专注于同质性民主共同体的建构。前期,他们把共同体认同假设为一个抽象的理性假设,把所有的认同危机也归结于一致理性的假设。这时期的认同从认同的对象来看是围绕资产阶级政权何以可能的认同主体来展开的。霍布斯、洛克、卢梭、孟德斯鸠等启蒙运动思想家都是对资产阶级国家何以可能展开认同体系建构的,其针对的对象是国王、教会等封建旧贵族的统治集团。在认同的起点上,与封建王权形成了截然相反的特点,封建王权的起点是神,世俗王权与教会通过天赋神权的血缘关系来达到对世俗王权的合法性认同。现代民主的起点是人,现代政治必须从满足人、肯定人、相信人、激励人的角度,来完成现代政治的预设,这种预设并且先验地展现为一种自然属性,才具有和神权抗争的力量与权威。为了完成现代性的人与神之战,启蒙思想家必须充分发掘人的力量之所在,人的力量体现在财产、自由、生命、言论等基本人权的内容上,通过法律意义上的认同来确立现代政治的根基。在认同的制衡上,强调三权分立,来制衡王权,通过三权分立,来避免国家政府权力对人的压迫与侵害,造成认同的危机。"当立法权和行政权集中在同一个人或同一个机关之手,自由便不复存在了……如果同一个人或是由重要人物、贵族或平民组成的同一个机关行使这三种权力……则一切都完了。"[①]在三权分立的理性思考上,启蒙思想家们从人性的角度,在人性的感性与理性根源上,分别就人性的限度与价值意义,进行了详细的分析与阐述。

(五)现代的民主

韦伯的认同理论达到了现代性认同的高峰。韦伯的认同理论的贡献之一是详细分析了前现代社会向现代社会发展过程中,社会文化差异导致认同危机的产生,以及文化认同危机如何从差异走向和谐与统一。贡献之二是剖析了现代性的焦点即现代科层制国家是如何实现对人的认同与建构的。贡献之三是把资本主义宗教文化与资本主义政治制度很好地衔接起来,说明现代人的认同。

实用主义的认同理论的代表是詹姆士、杜威,他们认为"有用即真

---

① 孟德斯鸠:《论法的精神》,张雁深译,北京:商务印书馆,1961年,第156页。

理"。从人的行为特别是从结果的角度来强调对人的认同，以实践的实际效果为标准来判断该认同方式是否有效合理。实用主义的认同可以说抛弃了认同的前提、基础、过程、程序、历史等中间环节与历史经验，直接用结果来检验认同的合法性与合理性，夸大了认同的偶然性语境，摧毁了认同的稳定性与统一性，为历史虚无主义、后现代主义的泛滥提供了条件，从一定程度上激化了社会矛盾，加剧了认同的断裂以及认同的危机。

1. 功利主义的认同观

古典功利主义者认为"最大多数人的最大幸福"就是合理的，人不可能做到面面俱到。最大多数人都幸福就是资产阶级的幸福，以及为了维护资本主义制度对被剥削阶级的让步与施舍。该理论一是以资本利润为标准进行认同的主体设定，只对生产的资本逻辑进行认同，对资本逻辑所引发的分配问题视而不见。认同的主体是资产阶级，不包括被压迫阶级。二是工具理性的思维方式，为了获得利润，不考虑他人的利益，必将引发认同危机。由此，密尔认为资本主义社会应该关注黑人奴隶、流浪汉等边缘人的生活实际，资产阶级唯我独尊的统治必然陷入严重的社会冲突。三是功利主义认同观虽然关注到弱势群体给社会造成的认同危机，但他们是站在资产阶级的立场来考虑弱势群体的认同可能的，如何花最小的代价把弱势群体包容到资产阶级专制统治秩序中，来增强资产阶级这个有机体，弱势群体仅仅作为可能整合的少数分子来参与到资产阶级这个阶级共同体中，弱势群体的认同是就资产阶级阶级统治的补充而言的。此外，边沁认为民法应当解决四个问题：生存、富裕、平等与安全。把平等作为认同的内容意味着认同需要协调最大多数人与少部分人的利益，把安全作为认同的内容意味着认同的伦理道德规范意义逐渐暴露出来了，强调认同的社会规范性及其建设性。

海德格尔和萨特对认同的基础进行了反思与批判，认为认同应该建立在主体间的基础之上，认同的对象是他者，不再是客体的自然与客体的他者，而是既作为客体的主体，又作为主体的客体。阿伦特首先严格区分了劳动、工作和行动的概念。她认为劳动是人与自然的一种主客二元对立关系，工作是人与技术工艺的一种主客二元对立关系，只有行动是主体间的直接交往关系。这三种关系都反映了人的自由状况。其次，她追溯认为古希腊的日常生活有两种：一种是主体间的政治实践活动，一种是思想的沉思活动。虽然沉思活动不会产生直接具体的社会效用，但它是人实现自由的关键。沉思可以超越主客二元的劳动与工作,可以超越客观世界的有限性,来寻求一种普遍的必然性。主体间关系是人获得主体认同的条件,而不再像近现代所着力强调的结果。行动"是唯一不需要借助任何中介所进行的人的活动,是指人们而不是人类居世的群体条件。一切人的条件都与政治相关,而群体性则是所有政治生命的重要条件,不仅仅是充分条件,而且还是必要条件"①。政治的本意是人的自由,是人的主体间性自由。沉思分为思维、意志与判断三个部分,人在沉思中,不断从思维经过意志达到判断,在公共政治生活领域中实现人的主体塑造。最后,她认为人的自由从古希腊到近现代发生了政治与哲学的疏离,致使政治失去其合理性,表现为一种虚假的政治。在现代社会,科学技术的发展与滥用、自由竞争的个体主义泛滥、极权主义的产生、专制独裁的出现等都是虚假政治。没有哲学的指引,政治就会成为人的桎梏。"一个重要的事实是,人们发现现代的隐私(其最相关的一个功能是为了掩盖私密)不是与政治领域相对立,而是与社会领域相对立,因而它更密切也更真实地与社会领域联系在一起。"②政治始终是以人的自由为目的的,人们只有通过话语交往与行动才能为政治提供保障。政治就是国家、社会等多元共同体对人的共识与认同,没有经过交往话语理性建构的政治,就是主客二元的对立与独裁,是认同的缺失,是主体性的缺失,其结果是人的主体丧失,道德与责任更无从谈起。"道德至少在政治上像善意通过随时准备宽恕和被人宽恕,做出承诺和信守承诺来应付行动的巨大风险一样支配自己。这些道德概念是仅有的不运用到来自外部的行动,来自许多据说是更高级本能的行动或者来自行动自身无法涉及的实践经历的行动概念。相反,它们直接产生于那种以行动和言语的方式同他人共同生活的意愿;这样,这些道德观念就像置入本能中的控制装置一样,以开始一些新的、永不停歇的过程。"道德责任是对人的主体认同的结果,而不是附加于人之上的东西。所以,道德责任是主体内在的一种表达与流露,不是一种强制,它是对自由的沉思。

列斐伏尔认为资本主义经过自由竞争阶段进入垄断寡头的国家主导阶段,高度的商品化与公司化正不断蚕食着工人阶级的创造性与革命性,资本主义由马克思时代的政治经济批判模式,发展到对日常生活消费领域的异化与控制,它隐匿于对人的精神文化控制,所以有必要对日常生活

①汉娜·阿伦特:《人的条件》,竺乾威译,上海:上海人民出版社,1999年,第1页。
②汉娜·阿伦特:《人的条件》,竺乾威译,上海:上海人民出版社,1999年,第30页。

进行批判,揭露资本主义的意识形态化,让日常生活重返本真面貌。传统的哲学批判认为日常生活是微不足道的、琐碎繁杂的、无关紧要的,但实际上日常生活是人们生活的共同根基。当日常生活成为一种批判,成为对这些高级活动(和它们所制造的东西:意识形态)的批判时,白日的曙光就出现了。直接的批判取代了间接的批判主义;这种直接的批判包括对日常生活的重新占有,将使之更清楚地显示出其积极的内容。人的自由解放必须把日常生活的解放放在首位,日常生活必须成为人的主体解放的场域,不能成为压抑主体的纽带,不能让日常生活成为资本主义整合的体系,阻碍人的自由解放,要让日常生活摆脱资本主义的异化,成为革命的萌芽与契机,成为实现自我的"一件艺术作品"。

2. 现代人本主义思想的缺陷

胡塞尔、海德格尔、萨特等人虽然突出人本主义的价值诉求,但他们对人的主体性的追寻,仍然是建立在主客二元对立的思维模式窠臼之上的。人的存在主义焦虑、人的价值的实现,是无法获得主体地位的不安的,是人被客体化的哀鸣,是对唯我论思维的控诉。

其一,现代实践论的思维是单一主体性思维。现代实践论的主体仍是一个类主体,一个"大写的人",一个人格分裂的人。胡塞尔现象学的贡献在于他摆脱了唯我论思维的模式,尝试一种交互主体性思维来重新建立现代科学体系;但现象学的困境仍然使他最终没有彻底走向唯我论的思维,受困于先验自我如何与他人达成共识的问题。他虽然已经不像近代哲学家那样自言自语、自说自话地去建立一个唯我独尊、天赋人权的神学体系,但现象学既昭示着近代彻底唯我论哲学的衰落,又找不到完全克服唯我论哲学的途径。现象学正处于这一哲学主题从主客二元对立思维模式向主体间性思维模式的转变过渡阶段,意识到了近代哲学的困境而又无能为力,任由"命运"的摆布。海德格尔同样也要面对这一难题,但是他创造性地解决了这一难题,只是思维的形式仍是唯我论的方式。他把对人的主体间存在建构放在批判整个西方哲学史的基础之上来进行,并原创性地提出"此在""烦""畏""死""在手""上手"等哲学范式来标明人的存在状态。他希望通过哲学语言创新的方式来说明人的存在的独特性,对人的存在状况做了特殊性的解读。这实质上是在批判人的存在的客体化处境,他认为主客二元对立思维根本不能说明人在世界的主体地位,要想论证人的真实的本真状况,只能重塑这个哲学体系,并把它付诸实践。总之,他用全新的哲学语言对人的存在做了新的论证,但对人的现实存在做了悲观的描述。萨特干脆直接指明:他人就是地狱,这个社会就是一切人反对一切人的战争状态。自我是容不下他人的,他人时刻把自我视为客体。自我与他人的共在是不可能实现的乌托邦。

其二,认同的主客二元对立思维模式决定了认同的意义的缺失。海德格尔对主体意义的追寻与阐述是从"此在"角度来阐述的,认同的意义只能从客体的对象中去寻找,没有从主体间性的角度来考察认同的主体间性意义乃至对伦理共同体的意义。海德格尔对技术的反思是非常深刻的。他在《科学与沉思》中认为随着技术的积累,人们对自然的计划与开发,最终会伤及自身。科学技术成为无处不在的权力覆盖整个地球,把任何事物变成被征服与控制的对象,事物存在不断被解构,变成虚无主义。此外,海德格尔认为事物的意义在于人们如何与事物发生关系,如何阐述意义,从而构成一个世界。把人类与世界历史的关系理解为人如何与世界发生关系,阐述意义的方式。在这一点上,海德格尔与马克思主义实际上达成了共识,唯物史观作为一般形态是个体存在发展的底板,个体的存在意义是以有生命的个体的存在为前提的,从而才能开始个体的历史,赋予生命的意义。最后,"此在"对于他者的意义最后只能通过文本的互文性来获得。海德格尔、萨特等哲学家们执着于人类命运的思考,没有从家庭、社会、国家等伦理共同体的角度来阐述认同的价值与意义。

其三,无法完成认同的辩证法、历史观等的研究与阐述。他们对历史的理解认识仍停留于主体对自然客体的认识与征服阶段,在征服自然的过程中,人是逐渐被边缘化、被宰制的。一切历史的矛盾都是主体对客体的单向的线性的历史维度,没有把历史看作一个主体间交往认同的共同体推动的历史。

(六)后现代的民主

他者的觉醒导致认同的危机。"理性的世界可以看作是一个伟大的、不朽的个体,它永不停息地创造出那种具有必然性的东西,从而控制着偶然性的东西。"①也正如福柯引证陀思妥耶夫斯基所说的人不能用禁闭自己的邻人来确认自己的神志健全。"人们出于这种疯癫,用一种至高无上的理性所支配的行动把自己的邻人禁闭起来,用一种非疯癫的冷酷语言

---

① 山姆·威姆斯特:《理解韦伯》,童庆平译,北京:中央编译出版社,2016年,第1页。

相互交流和相互承认。"①启蒙理性虽然以人的主体性确立为口号去否定与排斥神学理性,实现人的主体性确立,但启蒙理性的抽象"大写的人"的理性假设背后隐藏着这样一个逻辑:自我的建立总是以拒斥他者为前提的。启蒙理性把它所认为的他者通过愚人船排除出欧洲的地理空间,实现理性人的独裁。福柯在《疯癫与文明》中深刻地指出现代性危机的根源在于认同的危机,他者认同的缺席与自我的宰制。他阐述了现代理性的主体是谁,并指出这一主体是如何实现共谋,如何实现利益共同体联结的;他者是如何逐渐从理性中被剥离出来,被认定为非理性的存在的;哪些要素成为现代理性确立的帮凶。在福柯看来,个人的自由始终是受到监控与规训的,各种惩罚机制要经常性地对破坏现有秩序的人进行惩罚。"对象变了,范围变了。需要确定新的策略以对付变得更微妙而且在社会中散布得更广泛的目标。寻找新的方法使惩罚更适应对象和更有效果。制定新的原则以使惩罚技术更规范,更精巧,更具有普遍性。统一惩罚手段的使用。通过提高惩罚的效率和扩充其网络来减少其经济和政治代价。总之,需要建构关于惩罚权力的新结构和新技术。"②韦伯所寄希望建立起来的科层制司法体系已经把自由变成桎梏,成为一种霸权的逻辑思维。它不能为人的自由发展提供条件与保障,而是要操纵人,对人进行监控与管教,使之成为单向度的人。规训就是把异质性的人与单向度的人实现同化,达到同一性。所以,"拒绝使用富裕社会的精巧物品"的嬉皮士与"垮掉的一代"代表了现代性危机的出路与方向。

德里达的解构主义对启蒙现代性以来人的主体建立的理性认同进行了彻底的批判与重构,包括对认同的起点、认同的过程、认同的形式等。就整个西方现代认同体系来说,他认为现代认同机制已经不是当初的启蒙现代性了,它已经被资本主义绑架与渗透,成为资本主义制度的自觉实现机制,已经丧失了启蒙与批判的主体思辨能力,不能容纳新的潜在的差异主体。就西方认同理论来看,认同就意味着蒙昧、死亡,是一个封闭专制的认同体制。就认同的主体来看,认同不能再建构在抽象的、同质的、宏观的理性人的假设之上,整个元叙事的"大写的人"的确定性都是不可信的,里面充满了欺骗与谎言,所以现在我们必须彰显微观的个体与小写

---

①米歇尔·福柯:《疯癫与文明》,刘北成译,北京:生活·读书·新知三联书店,2019年,第1页。

②米歇尔·福柯:《规训与惩罚》,刘北成、杨远婴译,北京:生活·读书·生活三联书店,1999年,第99页。

的理性,把认同的起点建立在微观的个体之上,以抗拒宏大的理性认同对小写的理性的敌视与掩盖。就认同的过程与形式来看,我们需要重新慎重地对待现代西方理性体系,对它做出新的评估与选择。

鲍德里亚从"沉默的大多数"立场出发来批判现代资本主义。一是通过符号学的分析,揭示了现代社会从物体系向符号关系的转化,认为现代社会物与符号的主客关系是颠倒的主客关系,符号成为主体,与资本结合在一起,支配着社会生活领域的一切。而自然从来就是一个客体的概念。"自然在本质上是一个被支配的概念……是一个为我性存在……任何唤醒自然的东西,都唤醒了对自然的支配。"[1]与那个时代马克思主义的政治经济学批判相比,当代资本主义对人的物化更深入、更隐蔽了。社会生活已经告别革命,走向了一个符号经济学的时代,一个仿真的符号世界。随着电子媒介技术的发展与传播,符号比物体更具真实性,人们都聚焦于符号及由符号打造的仿真世界,都慢慢沦为"沉默的大多数"。最后连人们的话语体系也被符号化了,变成"能指"的飘浮。人的主体性彻底消融在符号世界中,人成为一个客体被奴役、被支配,人的命运变得扑朔迷离。所以,看似当代资本主义对人的认同是完美的、真实的,使大家变成没有反思批判能力的"沉默的大多数",实际上,是用符号取代了人,用抽象代替真实,取代了主体的地位,是人的沦落与缺失。

后现代主义者消解"大写的人"与宏大的历史叙事,批判启蒙理性的话语霸权,批判理性人的抽象假设,把小写的人无差别地消融在"人民""真理"之中;强调小写的人、差异的人的合法性存在。小约翰·柯布一针见血地指出:"后现代主义者就是要让差异有所立足……让不同的社群和团体发出声音。"[2]德里达认为我们是基于对他者的关注来展开对逻各斯中心主义的批判,生态主义者盖尔认为:"后现代主义应该被理解为一种传统,这种传统与现代性的占统治地位的思想相对立,试图追问现代性的各种假设,在基础上发展一种人与世界、人与人之间的新型关系。"[3]因此,我们认为,"真正的后现代主义者不是在书斋中玩弄文字游戏的虚无主义者,更不是一群唯恐天下不乱的造反派。他们在挑战现代性的霸权中或许有激进、偏颇之处,但他们是一群有着自己独特创见的严肃的思想家,

①鲍德里亚:《生产之镜》,仰海峰译,北京:中央编译出版社,2005年,第39页。
②John B. Cobb Jr.,Postmodernism and Public Policy,Albany:State University of New York Press,2002,pp.50,190。
③Catherine Keller and Anne Daniell ed. Process and Difference:Between Cosmological and Poststructuralist Postmodernisms,Albany:State University of New York Press,2002,p.32。

是一群操心人类命运、具有古道热肠的人，是一群敢于担当的人"[1]。他们怀着浓重的忧患意识来审视现代社会，站在"肯定生命的角度"来构建人类命运共同体。

启蒙理性所催生出来的现代科学技术与制度体系把人的一切都数字化与规范化了，人在其中找不到自身存在的独特性，到处都是机械的、抽象的同一性；而这种同一性是不经反思与体验的霸权，把人置于客体的压制下，不是人的内在认同与情感流露。人没有一个可以栖息的精神家园，随时被拿来填补与造就成专制与极权主义者支配的对象。像反叛中世纪宗教神学一样，浪漫主义通过夸张的手法来对启蒙现代性再次做出反击，彰显人的价值与意义，强调人性的丰富性与复杂性。但是浪漫主义对人的张扬是放纵的、无度的、冲动的，没有为人的现实存在设定一个有限的边界，浪漫主义一不小心就滑向了空想的乌托邦，就会陷入孤独与焦虑之中。

其一，没有中介客体基础的是多元主体间的交往实践。哈贝马斯提出多元主体间通过对话协商达成共识后，致力于主体间交往共建的交往实践活动。他认为实践活动有两种：一种是主客二元对立的有目的的工具理性实践活动，一种是主体间的相互理解的社会协调规范实践活动。主体间的交往行为规范实践活动是人类社会根本性的活动，是高于主客二元对立的工具理性实践活动的。罗蒂反对哈贝马斯摈弃中介客体的交往行为理论，他宣称："作为实用主义者，我们所认同的团体由宽容论者、多元主义者和民主主义者构成。"[2]罗蒂的多元主体是建立在中介客体基础上的多元实用主义，但他的多元主体是服务于工具理性的效用的。

其二，空泛的话语交往实践。多元主体间的认同根本上是主体间的话语认同。哈贝马斯吸收了塞尔与奥斯丁的日常语用学理论，强调多元主体间语言的真实性、真诚性、有效性来达到交往行为的合理性，通过以言行事的方式来完成多元主体的认同与构建。罗蒂、阿佩尔、利科、伽达默尔等后现代理论家们都深受语用学理论影响，也将语言共识的语用学实现，当作交往共同体的理论实质来阐述，他们把语言当作交往共同体建构的前提性与根本性条件来看待，使主体认同陷入话语认同的窠臼。

其三，认同的相对主义。后现代强调多元差异的主体存在，但对多元差异的主体何以可能获得根本性的认同，缺乏切实有效的措施，只是一味

---

①汪德宁：《超真实的符号世界：鲍德里亚思想研究》，北京：中国社会科学出版社，2016年，第278页。

②理查德·罗蒂：《后哲学文化》，上海：上海译文出版社，1992年，第5页。

宣称他者的不可抹杀性。缺乏客体中介的主体认同，使他者的认同陷入主观唯心主义的宣泄。没有把他者的认同深刻地立足于社会物质生产劳动实践，通过主观的批判、话语的协商、"什么都行"的口号，只是拒绝自我独断，消解了单一主体性的思维模式，还只是处于认同的理论批判阶段。他者具体如何走向认同实践，还处于模棱两可的地步。

其四，单一的历史认同动力论。近现代的历史观是主体发掘改造客体的历史动力观，后现代的动力观都强调从主体间的交往互动来重新解读历史，而不承认工具理性在历史发展中的基础作用。哈贝马斯认为"技术的历史，不论它多么能合理地予以重建，终归不适于界定社会形态"。①贬低工具理性的合目的性行为在历史中的作用，认为只有交往是历史发展的唯一动力。

其五，认同伦理道德规范的缺失。后现代认为近现代的伦理道德规范是"大写的人"的规范，规范就是规训、宰制，规范不仅是对自我主体意识的压制，更是他者意识的排挤，后现代的目的就是消解近现代的伦理道德规范，所有的规范性意义大多集中于话语的伦理规范，在主体间平等对话中去构建交往行为新的伦理规范。

近现代哲学主要确立了"大写的人"的主体地位，后现代主义的贡献主要是唤醒了他者的主体意识，消解单一中心论的思维，开启了基于认同的交往实践历史的新视野。它把近现代哲学的主体性思维，从他者视角切入，从主体间性的思维对现代理性主义做出新的书写，使得现代理性主义不仅能够满足自我同一性发展的需求，还要说服他者，保障他者在现代理性主义的地位。这种理性主义是一种新的理性主义，是用小写的理性通过主体间的认同来达成的共识，同时也不是旧契约论的同质性的主体认同，而是包含着异质性的差异的主体认同。这标志着一个基于多元主体认同的交往实践唯物主义的到来。

（七）新现代的民主

罗尔斯的分配正义对功利主义的正义进行了补充与纠偏。罗尔斯主要对主体认同的过程进行了修正与补充，以达到对"社会弱势群体"的认同补救，维护现有的西方资本主义认同体制。《正义论》中的主体，一个是美国社会中自由平等的公民，一个是美国的边缘群体，如失业人员、妇女、

---

①哈贝马斯：《交往与社会进化》，张博树译，重庆：重庆出版社，1989年，第153页。

有色人种、流浪汉、难民等弱势群体。1999 年《万民法》出版，罗尔斯把《正义论》的公共理性拓展到整个人类社会，构建出一个人类社会成员共同接受的八项行为规范原则，来实现人类命运共同体的构建；但是又因为他坚持人权划分标准，支持对邪恶国家进行核武器的战略防御，使得《万民法》的公共理性充满了内在矛盾。首先，每个人都有机会平等的正义；其次，每个人都要处于无知之幕之中；再次，每个人都有自由选择的权利；最后，每个人都要向最不利者倾斜，保持正义对效率的优先。根据以上规则依次递推进行的劳动产品分配活动，就能实现所有人的正义，每个人的利益都能得到公平保障。罗尔斯从政治学的角度着重探讨了社会公共产品的分配正义，对分配的程序与环节做了理性的反思，以此来对边沁、密尔等功利主义所坚持的"最大多数人的最大幸福"正义观进行批判，通过分配与再分配的方式对"被蔑视的那部分少数人"进行了正义的补充。罗尔斯一是继承了功利主义的量化式、工具理性的思考方式，通过更加程序化、精细化的方式去弥补资本主义利己本性的社会危机，通过契约化的、理性化的条件递推来补充功利主义所缺失的分配主义。二是就认同的主体来看，在功利主义那里，弱势群体还是一个潜在的认同主体的可能，而在罗尔斯这里，被漠视的他者已经进入到一个现实的主体认同的程序化实践进程中。总之，他们是对资本主义国家被剥削被压迫的大多数人如何获得主体生存发展的权益进行了不触动资本主义私有制原则的前提下的资本主义改良，从认同的内容方面，对认同进行了精细化的程序设计与量化式处理，使得更多的"最不利者"等潜在主体的认同成为可能，保障他们参与民主，实现民主发展的秩序与制度安排。

哈贝马斯指出"达到理解是一个在可相互认可的有效性要求的前设基础上导致认同的过程"[1]。吉登斯与哈贝马斯一样对现代西方认同危机进行了批判性的重构。在《现代性的后果》中重点分析了现代西方认同危机的原因，认为现代性的危机是一个主体间的认同危机，危机是前现代社会向现代社会过渡过程中发生的，危机的原因在于"脱域"。"脱域"使得前现代社会的象征认同系统失灵，在新的时空场域中失去了对人规范的效力，失去了对人的主体价值的衡量与意义的裁定；而现代社会的专家认同系统还没有建立起来或者不够完善，让人缺乏信任，危机就会出现。为了让人重新找到归属感，恢复社会的秩序安排，所以要重新建立新的认同系统，认同系统不再是物质资料生产方式，而是资本主义工业体系，军事

---

①哈贝马斯：《交往与社会进化》，张博树译，重庆：重庆出版社，1989 年，第 3 页。

力量、监控体系。这两个新的认同系统中,军事力量、监控体系是认同的边界,资本主义工业体系是认同的基础。这就是他为前英国首相布莱尔设定的英国应该走的"第三条道路",在这条新现代的道路中,英国实现了自我的发展。吉登斯希望用这条道路来弥补人们对现代性的失望,重新唤醒人类对现代性的憧憬,找到每个人在世界当中的位置。就认同的主体来看,吉登斯把微观个体作为新的认同主体,同样反对先验的宏大理性的抽象人假设。就认同的形式来看,强调用新的微观个体重塑现代各种共同体,不要盲目彻底拒斥启蒙理性的一切成就。总之,吉登斯同样是一个西方现代性的捍卫者,是西方资本主义制度的自觉维护者。

第三节　资本主义民主的实践逻辑

思想既是制度的逻辑,又是制度的路标,它不断牵引着资产阶级从我思走向我在,从潜在走向现实。"农奴曾经在农奴制度下挣扎到公社成员的地位,小资产者曾经在封建专制制度的束缚下挣扎到资产者的地位。"①阶级斗争的历史就是被统治阶级不断觉醒,不断按照阶级利益的要求,不断构建其历史主体地位的合理性与合法性系统,不断成为统治阶级的历史。

一、资产阶级的觉醒

资本主义萌芽在地中海沿岸孕育后,资本家是如何去弘扬财富的积极意义,如何去克服财富的消极意义,实现主体的再造的呢? 文艺复兴运动最大的历史功绩就是人的发现与自然的发现。人的发现为人的主体性建构找到了逻辑起点,自然的发现为人的确立找到了外在的对象与空间。皮科在《人的尊严》中发出了人类宣言的口号。他认为虽然世界是一个等级结构,但人是在这个等级结构之外的,上帝造人就是要万物遵守客观规律,让人自由地去认识世界,创造未来,实现人的价值。中世纪时期,宗教反对以获利为目的的商业活动。路德的宗教改革推翻了教会对人的束缚,认为只有人对上帝的信仰与恩典才是人得救的途径,不在于人的道德实践,不在于人的善行与"事功"。加尔文宗解放了人们的思想,认为商业的成功是上帝对世人的拣选,把发财致富从宗教束缚中解放出来,人的主体性得到了宗教的解脱。加尔文否定教会的"童身、守贫、斋戒、朝圣、赎罪券"等善功实践对人的救赎,但是他认为人应该谋求在世俗社会的努力与成功,人来世俗人间是一种命运,在世俗社会的成功就是一种上帝的恩典。宗教改革解除了教会对人的外在束缚,为资本主义的发展开辟了道

①《马克思恩格斯文集》第2卷,北京:人民出版社,2009年,第43页。

路,为人类追求自由以及积极地展开世俗生活解放了思想,把人的主体性建立在对客观世界的改造基础上,为人的确立开辟了广阔的空间。"宗教改革后,勤奋劳动、谦和节俭、尽职尽责,全部具有了善功的性质,变成了人们恪守的天职,这是新教,特别是加尔文宗的禁欲主义伦理观。"①它既肯定了世俗生活的感性价值,又借助宗教神学完成对世俗生活的理性规范,把人的感性、理性与对上帝的信仰进行了历史性的融合,使人的主体性与人的伦理道德关系达到了一种和谐与统一。

西欧封建社会于 11 世纪成熟起来。封建社会的政治主体是封建领主、采邑主、教皇等人,他们通过自由民来剥夺农民的劳动来获益。随着劳动产品的积累、生产力的提升,自由民中的有产阶级不断涌现,地租逐渐从劳动地租向实物地租、货币地租发展,农民也不必再被终身拴在劳役地租之中,可以成为更自由的劳动力资源。自由民逐渐从烦琐的劳务中脱身,并逐步积累财富,向上支持王权,反对教权,有了国王的支持,他们更加致力于发家致富。商业与银行金融活动已在西欧各国普遍地开展起来,印刷术、火器、纺织、熔炼、航海技术等科技的发展形成一种积聚效应,并逐步介入日常生产生活。有产阶级有了资金、武器、航船,具备了开疆拓土、开辟新世界的一切条件。"好大喜功的君主、争夺霸权的国邦、被鼓励致富的商人和银行家:这就是刺激商业、征服和战争的力量,他们使掠夺行为体制化,使奴隶贸易组织化,他们将囚禁游民,然后强迫他们劳作。"②有产阶级、国王、商人等结成一个政治联盟集体行动,使得这一活动看上去是一种合意的活动,征服与掠夺采取了合法化的形式。黑奴贸易、淘金成为早期殖民者主要的活动,目的只有一个:获利。金银的积聚导致商品价格的攀升,而工资下降,工人们日益不满。法国通过《维莱科特雷法案》来制止劳工联盟。法国法学家布丹认为金融的富裕导致了价格上升,产生了通货膨胀,于是政府颁布措施来禁止金银外流,禁止原材料出口,发布进口商品的禁令及征税,才能保障君主国家富裕起来。马基雅维利在《君主论》中认为,一个好的国家就是国富民穷,君主的存在就是为了解决人与人之间的争斗,为了君主国家,人们可以不讲究伦理道德。法国法学家塞瑟尔在《伟大的法国君主制》中也认为,君主的财富就应该达到

①田薇:《信仰与理性:中世纪基督教文化的兴衰》,石家庄:河北大学出版社,2001年,第186页。
②米歇尔·波德:《资本主义的历史》,郑方磊、任轶译,上海:上海辞书出版社,2011年,第5页。

金银充沛,布丹在《共和制》中同样持这种观点。由这种商业模式决定的君主专制民主思想表现为博埃蒂的《论自愿性服从》,贝茨在《统治者对其臣民的权利》等著作中来予以强调与说明。商业模式决定政治模式,政治法的意识形态思想强化了对现有统治方式的认同。

资本家以早期资本积累特有的方式不断孕育着新社会的一切要素,而封建社会也在固守其统治秩序。布鲁诺被烧死,康帕内拉被送入监狱,伊拉斯谟被列入异端,伽利略被勒令认罪。封建国家坚决地捍卫其统治的合理性,它们把有损封建国家的"他者"视为异端,排除出封建社会宗法体系之外,没有对他者予以认同,在封建贵族体制看来,他者只会削弱、动摇其统治秩序,造成秩序的混乱。虽然封建势力强大,但资本主义的要素在不断积聚。在荷兰,资本家建立起自己发财致富的生产组织,他们依靠东印度跨国公司、阿姆斯特丹银行与荷兰舰队建立起第一个资本主义国家,哲学家笛卡尔只有在这里才发出了"我思故我在"的主体性论断,荷兰在封建势力强大的西欧版图中撕开了一个缺口。就荷兰这一西欧小国而言,"1674 年时,资产在 20 万—40 万弗罗林的资本家有 56 个,10 万—20万的有 140 个。这群资本家支配大宗贸易,发展产业,组织商会,控制着殖民地的公司,还监理着莱顿大学。他们以阿姆斯特丹银行为后盾,使阿姆斯特丹成了当时世界重要的金融中心。他们甚至意图将其在本省的支配地位强加于整个联省共和国。"[①]总之,资本家在荷兰已经基于商品生产结成了一个资产阶级联盟,并抓住教育、法律、政治等一些办法强化资产阶级的利益,维持资产阶级在君主统治中的地位。荷兰哲学家斯宾诺莎对"神即自然"的论述,对自然的原因与能动性的解释,以及对"自由是对必然的认识"的见解,都大大推动了唯理论的发展,但旧欧洲封建宗教势力依旧强大,资产阶级学者在哲学中对他们的现实进行了反思,这种现实活灵活现地表现在伦勃朗的画作《造船商和他的妻子》《黄金过磅员》中,以及其笔下的流浪汉与黑奴等,都凸显出资产阶级的权力与荣耀,我们都能从艺术中看出资产阶级的历史主体地位,看出他者的悲惨生活。

英国的资产阶级强调对外贸易的重要意义。首先,资本家要求自由、民主,通过国会要求国王遵守《权利法案》来制衡王权,达到民主。资本家经济实力的提升必然要求在政治上有所建树。霍布斯与洛克分别就资产阶级的政治理想进行了人性的分析与表达。就经济领域的竞争而言,英

---

①米歇尔·波德:《资本主义的历史》,郑方磊、任轶译,上海:上海辞书出版社,2011 年,第18 页。

国与葡萄牙签订《梅休因条约》进入巴西市场,与西班牙签订《乌德勒支和约》进入西班牙市场,资产阶级的霸权必须通过各种认同方式来确保他们的主体地位。其次,进入 18 世纪以来,英国先后打败西班牙、荷兰与法国,成为世界霸主。在北美洲的殖民统治中,新型的北美资本家们不满足于英国的贪婪并为了捍卫他们的商业财富,把十三个殖民地的资本家集中起来,把商贸的自由与权益通过《独立宣言》的形式表达了出来,并以此来建立政府。美国资产阶级独立建国的浪潮引领了拉美地区的民族独立解放运动,巴西、阿根廷、哥伦比亚、秘鲁、墨西哥等纷纷走向了资本主义道路。

1688 年光荣革命确立君主立宪制的资本主义国家形式,英国银行迅速建立起来,贸易飞速增长,到 18 世纪,英国贸易在各方面居于世界首位。交通道路网络的开辟与修缮,使得商贸变得更加繁荣与便利。经过国会批准的圈地运动,加剧了资本主义要素的积累与阶层的分化,资本主义发展所需的大量劳动力满足了商贸发展的需要。"殖民统治、世界贸易、商业资本主义与交换的发展一起,促进了基础产品(茶叶、食糖、棉花)供应的增长和销售(纺织品、制造品)的增长;圈地运动和农业的第一次现代化造就了一批背井离乡的、可随时使用的无产阶级;科学与技术才智应用于生产,引发了一系列如滚雪球般层层累进的发明;一些可供利用的资本,尤其是来自贸易和农业的资本,使工厂得以建立。"[①]工业资本主义就这样兴旺起来了。当然,资产阶级政治的最高认同形式在国家资本主义发展中发挥了重大的作用。它实行贸易保护主义,进行殖民掠夺与扩张,排挤贵族,打压工人运动。"处在这个驳杂、多变、活跃的运动之核心的,是未来资产阶级融合的开始——既推动了贸易事业,也推动了农业和矿业开发的贵族成员;以土地购买为成功标志的大商人和大金融家;从商人变成制造商又建立了工厂的工厂主;制造商、大批发商变成的银行家。他们掌握了国家全部的经营活动。这些人加上法律从业人员、地方士绅、富农、教会和大学人员,构成了有投票权力的那 45 万人,国会投票(所通过的圈地法案、济贫法案、管制工人法案等)反映的是他们的利益。"[②]

洛克为新生的英国资产阶级政权进行了新的理性设计,批判了封建

---

① 米歇尔·波德:《资本主义的历史》,郑方磊、任轶译,上海:上海辞书出版社,2011 年,第 78 页。

② 米歇尔·波德:《资本主义的历史》,郑方磊、任轶译,上海:上海辞书出版社,2011 年,第 79 页。

宗教神权,提出社会契约论与三权分立的设计,把资产阶级尽力团结成一个有序而高效的团体,增强对资本主义的认同。休谟认为繁荣的重商主义商贸对国家是有害的,必须把资本家贪得无厌、追名逐利的野心与公共利益连接起来。斯密认为自由的利己主义能够推动科学进步与社会的和谐发展,其背后就是那只"看不见的手"在发挥作用,穷人就应该接受这种不平等,资产阶级应该捍卫这种社会秩序,免遭穷人的侵犯。潘恩直接说,正是由于地主、商人、手工业者等之间的相互利益关系,人们形成社会关系,制定法律规范,个人与集体之间的安全与幸福就是一种利益关系的和谐。资产阶级宣扬的自由是贸易自由以及取消贵族特权的政治平等,他们的一切都是围绕利益展开的。

　　法国资产阶级总体力量不够强大,仍然慑服于贵族,他们仰慕贵族,但被贵族拒之门外,但国王通过征税的方式向资产阶级出售了大量的政府职位。法国重商主义者孟克列钦在《政治经济学》中向国王阐述了资产阶级对于国家的重大意义,为资产阶级的商业利益摇旗呐喊。"在路易十四和科尔贝尔统治下,绝对王权主义与重商主义的联姻、太阳王与资产阶级的联盟高奏凯歌。朝臣大多仍为贵族,但资产阶级越来越多地取得了治国之任。"[①]资产阶级经过数十年的发展,建立了庞大的资本主义工厂手工业,资本家逐渐进入权力秩序,成为一个"长袍"贵族阶层,作为一个没落的贵族,圣西门曾讽刺说:"这是卑贱的资产阶层的统治。"进入 18 世纪,法国的资产阶级力量虽然非常弱小,但他们在律师、学者等那里找到了动摇旧体制的同盟。贵族享有特权但缺乏实干勤奋,资本家及大量平民成功致富但被排除在政府统治秩序之外,远离国家事务,但各种行业的沙龙逐渐成熟与兴盛起来,成为传播新思想、表达社会建议的平台。《百科全书》逐渐取代《神学大全》,科学论坛取代宗教论道,他们在重新考虑这个新世界的模型。杜尔哥作为地方行政长官和财政大臣,他宣扬经济自由,倡导低利率的财政政策,取消中世纪行会制度,推动工业资本主义发展。伏尔泰批判法国封建制度,强调自由平等的天赋观念,孟德斯鸠(《论法的精神》)、卢梭(《社会契约论》)等资产阶级理论家把他们对资本主义社会组织的理想通过理性的方式表达出来。法国大革命取消了贵族特权,解散了行会组织,废除贸易特权与行业垄断,这些都为资本主义的发展与繁荣开辟了道路。

---

　　①米歇尔·波德:《资本主义的历史》,郑方磊、任轶译,上海:上海辞书出版社,2011 年,第34 页。

德国的资产阶级从产生以来就一直面临着双线作战的境地,他们一面与封建君主专制周旋,一面与德国农民和手工业者斗争。他们的思想只能曲折地反映在他们的政治理想中。康德哲学对现象与物自体的划界,对感性、知性、理性的划界,黑格尔"凡是存在的就是合理的,凡是合理的都是现实的",黑格尔哲学一直在它革命的辩证法与僵化的唯心主义体系中纠缠不清,这都是德国资产阶级既想发展,又苦于现实的思辨反映。

此外,战争作为一种终极的认同方式,在民族国家的认同中总是如影随形。所有社会都尽力避免暴力,特别是战争,但战争看似又是无法避免的。暴力是对秩序的认同与维护。在国家层面上,暴力主要是对经济秩序的维护。其一,国家把暴力作为一项权力授予一个特定的团体与组织。这样的国家一方面是为了保障剥削阶级的统治秩序,另一方面又把国家的经济、政治等利益控制在合理的范围之内。其二,作为民族共同体组织,暴力是对外反抗入侵的一种方式,是维持民族共同体生存的一种方式。西班牙向西殖民掠夺,葡萄牙向东殖民掠夺,两强相争之下进行了多年征战,最后意识到主客二元对立的战争最终会导致双方同归于尽,于是在罗马教皇的斡旋之下签订了《托尔德西里王斯条约》,彼此认同对方的既得利益。英国同法国七年之战后,夺得了在北美洲的大片殖民地,为英国资本主义开辟了市场。直到现代,两次世界大战对当代世界经济政治秩序产生了深远的影响。其后,尽管和平与发展是世界的主流,但两伊战争、中东战争、阿富汗战争、朝鲜战争等局部战争一直都不断调整并改变着世界的秩序与安排。

现代作为一种时间概念,它强调的是与传统社会的一种断裂,一种由新的主体与理性构建出来的现代社会形态。新的社会群体、新的社会结构、新的价值体系、新的文化信仰、新的国家形式等,使整个世界呈现出一种不同于前现代社会的新气象。一切文明史都是人类史。马克思认为,一切脱离了人的自然界对人来说就是无;帕斯卡尔认为,人是一根会思想的芦苇,他和自然界生物的唯一区别就是会思想,有自我意识。所以,现代社会仍是人的历史,人又是具体的、历史的,这个人已不是传统社会宗法血缘等级体系中的人,现代社会赋予人新的存在价值与意义,现代社会也极力培育与维护它新的主人。现代社会的书写者正是资产阶级这一群体,现代社会发展的政治成果就是资产阶级民主国家。

资产阶级是现代社会极力塑造与维护的主体。它通过长年累月的商品经济发展,通过文艺复兴、宗教改革与启蒙运动等现代性的洗礼,实现了从资本家到资产阶级政党的主体意识觉醒以及社会实践,把资产阶级的阶级统治地位最后通过国家的形式确定下来,并把它作为整个国家的意识形态贯穿于现代社会的各个层面,其后资产阶级在全世界东奔西走建立起资本主义的世界体系,来彰显资产阶级的全球统治地位。

马克思认为,从封建社会灭亡中产生的资产阶级根本没有消灭阶级对立,"它只是用新的阶级、新的压迫条件、新的斗争形式代替了旧的"。[①]阶级统治的主体发生变化了。压迫的条件发生变化了:靠出卖剩余劳动时间,科学技术的意识形态化,工人阶级的物化,象征系统的变化,资本主义文化的意识形态化,心理机制的意识形态化。新的斗争形式发生变化了,如议会斗争、人类文明与野蛮的界定、国家机器的规训等等。资本主义是一个不断建构资产阶级主体的认同体系。

二、资产阶级的政权何以可能

(一)国王与新型资产阶级的联合

新型资产阶级借助国王的权威去殖民掠夺,烧杀抢掠,通过自然科学的进步去改进商业贸易的条件,通过重商主义的财政政策聚集财富。新型资产阶级排挤了贵族,成为国王以及国家政策的主导者,国王不断借助新型资产阶级实现其政治理想。

(二)教权与王权之争

教会及其教皇是天赋神权的中介。王权只有得到教权的钦点才能得到世俗社会的认可。教权是王权合理性的根基。国王的任何权力都必须得到教权的肯定与加冕。他们是世俗社会权力统治的根基。没有教权的肯定,国家的权力就会失去合理性,失去必然性。得到教权承诺的王权必然增加教会的世俗权限,保障教会的生存与发展。国王借助教权把社会等级化,确保了社会的秩序稳定。但随着新型资产阶级的发展,宗教改革运动被迫通过改革来实现社会的再稳定与秩序化运转。教权是世袭的,王权也就是世袭的。教权的权益是世袭的,而维持教会权益的生产生活

---

①《马克思恩格斯文集》第2卷,北京:人民出版社,2009年,第32页。

方式也是世袭的,是自给自足的封建主义生产生活方式。自给自足的生产方式最大的特点就是稳定的保守,就是固化,把一切世俗社会的安排都认定是与生俱来的,是上帝意志的结果。

(三)贵族与资产阶级之争

贵族与资产阶级都是国王在世俗社会的依赖,他们是王权的实现途径。贵族之所以能够成为国王的支撑,在于他们手上掌握的财富,在于他们掌控了生产财富的一切要素,如农民、土地、骑士、行会等。新型资产阶级的财富一是通过贸易得来的,贸易就意味着人们之间的交往活动,意味着世界交往的开展,二是通过掠夺得来的,通过贩卖黑奴劳工而来。所以殖民掠夺与航路开辟是新型资产阶级获得国王认可的现实力量,国王对航海殖民的支持是他实现政治理想的必然。

贵族依靠自给自足的封建主义生产方式是无法迅速完成财富积累的,贵族对财富利益的保守态度以及对国王的制衡,也促使国王只能通过新型资产阶级这一群体来实现富国强兵的政治策略。国王一旦从新型资产阶级那里得到他想要的财富,他就能够实现富国安民,就逐渐失去对教权与贵族的依赖,甚至剥夺教权与贵族的权益,为新型资产阶级的发展扫清障碍,开辟道路。新型资产阶级对财富的挖掘与积累,必然要求在政治上有所建树。他们把教权与贵族看作是这个国家的累赘,或者看作是国家的必要象征。

旧的封建贵族不时对资本主义的发展进行攻击。"旧的社会阶级还广为存在:贵族和地主,农民、工匠和店主。他们对影响自己的社会变化十分敏感,对正在进行的变革的批评常常正是来自他们中的一些人,或是以过去的价值观为名(如英国的伯克和法国的博纳德和梅斯特尔),或是以根据理性和平等的标准构想的另种社会的名义(如英国的葛德文和欧文,法国的圣西门和傅立叶)。"[①]封建贵族葛德文对资本主义的剥削压迫进行了深入的揭示,马尔萨斯作为牧师谴责了穷人的宿命,萨伊与李嘉图把贫穷归咎于工人劳动的自然必然规律,这就是马克思所批判的工资的铁律。

英国的斯密与李嘉图、法国的萨伊等都是工厂手工业时期的资本主

---

①米歇尔·波德:《资本主义的历史》,郑方磊、任轶译,上海:上海辞书出版社,2011年,第91页。

义代言人。斯密反对重商主义与垄断特权，喊出"放任自由"的口号；萨伊认为自由就是繁荣，自由就是人的权利，自由就是消灭工人贫穷的出路；李嘉图认为自由竞争使地主、资本家、工人三个阶层保持平衡，是实现相互利益的途径，政府就是最小的政府，不干涉市场自由，保障自由的安全与秩序。圣西门、欧文强调平等的社会主义对抗资本主义的剥削与奴役。

资产阶级不断瓦解贵族的社会秩序。资产阶级用工业不断摧毁封建贵族的农业生产体系，致使贵族的财富不断缩水。国民财产由田地拓展为工商业金融资产、海外资产等部分构成。贵族的经济基础不断被侵蚀，贵族自治与士绅治理，随着圈地运动的推进，在英国逐渐变成资产阶级与贵族的联合，在法国逐渐退出历史的视野。来自英国中产阶级的移民在美国不断扩大，废除了英国的限嗣继承权和长子继承制，一门心思发展工商业，结成各类社团组织，进行自我管理。在法国，国王对资产阶级比较厚爱，对资产阶级加官晋爵，对贵族道德败坏极其不满；但资产阶级对贵族与教士没有承担起大量赋税责任反而把重担压在农民身上心怀不满。资本家不断联合金融家族、贸易商、银行家、法律从业者，通过企业经营关系、婚姻关系、同学关系形成资产阶级的共同体，同时制造出工人阶级这一客体为他们服务。

（四）国王与资产阶级之争

资产阶级是为国王服务的。16 世纪初期，新型资产阶级的财富主要上交给国王的国库，到 18 世纪时，新型资产阶级的财富掌握在自己手中，不再上交给国王。国王总是为所欲为，挥霍浪费掉资产阶级来之不易的财富；同时，资产阶级对资本扩张的欲求以及资本主义金融公司的兴起也避免了国王对财富的独裁与浪费。国王必须代表资产阶级的利益。新型资产阶级力量的积聚与壮大，必然萌发出新型资产阶级的政治理想。在资本主义早期，国王与资产阶级的联合更多是一种耦合，他们之间纯粹是一种偶然性的相遇。资产阶级要么敌视国王，联合贵族把国王送上断头台；要么与国王志同道合，实现完美的统一，加速推动资本主义的发展，把封建势力一扫而光。最终，资产阶级决定国王要来自自身，国王要从资产阶级自身中产生，不能依赖于一个外在的契合物。资产阶级宣布了自己的民主建国思想，把国王与资产阶级之间的权力关系体系化与制度化，这就是启蒙运动。资产阶级强大到不再需要国王了，从此国王有时仅仅成为国家权力的象征，并无实权。

(五)国王与贵族之争

封建社会时代,国王主要是贵族的代表,贵族是国王的基础,贵族是世袭的、保守的,贵族承担了封建王朝的一切财政。随着商业的发展,新型资产阶级逐渐取代贵族成为国王的经济基础。英国在约翰王朝时期,国王与贵族的矛盾逐渐激化,加上对外战争的失败,不论是新型资产阶级,还是封建贵族,都对国王心怀不满。1215 年,约翰王被迫签署了《自由大宪章》,重新划定各自的权限。大宪章大部分条文重新承认了贵族与教会人员的财产权利,并且对新生市民阶层做出让步,不再任意增加赋税。国王不经议会同意不得征税、立法。国王、议会、教会、新的市民阶层都在宪法的范围内达到一种和谐。到 17 世纪的时候,国王詹姆士一世与查理一世代表教会,希望把他们的宗教势力强加于新型资产阶级,并对资产阶级增加赋税。议会要求国王处决国王的首席顾问与英国圣公会,经过光荣革命后,英国迎来新教女王与国王,并通过了国会的《权利法案》。该法案规定,不经国会同意,国王不能增加赋税,拘捕臣民。资产阶级的权益得到巩固与扩大。18 世纪,国会通过了《王位继承法》,国王的权益进一步得到限制,取消了贵族在选举中的特权,扩大资产阶级的参政权,实行资产阶级的自由改革并惠及工人阶级也具有了普选权。新的社会阶层加入政治秩序的重建中,旧的法案不断被立法重建。主要代表旧势力的议会、上院的权限越来越小,下院与内阁的权限不断加大。大多数内阁成员都来自下院,首相必须出自下院。"上院成为一种过时的制度,这得到了普遍的认同,但几乎没有人建议简单地把它取消。……人们认为两个立法机关优于只有一个,而不管它们如何组成。这反映了一种理念:立法体系除了存在于作为整体的政治制度之中的任何其他的制衡外,还应有制约自身的能力。"[1]所以,认同需要他者,从而避免唯我论。

而法国人先后进行了君主立宪制、激进共和制、独裁专制,最后走向了民主共和制。法国资产阶级与贵族、国王的斗争是曲折的、缓慢的。1789 年国会成立,颁布《人权宣言》,对国王路易十六进行了限制,国王必须遵守国会制定的法律,不得干涉司法独立。1792 年,普法战争的危机,使得法国抛弃了君主立宪制,第一共和国成立。土地贵族虽然对国王路

---

[1]斯科特·戈登:《控制国家——西方宪政的历史》,应奇等译,南京:江苏人民出版社,2005年,第 420 页。

易十八失望,但是期待着查理十世的上台,来维护他们的利益。法国资产阶级虽然取得了经济实力,但在政治上被查理十世排除在外。随后经历了两个帝制国家、两次君主复辟后,深切感受到权力掌握在一个君主或者一个机关中的严重后果。法国资产阶级已对查理十世丧失信心,他们把国王彻底送进历史坟墓,他们要建立一个民主共和国,没有像英国那样保留了君主立宪制。

1776 年,美国把英国的政治法则复制到美国。在美国,没有旧的实质性的封建势力在阻碍一个资本主义国家的建立。在南方是土地贵族的奴隶制农业社会,在北方是新型资产阶级的工业资本主义,在西方是资本主义的家庭手工业。1787 年《联邦宪法》确立了三权分立的制度,1789 年国会成立,同样制定了《权利法案》,但不同的是它更注意对个人经济、政治、生命、财产等权利的保护,防止立法权、行政权力的滥用。南北战争是资产阶级与土地贵族的建国之争,废除奴隶制后,为美国资本主义的发展开辟了道路。州宪法、联邦宪法、权利法案所形成的制衡法律体系为资产阶级的自由平等提供了保障。

德国资产阶级还不能作为一个独立的政治主体登上历史的舞台,始终受制于封建土地贵族的压迫。雄心勃勃的国王必然反对老气横秋的贵族,他们反对贵族的保守,反对贵族的干预,只能依靠资产阶级打击贵族。法国大革命为德国资本主义的发展创造了条件。德国从 1815 年到 1871 年,资产阶级不断取代容克地主贵族,废除农奴制,先后设立《联邦条例》《德意志人民的基本权利》,建立起君主立宪的议会联邦制。一战结束后,德国皇帝拒绝和平改革,资产阶级政党抛弃君主立宪制,颁布《魏玛宪法》,二战后,吸取专制独裁的教训,建立了议会共和制。叔本华说要想生存下去,必须要有坚强的意志,才能完成世界的重构。面对政治的"钟摆原理",我们只能借助于艺术与审美去消除痛苦。

三、资本对无产阶级的主体结构塑造

资本主义社会历史的根源在于资本,剩余价值理论就是资产阶级把无产阶级置于客体的秘密,塑造着无产阶级的主体结构。资产阶级通过资本把人降低为客体,实现对人的奴役。商业资本主义时期,资本家通过贩卖黑奴、雇佣童工、劳工等方式获取资本利润。手工业资本主义时期,资本家对工人纯粹是赤裸裸的奴役,在工人还没有成为纯粹的工人之前,他们在国内把一切劳动力聚集起来规训,而且被宗教冠之以名。工业革命以前,工人虽然只是"一部替一直主宰着历史的少数贵族做工的机器",但他们生活惬意、工作轻松,还有人的尊严。资本家为了获利,把工人完全变成简单的机器。"制造业人员受到了粗暴的训练。被关入收容所的游民必须学习一门手艺;闲人、未婚女性、修道院人员都有可能被迫到工场工作;未成年人则必须去当学徒。至于工人,他们每日开工前要做弥撒,工作时则保持沉默或唱赞美诗,若犯错误则将被罚赔偿、鞭笞或戴铁颈圈。工作日时长达十二至十六小时,工资极低,若反抗则面临牢狱之灾。"①工人成为专门的工人,有地的小农变成赤贫的无产者,工作时间不断延长,工作强度不断加大。资本家的财富直接是工人的血汗。

进入 19 世纪,工业资本主义时期,机器大工业催生了大批无产者,把工人改造成资产阶级任人摆布的对象,同时,工人开始思考自己的命运。工人们破坏机器,烧毁工厂,组织一些秘密的社团,在小酒馆里集会。布朗基的工团主义、蒲鲁东的小资产阶级社会主义、欧文的社会主义实验在工人中间被阅读与传承着。1833 年英国成立了 50 万人的工会,积极要求普选制与议员薪金制,1868 年工会在英国取得了合法地位。1848 年法国工人运动被瓦解,但 1864 年工人取得了合法的罢工权,推动了工人运动的发展。1862 年德国成立了全国工联,1867 年有了普选权利,1869 年建立了社会民主党。重要的是,1864 年国际工联成立了,开启了全世界无产者联合起来的历史运动。

(一)工业革命重塑了市民社会结构

工业革命进一步优化了纺纱与织布的分工,使工人的工作更符合资产阶级的主体诉求,推动了棉纺织业、羊毛加工业、麻纺织工业、蚕丝加工业、交通运输业的发展壮大,反过来又推动了机器制造业的发展;产业结构与工厂制度的发展,瓦解了家庭手工业,开启了城镇化进程,加速了工人阶级的集中。英国的工业份额从 1801 年的 42% 增长到 1871 年的 73%,法国从 1790 年的 43% 增长到 1844 年的 55%。1871 年英国的工业、贸易、服务、行政等人口就业占比达到五分之四,离开农业的人数不断高涨。1851 年英国的城镇化率已经达到 52%,法国为 25%,俄国为 93%,美国为 87%。②

① 米歇尔·波德:《资本主义的历史》,郑方磊、任轶译,上海:上海辞书出版社,2011 年,第 36 页。
② 米歇尔·波德:《资本主义的历史》,郑方磊、任轶译,上海:上海辞书出版社,2011 年,第 108 页。

工业革命消灭了兼营农业的织工阶级,把他们变成纯粹的工业无产阶级;工业革命消灭了自耕农与小佃农,形成了大佃农阶级,促进了农业无产阶级的诞生;最终,机器大工业的便利排挤了手工劳动,造成了城乡对立,加剧了工人的失业,造成了无产者的集中。"新的工业能够获得重要意义,只是因为它把工具变成了机器,把作坊变成了工厂,从而把中间阶级中的劳动者变成了工人无产者,把以前的大商人变成了厂主;它排挤了小的中间阶级,并把居民的一切差别化为工人和资本家的对立。"[①]机器改变了英国的产业结构和社会结构,它使英国的社会阶层变得简单而直接,即资产阶级与无产阶级。

19 世纪末 20 世纪初期间,"英国产业劳动者人口从 1881 年的 570 万增加到了 1911 年的 860 万(制造业 620 万,采矿业 120 万,建筑业 120 万),还要加上 150 万运输业的雇佣劳动者。在美国,第二产业雇佣的人口从 1870 年占适龄劳动人口的 23% 增加到 1910 年的 31%;工业(仅限于工厂)雇佣劳动者的人数从 1870 年的 200 万增加到了 1899 年的 450 万、1909 年的 620 万、1919 年的 840 万。在德国,工业劳动人口的份额从 1895 年的 41% 增加到了 1907 年的 43%;工人数量从 590 万增加到 860 万。在这两个时期,都还要加上 30 万在家工作的雇佣劳动者。在法国,工人阶级在职者从 19 世纪末的 300 万增加到了一战前夕的 500 万。制造业雇佣人数比例的变化十分突出:1850—1910 年间,手工作坊雇佣的人数从 250 万减少到了 90 万,而工业企业的雇佣人数从 120 万增加到了 450 万。"工业资本在繁荣中不断扩大了工人阶级队伍的规模。

(二)产业结构塑造无产阶级的分布结构

资本的获利本性激化了资本主义生产资料私有制与社会化大生产之间的矛盾,资本主义危机不断迫使资本寻找新的利益增值时间与产业空间,由此形成了资本形态的历史转化,并打造出新的产业结构,塑造出新的社会主体结构。工业资本打破封建宗法血缘关系,把贵族、资本家、大地主等塑造成掌握大量货币与生产原料的资产阶级,与之相对应的是丧失一切生产资料、自由,出卖劳动力的无产阶级。

在当代,资本投资的领域与产业同样也在不断改变着工人阶级的状

---

①《马克思恩格斯文集》第 1 卷,北京:人民出版社,2009 年,第 403 页。

况。资本家把资本投向哪里,哪里就会按照资本的要求重塑那里的一切市场要素。在工厂手工业时期,英国手工织造的工人从 1819—1821 年间的 24 万人降低到 1844—1846 年间的 6 万人,与此同时,工厂工人的人数从 1 万增加到 15 万。"DMC 公司 1834 年就有 4200 名雇员、26000个纺锭、3000 架机械织机和 120 个印台;勒克勒索的施耐德 1812 年有230 名工人,1850 年有 3250 名,1870 年达 1.25 万名;洛林的温德尔1870 年有 9000 名薪资雇员。"①在当代,美国跨国公司投资的主要行业也经历了从最初的以制造业等第二产业为主到以金融、保险等第三产业为主再到以高科技产业为主的投资过程。美国"制造业比重从 2001 年的 22.5% 降低到 2018 年的 15.2%,金融控股公司的比重从 2001 年的30.8% 提高到 2018 年的 46.7%"。房价、城建、道路、科技、产业、工人、生态、社会等要素都发生翻天覆地的变化。"2017 年,蓝领工作岗位增加65.6 万个,虽然少于服务业新增的 170 万个,但增速更快,而且在乡村和小城市的就业增速超过大城市。2018 年,美国采矿业、制造业和建筑业就业人数有所增加。2018 年前 11 个月,石油和天然气开采业新增就业9000 个,同比增长 5.1%;煤炭采掘业新增就业 1400 个,同比增长 2.1%;制造业新增就业 24.9 万个,迎来 1997 年以来的最好的一年;建筑业新增就业 24 万个,同比增长 4%,是 2015 年以来最佳表现。值得注意的是,蓝领就业的增速,均高于金融、保险和房地产服务业等白领岗位的增速,与信息产业就业下滑更形成对比。"②资产阶级根据资产阶级国家利益的需要随时调整对工人阶级队伍的影响与决策,决定着工人阶级的现在与未来。

而张文宗认为"被遗忘的美国人"正在改变美国政治,在我们看来,作为"被遗忘的工人阶级",作为一个从来没有走上美国政坛的历史客体如何改变美国政治呢? 实质上,恰恰相反,美国资产阶级一直都是美国工人的决定者与重塑者,美国资产阶级一直以来都牢牢地控制着工人的生杀大权,时刻根据全球、全国经济政治形势的变化做出调整。美国工人基本上没有什么权利能决定自己的生死。如果说,他们真能改变美国政治,也是沾了中美贸易战的光,沾了中国这样一个工人阶级专政的社会主义国家政权的光。中国工人阶级的觉醒与中国共产党的政党自觉使得美国那

①米歇尔·波德:《资本主义的历史》,郑方磊、任轶译,上海:上海辞书出版社,2011 年,第112 页。
②张文宗:《"被遗忘的美国人"正在改变美国政治》,《环球时报》2019 年 3 月 25 日。

群"被遗忘的美国人"又走到了历史的前台。所以,只要"全世界无产者联合起来",工人阶级就能实现主体的自觉,就能实现无产阶级专政,就能保障工人阶级的各项社会权益。

所谓的全球化就是资本在全球空间的深入拓展,资产阶级不过是资本的人格化身。经济全球化的历史主要是资产阶级主导的资本扩张史,是对一切资本要素的重整与融合,会对社会生活的一切领域产生重大的影响。经济产业、就业、劳动力成本、科学技术、政治、文化等市场要素都要经过资本的拣选与规训。全世界向美国、欧洲等发达国家输送高科技专业人才,发达资本主义国家之间资产阶级可以随意流动,发达国家对不发达国家实施了严格的移民法律,以及全世界无产者的分裂,也阻碍了全世界无产者的联合,不发达国家成为资本主义全球化人人裁剪的工具与对象。全部社会要素都要贯彻资产阶级的合理性,用发达国家的标准去衡量与剪裁不发达国家的社会存在。菲律宾向香港输送菲佣,土耳其向德国输送蓝领工人,美国默许非法移民,这都是在资产阶级的权力范围内进行的。"如果没有非法移民,其食品、蔬菜等的成本将提高6%。一些州的墨西哥移民占到了劳动力的10%,为加利福尼亚贡献了30%的产值。因此连格林斯潘也承认,如果美国经济增长要保持现在的速度,移民政策必须放宽。"[①]

全球化大多数是以跨国公司的方式来进行的。苹果手机的生产、研发、销售都在改变着世界市场,改变着工人阶级的模样。跨国公司根据资本的利润对生产的一切要素进行重组,把不利于帝国主义的要素转入后发国家来进行商品生产与销售,把研发机构与金融机构留在帝国主义国内进行高附加值与高科技含量的生产,把污染性的生产原料基地与对后发国家工人阶级的剥削转移到后发国家来实施。由此导致帝国主义国家工人阶级的消失与中产阶级的壮大,全球科技人才不断向发达国家流动与聚集,后发国家工人阶级的生活负担越来越重,世界无产阶级之间的分裂越来越大,后发国家的生态危机越来越严重,帝国主义国家把劳动密集型产业迁入后发国家,对全世界国家的工人阶级产生了重要的影响。"美国一个研究组的研究结果显示,北美自由贸易的执行实际上使美国减少了7.6万个工作岗位。2001年,美国公司解雇本国雇员达40余万人,比上年同期净增26万人,据分析与全球化进程有直接

---

① 杨雪冬:《全球化进程下的国家反应:对五类国家的比较》,《经济体制比较》2001年第2期,第47页。

的关系。"[1]发达国家劳动密集型产业不断缩减,科技创新与管理人才需求上升;后发国家产业结构发生重大的转型,工人阶级之间的竞争更加激烈,就业压力不断上升。同时,跨国公司对生态的破坏,对城镇化的推动,对后发国家的利益剥削等所引发的危机,不断地激发着人们对资本全球化的思考。全球化失去了传统社会的一切象征的认同系统,使他们对资本主义的认同方式与体系产生了怀疑与拒斥。

随着资本在全球范围内不断寻找获利空间,变更主导产业领域,全球产业结构也不断重新调整。发达国家产业结构出现重大变化,跨国企业、数字经济、金融与服务业成为主导产业,制造业比重不断下降。南北战争前,"美国80%以上的人口居住在农村,农业在国民收入中占比超过80%,制造业仅占10%左右……从19世纪末到20世纪初的第二次产业革命期间,美国工业产值不断扩大并占据主导地位。这一阶段第一产业下降到30%以下,第二产业上升为主导产业,占比超过50%,第三产业占比接近20%。20世纪20年代到50年代以后,美国第一产业比重下降到10%以下,并不断降低,第一产业劳动力迅速向第二、三产业转移",同时,高新技术产业、计算机、精密仪器、精细化工、电子产业比重不断提升。"在美国,制造业占GDP的比例从1950年的27%下降到2011年的12.2%。2011年,美国金融服务(包括保险和不动产)成为贡献率最高的行业,全部服务业为美国的GDP贡献了77%。"[2]

(三)资本形态造就了社会主体结构

"二战"后,美国利用资本全球化实现了全球产业的转移与调整,把钢铁、纺织等传统密集型产业转入德国、日本等国家,二十世纪六七十年代,西欧与日本又把这些劳动密集型产业转入东南亚等后发国家。"美国三次产业增加值之比分别从1985年的2.3%、27.5%、69.3%变为2018年的3%、26.9%、70.1%,劳动力在三次产业的比重分别为3%、26.9%、70.1%。""美国制造业就业队伍中,高级技术人员大幅增长。1972—1983年,美国半导体、计算机、电信和遗传工程四个部门的就业人数增长了

---

[1]徐林清:《经济全球化与全球劳动力资源的重新配置》,《华南金融研究》2002年第3期,第69页。

[2]熊敏、樊丹丹:《美国产业结构调整与全球经济格局》,《金融市场研究》2020年第8期,第25页。

37％。""'二战'后,美国第三产业所占比重已经上升到50％,劳动力在第三产业的比重也达到54％。"①资本总是唯利是图、趋利避害的,它一旦找到高利润的产业就会实现资本的重新布局,产业结构的调整不断影响着工人阶级的生产生活状况。金融资本、数字经济繁荣与劳动密集型制造业不断衰落共同构成了美国产业结构的现状。据统计,美国白领工人大幅上升,蓝领工人不断缩减,白领工人与蓝领工人的比例达到8：2,由此引发的失业与社会福利问题以及与资产阶级的矛盾,成为影响美国国内社会和政治的重要议题。在资本全球化的过程中,后发国家不断成为传统密集型产业的集散地,传统密集型产业在后发国家GDP中占据重要的地位,从而也成为全球蓝领工人的中心。因此,资本是造成工人阶级的根源。资本形态的每一次创新与转型都会直接造成产业结构的调整,产业结构调整着产业工人的分布与发展。

造成当代无产阶级主体结构变化的原因,主要是资本从工业革命以来,先后经过工业资本、商业资本、银行资本、金融资本、知识资本、文化资本、符号资本、信息资本等资本形态的变迁。工业资本打破了工场手工业,让兼职的工人成为彻底的工人,让工人与他的生产工具彻底分离,让工人丧失一切生产资料,从小农转变成为专职的工人,让工人成为一种职业。马克思、恩格斯所处的时代主要是工业资本主导资本主义社会的时代,商业资本与银行资本都是依附于工业资本的直接生产来进行的,它们发挥着加快流通、货币发行与信用中介的功能。工业资本造就了机器大工业,按照统一的规格、标准与程序进行模块化的生产分工,按照资本利润最大化的原则来强迫工人去进行生产。资本家通过增加劳动强度与延长工人劳动时间的办法来增加商品生产。当商品积聚达到一定的历史阶段后,商品无法为资本家带来利润的时候,资本家通过坚船利炮的方式打开非西方国家的大门,把它们作为资本家商品生产的倾销地与商品生产的原料产地。前现代传统国家的人一是作为资本家的帮凶,作为买办资本家的形式来出现,一是作为商品的消费者来出现。这是资本家的工业资本逻辑,也是资产阶级实现阶级联合,打造资产阶级国家的方式。但是前现代的国家意识到自己是西方发达国家的客体,要实现从自发到自觉的转变的时候,后发国家的主体自觉就开启了国家的认同之路了。前现代国家的人并不是自发自愿地去认可与接受资本家的商品与文化的。前

---

① 熊敏、樊丹丹:《美国产业结构调整与全球经济格局》,《金融市场研究》2020年第8期,第27页。

现代国家与西方资产阶级国家是两个异质性的国家,起初阶段它对西方国家的商品具有天然的抵抗形式。这是一个自给自足、男耕女织的自然经济模式。前现代的国家不需要大量的商品,男耕女织的生产方式基本满足了前现代国家的生活需求。所以,西方国家通过坚船利炮打开的中国等后发国家的大门对于资本主义的商品消费是有限的。资本主义的商品在前现代的国家是没有市场可言的,所以他们只能靠买卖鸦片,买卖劳力劳工,完全把工人当作会说话的奴隶,来当作绝对剩余价值的来源。但是在非洲、拉丁美洲等地,其文明发展程度远远不及中国,所以,资本家们完全采取了屠杀与买卖劳动力的方式来实现资本利润的实现与积累。"在一个多世纪的时间里,墨西哥印第安人口减少了90%(从2500万人减少到150万人),秘鲁印第安人口减少了95%。拉斯卡萨斯估计,1495—1503年间,有300万人在中美诸岛上消失,他们或是死于战争,或是被送往卡斯蒂利亚为奴,或是累死于采矿或其他工作。"①西方国家如何把前现代的国家改造成现代国家,如何让传统国家接受西方国家,并真正成为西方国家商品生产的消费者呢?这就开启了多元认同的道路,其中文化的渗透认同是主要的方式。

商业资本按其出现时间早于工业资本。商品是资本家生产的产品,是资本家生产的直接产物,在产品没有被买卖前,它只能以产品的方式呈现出来。工业资本家如何让堆积如山的产品迅速达成商品交换呢?为了加快产品的交换与流通,迅速实现商品的交换价值,他们寻求商品交换的代理人,商人就出现了。商人承担起工业资本家商品销售的功能,商业资本依靠增加商品流通的环节来实现资本的增值。商业资本通常是按照工业资本100%的利润来进行叠加的。商业资本本身不产生新的价值,只是增加了商品周转的环节,建立在资本家对工人剥削的基础上,并增加了商人这一食利群体的剥削,最终增加了工人的生活负担。商业资本虽然早于工业资本,但是它的繁荣却是在工业资本之后。银行资本是服务于工业资本家与商业资本家的,它把社会的剩余货币积聚起来,为了满足货币投资人的利润,把货币贷给那些有市场前景的商业资本家与工业资本家,满足他们扩大生产与发财致富的商品生产与消费。金融资本是随着经济危机的不断爆发以及工业资本家的破产逐步兴盛起来的。金融资本与银行资本的区别在于银行是否参与到企业商品生产经营的

①米歇尔·波德:《资本主义的历史》,郑方磊、任轶译,上海:上海辞书出版社,2011年,第6页。

活动中,以及银行资本在企业生产经营活动中是否掌握决策权。"1865年交易所在资本主义生产体系中还是一个次要的要素……在其进一步的发展中还有一种趋势,要把包括工业生产和农业生产在内的全部生产,包括交通工具和交换职能在内的全部流通,都集中在交易所经纪人手里,这样,交易所就成为资本主义生产本身的最突出的代表,国债券代表着交易所证券的主要部分,它们的数量还比较小。此外,股份银行在大陆和美国虽已盛行,但它们在英国却刚刚着手吞并贵族的私人银行。"①银行资本直接参与企业生产活动导致了股份公司的出现,并由此影响了资本形态的多样化,如符号数字资本。"在英国,文化大臣 Jeremy Hunt 表示在 2011 年,数字产业贡献了 10% 的新增价值,约相当于 1300 亿英镑,并且数字产业的用工人数占到了英国劳动力总数的 6%,超过 170 万人。"②

资本形态的创新源于资本的危机,否则资本主义就会退出历史舞台。为了延缓资本主义危机,资本家把工业资本逐渐演变为银行资本与金融资本。一是资本主义发达国家面对国内无产阶级严峻的阶级斗争态势,使得发达国家把剥削的对象从国内无产阶级转向世界无产阶级。随着新航路的开辟,资本主义国家把后发国家作为他们的商品倾销地与生产原料地、廉价劳动力地。加强对本国无产阶级的社会福利保障制度与科学文化教育,允许工人阶级参与企业的生产经营管理与利润分红,使他们上升为中产阶级,既缓解国内劳资矛盾,又为金融资本、知识资本提供智力支持,实现了资本创新。二是资本主义发达国家逐渐把投资对象从生产工具、土地、建筑物、道路、仓库、机器、设备、厂房等商品生产资料扩张到发展智力、体育、文化用品、华丽服饰、艺术珍藏品等生活资料,加快了全球产业的优化与调整。三是资本全球化导致资本主义产业结构在全球的重组,全球产业结构的调整推动了全球生产资料要素与人力资本要素的全球流动。高新技术、金融人才不断向发达国家移民聚集,传统密集型产业不断向廉价劳动力地区转移。

①《资本论》第 3 卷,北京:人民出版社,1975 年,第 1028 页。
②邹方哲:《当代发达国家的工人阶级的变化及其对工人运动的影响》,硕士论文,济南:济南大学,2012 年,第 6 页。

四、资本主义世界体系何以可能

十九世纪六七十年代,资本主义国家普遍在西方建立起来了,它是随着机器大工业的繁荣发展建立起来的。旧的封建势力及其一切伴随着第一次工业革命逐渐消融在历史的博物馆中。"对上帝的信仰崩溃之后,出现了多元化的世界观,从而逐渐消除了政治统治的宗教基础。这种世俗化的国家必须为自己找到新的合法化源泉——民族的自我理解形成了文化语境,过去的臣民在这个语境下会变成政治上的积极公民。民族归属感促使以往彼此生疏的人们团结一致。因此,民族国家的成就在于,它同时解决了这样两个问题:在一个新的合法化形态的基础上,提供了一种更加抽象的新的社会一体化形式。"①资产阶级者们按照资本的逻辑逐渐去建构经济、政治、文化、社会、生态等一切社会领域,他们在资本的世界中感受到自己的力量、迷茫与困惑,尽管也有困难与危机,但他们在危机的反思与克服中,仍然执着于这种生活方式。

机器大工业的发展把资本主义打造成一个彻彻底底的商品社会,商品的堆积引发商品的过剩,商品的过剩引发工人失业、银行破产、工资下降、竞争加剧、利润下降、价格暴跌,资本主义进入大萧条时期。克尔凯郭尔对此时人的忧郁、孤独、绝望做了深刻的阐述。颓废消极在社会中蔓延,信仰崩溃,尼采认为人的生存意志还得到人的生命意志与强力意志中去寻找,去做生活的勇者。弗洛伊德对人的苦闷与空虚,做了精神分析学的阐述,展现了人的自我、本我、超我的存在样态。资本主义在大萧条时期加快了企业的竞争、清洗、重组与扩展。法国的巴拿马开发,美国的西部大开发,南非的黄金投资,资本主义国家对非西方国家的殖民掠夺,等等,资本主义在危机与恢复中不断拓展。美国、德国、法国、日本等资本主义国家的兴起不断对英国形成了挑战。各国都纷纷提高关税,建立企业联盟来展开竞争,通过科技进步来提升国家竞争实力。电力的发明、内燃机与无线电的发明大大提升了资本主义国家的竞争力。美国摩根、洛克菲勒、通用电气,德国克虏伯、西门子等托拉斯垄断公司必然导致帝国主义的发展。帝国主义就是资本主义商品生产在世界范围的扩大,它超出了资本主义民族国家的视野,超越了资本主义发展早期通过强迫劳动、贩卖黑奴、种植鸦片等方式进行发展的模式,并得到了资产阶级国家政治、

---

① 尤尔根·哈贝马斯:《包容他者》,曹卫东译,上海:上海人民出版社,2002年,第131页。

外交、军事的支持与帮助。

帝国主义对世界的殖民战争以及帝国主义之间的战争频繁爆发,英国人远征非洲,美国人远征东亚,日本入侵东南亚,以及日俄战争、英布战争、西美战争等危机不断。同时,一方面,日益壮大的工人阶级不断在国内形成了对资产阶级的威胁。罢工不断遭到资产阶级国家的镇压,资产阶级不断通过分红工资制度来瓦解工人阶级的队伍,通过优化企业经营管理,加强对工人的奴役与规训。泰勒制与福特制的精细化管理加剧了资本家对工人剥削的强度,对工人进行了遴选与淘汰。工人"良好的品行是必需的,整洁而谨慎,不吸烟,不喝酒,不玩乐,不常去酒吧……5美元工作日正是以某种'调教'的形式,成了一个控制工具。但是这还使得一些'良好的工人'达到了良好的消费水平(从而确保福特工厂的产品销路)和生育'漂亮的婴儿'(从而为福特工厂确保未来的'健壮'劳动力)"[1]。在资本家看来,工人的素养最终会影响到企业的未来。工人们工作的流程更加细化与专业,工人丧失了思考与交流的时间与空间,工人被固化为专业工人。工人的罢工没有阻止战争,工人阶级无疑成为战争的牺牲品。另一方面,帝国主义之间的战争弱化了资本主义国家内劳资矛盾的程度,劳资矛盾被帝国主义国家之间的矛盾所掩盖。工人阶级不时地从帝国主义国家胜利的权益中获益,他们甚至成了资产阶级的同谋。这都说明工人阶级的国际工联受到了分裂与瓦解。对于日益成熟与体系性的资本主义国家而言,共产主义革命在欧洲的成功是艰难的,它不断地在德国、法国、匈牙利、意大利被镇压与扼杀,但十月革命在资本主义世界体系的弱环之处爆发,成功打破了资本主义国家一统天下的局面。十月革命引领了被压迫民族国家的独立解放运动,使得资本主义的世界殖民国家发生了巨大的变动。第三世界国家不能再作为一个任人宰割的客体被西方发达国家所支配,西方发达国家的殖民策略也在发生着转向与变化。

在自由竞争的资本主义背后,皮尔斯与杜威的实用主义与詹姆士的实证主义支持了美国资本主义的发展,密尔的功利主义、罗素的分析哲学是英国资本主义的支撑,弗雷格的分析哲学是德国资本主义的理论反思,胡塞尔的现象学是对欧洲现代科学危机的深思。资产阶级在其发展的每个阶段都有相应的资产阶级学者为其总结经验、开辟道路、重整旗鼓。资产阶级也在哲学的时代反思中得到了喘息与思考,获得了新的认同力量。

---

[1] 米歇尔·波德:《资本主义的历史》,郑方磊、任轶译,上海:上海辞书出版社,2011年,第207页。

同时,帝国主义之间的战争导致第一次世界大战,但战争依靠的力量是工人阶级,战争的损失也是工人阶级,它使工人阶级发生世界性的分裂。帝国主义之间的竞争加剧了世界无产阶级的分裂。"一战"中有 15亿人被卷入,3000 万人死亡。英、法传统强国不断衰落,美国、日本、苏联不断崛起。"一战"后,形成了凡尔赛—华盛顿体系,这是一个帝国主义殖民世界的体系,在这个体系中,资本主义与非资本主义之间通过战争的方式达成一种和解。这样的一个组织是联合国的前身,它把世界纳入一个资本主义体系。这个体系的各种运行规则通过《洛迦诺公约》《非战公约》等形式展开。这是一个不平衡不稳定的世界体系,美国最终通过第二次世界大战,建立世界霸权的地位。海德格尔、萨特、阿伦特、加缪等对资本主义的危机,对资产阶级的政治统治都做了深刻的反省,这些都为资本主义危机的克服提供了有益的理论借鉴。

美国在"一战"之后走上了强国的地位,罗斯福新政缓和了劳资关系,又通过"二战"完成了资本主义的积累与发展。英国"一战"后为了恢复英镑的汇率地位,牺牲了工人阶级的利益。凯恩斯为了弥补劳资矛盾,要求实行量化宽松的货币政策,而不是加大工人阶级的负担,开启了新自由主义之路。同时,殖民地与英联邦体系,也就是对其他非西方国家的剥削与奴役,为英国保持世界强国地位发挥了重要的战略支撑。法国在生产自动化、组织合理化的背景下,生产效率大大提升了。在"一战"战败后德国民族怀着羞辱不断崛起,入侵欧洲其他国家,最终在反法西斯的世界战争中彻底失败。美国与苏联在胜利中成为世界的两大强权力量,通过雅尔塔协议,划分了资本主义与社会主义的势力范围。面对苏联的扩张与强大,美国依靠工业生产与军事装备在世界中的绝对力量成为资本主义国家的领导者。美国领导资本主义国家建立起布雷顿森林体系,推动资本主义私有制的自由贸易,完成资本主义经济体系的链接。苏联领导的社会主义阵营不断推动社会主义革命,建立社会主义国家,推动公有制经济。第三世界的民族独立运动不断崛起,一大批独立国家先后建立,以美国为首的西方资本主义阵营,再也不能依靠殖民统治来获得资本主义的利润。印尼前总统苏加诺说:"我们的人民已经好几代人在世界上无声无息……我们曾经是得不到任何注意的人,命运由他人根据他们的利益来定夺——他们夺取我们的利益,让我们生活在贫穷和屈辱中来获得他们的利益。"[1]资本主

---

① 米歇尔·波德:《资本主义的历史》,郑方磊、任轶译,上海:上海辞书出版社,2011 年,第246 页。

义国家一统天下的局面被打破,开启了以苏联为首的社会主义国家走向
独立与解放的道路。

　　新生的苏联社会主义政权之所以能够存在,其一是它没有完全执行
第二国际马克思主义的教条主义逻辑。马克思在世的时候,俄国查苏利
奇就俄国社会主义道路何以可能的问题征询马克思的建议。马克思就俄
国农村的集体所有制土地因素,在回信中谨慎地指出,俄国社会主义道路
的实现不能照搬马克思主义的西欧模式,要结合实际适时找出跨越卡夫
丁峡谷的社会主义道路。如果把马克思主义经济基础决定上层建筑的教
条生硬地套在俄国这只脚上,俄国革命绝不会成功。马克思主义作为一
种科学理论,俄国人民、俄国共产党对它的认同必须要把理论需求的程度
与革命的主体紧密地结合在一起。认同本身就是从个体到主体的内在自
觉过程,如果把认同作为一种外在附加的机制去盲目地适应个体,个体是
完不成向主体的转变的,相反会成为主体觉醒的羁绊。与其被动等待革
命的条件,不如主动利用现有条件去增强俄国共产党对马克思主义的认
同。在马克思主义中,俄国人民实现了团结,实现了主体的觉醒。其二是
革命的成功证明了马克思主义作为无产阶级的"头脑"、无产阶级作为马
克思主义的"心脏"的理论真谛。俄国无产阶级政党在马克思主义的运用
与结合中实现了主体的自由与自觉,俄国人民增强了马克思主义的信仰,
马克思主义被证明了是俄国的未来与希望。马克思主义与俄国二者之间
是彼此实现的。俄国革命的成功也深刻地指出什么是真正的马克思主
义,如何更好地坚持马克思主义,才能把马克思主义推向深入。其三,革
命成功后,就苏联现代化道路的探索来看,列宁创造性地提出"苏维埃政
权＋普鲁士的铁路制度＋美国电气化＋……",苏联现代化道路的成功实
践与经验,成为社会主义政权国家探索现代化建设的样本与模式,为社会
主义阵营国家实力的恢复与提升提供了宝贵的经验。其四,革命成功后,
为了抵抗西方资本主义的批判与攻击,完成社会主义国家的塑造,根据马
克思主义的国家理论,苏联迅速建立起一套苏维埃的认同体制。这套认
同体制从经济、政治、文化、科技等方面都对西方资本主义的一切做出了
直接的回应,以完成社会主义形态的塑造。但是随着苏联社会主义的实
践与资本主义对社会主义策略的转型,长期忽略苏联社会主义国家作为
新生社会主义政权的历史弊端,尽管列宁对社会主义政权如何可能做出
了人民群众、阶级、政党、领袖等社会主义政治民主的认同科学逻辑阐述,
但其后任继承者长期忽略政党认同的逻辑,以及日益脱离人民群众,使人
民群众没有与苏联的社会主义政权形成一个良序互动的认同机制,致使

人民主体何以可能与社会主义政党国家之间缺乏内在认同途径，最终导致苏联社会主义政权的垮台，以及社会主义力量的衰弱。它的直接后果就是一定程度上，使社会主义失去了历史合法性的基础，福山宣称资本主义是人类唯一的自由民主社会形态。这也印证了恩格斯所言的资本主义是一个系统，社会主义对它的斗争与反思也必须是系统性的，否则社会主义人民群众在资本主义文明体系面前很可能会迷失、丧失自我，被资本主义所俘虏。所以，认同不仅仅是一个外在灌输性附加物，还必须是一个系统，只有这样才能克服对资本主义的异化与超越。

"二战"后，资本主义阵营依靠美国的马歇尔计划，国家实力不断复苏，占据了世界五分之三的工业生产与三分之二的商业贸易，资本主义国家经济的恢复加深了对美国霸权的认同。社会主义阵营的国家实力也在强劲恢复，第三世界国家的经济在资本主义国家的影响下缓慢恢复，第三世界国家表面上是民族独立国家，实质上在经济、政治、文化、社会、生态上深受资本主义国家的影响与控制。围绕战后经济恢复，资产阶级的经济学家们坚信资本主义危机是可以克服的：对此凯恩斯主义致力于拉长资本利润的链条，强调量化宽松的货币政策，加强国家的干预；索罗斯强调商品生产的系统化来避免经济危机；罗斯托致力于建立一种外推法来为资本主义经济危机预警；萨缪尔森的制度经济学也坚称他们找到了克服经济危机的良方。这些都是资产阶级在战后对资本主义体系的维护，力图把资本主义合理化，通过形式各样的认同来加强资本主义的历史合法性。美国前总统肯尼迪认为，通过各种资本的援助，美国可以保持世界的控制地位。这种援助与联系越是增加与广泛，接受资本输出的国家越依赖于美国的统治。资本援助不仅是经济的、政治的、文化的等等方面，最关键的是这些资本最后的增值与收益是可观的。拉美马克思主义者多斯桑多斯、弗兰克，世界体系论者勒沃斯坦都对资本主义的统治秩序进行了详细的分析。资本主义对世界的统治与奴役是以新的认同形式展现于世人的。他们对内团结帝国主义国家，实行世界霸权体系，对外分化瓦解工人阶级及其民族国家，用资本主义的物化去解构非西方民主国家的认同体系，用西方的标准去重塑非西方的文明。这些成功被解构了的民族国家资产阶级们，他们把"财富放在帝国主义圈子中'信得过的'国家里（美国、瑞士、避税天堂……）；他们购买支配国家的工业和银行集团的股份，他们消费非常精细的产品和奢侈品。许多受支配国家的工业没有一点自主权，被整合进了一些强大的工业集团所设立的、所调配的生产过程。各国生产结构的转变从此应置于其与世界帝国主义体系的关系之中予以分析"[①]。世界呈现出为资产阶级而存在的一种秩序安排。

由于援助所导致的资本主义的经济危机、政治危机、文化危机等各类危机一直都存在,在 20 世纪 70 年代,危机变得无法控制。援助使得大量资本接受国家陷入由债务危机所导致的国家危机,危机在以美国为首的西方七国集团的中心与边缘世界格局的优化以及新的科学技术革命中不断得到缓解与转化,信息技术的发展使得资本主义支配世界的体系更加精细化与谱系化。资本主义阵营在与社会主义阵营的抗衡中不断进行军事扩张,都想通过军事武装来捍卫自身的利益。社会主义作为对资本主义的克服与超越,从苏联第一个社会主义国家的建立到社会主义阵营的实现,一直在增强共同体的力量。马克思早在巴黎公社失败的经验总结中,指明社会主义革命必须要面对资本主义的一切体系性存在,必须对资本主义的产物做全面性的批判与反思,不能简单打烂资本主义的国家机器,要对资本主义的一切要素做出像当年资本主义对封建主义要素的解构与重组,否则,资本主义很可能死灰复燃。恩格斯晚年就深刻地注意到资本主义是作为一个系统而与社会主义相对立的,所以必须整体性地批判资本主义的一切。苏联社会主义国家的成立实现了从无到有的突破,有效地复制苏联革命的成功经验,依靠强大的政党政治力量,社会主义国家在中东欧地区迅速成长起来。基于对资本主义的认识与批判,社会主义力量不断积累强大起来,不断循着资本主义认同机制的方法在经济、政治、文化、社会、军事等领域建立起与之针锋相对的认同系统。它采用国家计划经济体制,强调意识形态的战斗与团结,避免贫富两极分化,实行工人阶级的人民民主专政……这都表明了它是一种新的社会形态,它是对生产、生活、艺术等领域的一种重新安排。在这样一个共同体中,人人实现了自由而全面的发展,人的力量在人自身的劳动与生活中得到了完美的实现与和谐,社会主义是人人为之向往的新的认同方式。在资本主义阵营的威逼之下,苏联的社会主义模式也暴露出其日益脱离人民群众、专制腐败的危机,社会主义阵营的共同体岌岌可危。

匈牙利事件、波兹南事件、苏共二十大事件等都昭示了社会主义政权的存在不仅在于一个强有力的革命党,还在于它是一个信仰坚定的执政党,它必须得到人民的认同,才能把社会主义道路推向前进。苏联的解体瓦解了社会主义阵营,社会主义在曲折中前进,资本主义在资本形态的创

[①]米歇尔·波德:《资本主义的历史》,郑方磊、任轶译,上海:上海辞书出版社,2011 年,第 289 页。

新中增强了它在世界上的认同感。于是，资本主义国家抛出全球化这一理论，企图用资本主义的全球化去抵消资本主义的中心与边缘世界统治秩序。

资产阶级用全球化来掩盖金融资本、符号资本、文化资本等资本产业对全世界产业与国家的入侵，用全球化来掩盖贫富分化、文明的冲突、资本的掠夺、商品对人的物化。在全球化中，获益的是资本主义超级大国及跨国公司，它们用先进的科学技术知识打造起一种科学技术的意识形态工具，占据市场份额，跨过民主国家的地理空间界限，快速在全球市场收益。"外贸、资本和信贷的流动以前所未有的程度联系着三极的各个国家，并联系着三极国家与世界其他地区。而在三极内部，政府越来越无雄心和计划，反而世界资本主义寡头越来越多地制定方针并给予推动：利用其银行和金融组织使自己占据货币与金融全球化的核心；利用其大公司，以决定性的方式使自己在贸易生产活动整体、研究、投资、消费中占据举足轻重的地位。"[①]

一边是少数人的奢侈浪费、骄奢淫逸、自由散漫，总之表现为过剩，一边是绝大多数人的衣不蔽体、营养不良、生活拮据。地球上的资源就是为了满足资产阶级，而把其他大多数人置于贫困交加的境地，这难道正常吗？这种危险已经由阶级斗争升级为人类命运共同体的存在。希望全球生态危机能够让人类意识到人类是作为一个共同体而存在的，不再是作为阶级斗争而存在的，而且更不应该把这种阶级斗争与奴役塑造为历史规律。根据《福布斯》杂志估算，"在 2007 年，946 个亿万巨富——全世界此前从未达到这个数字——总共拥有 3.3 万亿美元。如果把这些钱分给地球上最穷的 10 亿人，每个人可以分到 3300 美元。而又因为根据国际组织估算，地球上最穷的人每天生活只花费 1 美元，这个总数可以让他们每个人生活 3300 天，或接近 9 年"[②]。资产阶级就是要通过认同把这些贫富分化合理化、正当化，把资本主义的灾难塑造成一种历史宿命，把财富合理化，把贫穷宿命化。

资本主义从它产生以来就一直是这样制造历史、创造历史的。世界史学家博诺指出："从 15 世纪末到 20 世纪初，是西方在制造历史。其他

①米歇尔·波德：《资本主义的历史》，郑方磊、任轶译，上海：上海辞书出版社，2011 年，第322 页。

②米歇尔·波德：《资本主义的历史》，郑方磊、任轶译，上海：上海辞书出版社，2011 年，第349 页。

人最常见的情况是跟随或者承受。……始自 15 世纪末,终于 20 世纪的这一阶段,表现为进步的不可思议和可怕的集中,某地区的过度肥大即是世界的萎缩,局部的光芒即是普遍的黯淡,人类历史一幕的还原即是历史一幕的升华……与西方逻辑的进步对应的是非西方平等的退却,如此等等。"①资本家从个体到共同体的建构,始终是把他者作为客体的。资本家把跟随者打造成和他们自己一样的资产阶级共同体,并以中心与边缘的结构呈现出来。把不能跟随的人置于客体作为资本家剩余价值实现的工具,把国王、贵族扫除出政治视野,把非西方文明置于野蛮,便于资产阶级的奴役与压榨。在资本家所建构的世界历史中,正是一步步地依靠形形色色的认同体系逐步战胜旧的势力并强大起来的。把奴役与剥削科学化、人性化,把自然界科学化、系统化,总之,他要打造出像旧的封建势力一样的从经济、政治、文化、社会等各领域来完成资产阶级对现代历史的统治。把资本主义经济学阐述为一种人类本性的先验经济学,把政治伪装成一种民主的最高形态,把文化打造成文明启蒙的祛魅。这些理论科学一方面增强了资产阶级的共同体力量,另一方面把非资本主义文明斥责为一种落后与野蛮,瓦解非西方文明的历史,瓦解工人阶级的联合,让被压迫阶级去背负一切恶的罪名。帝国主义不过是资产阶级的人格化产物。从两次世界大战的爆发就可以看到资产阶级所宣扬的自由、平等、民主、博爱等价值观的历史局限性,资本主义的普世价值一碰到资本利润就会暴露出其剥削压迫、不劳而获、贪得无厌的原型。在剥削压迫、不劳而获、贪得无厌的背后正是被压迫民族国家作为被支配客体的血泪史。资产阶级把自己塑造为唯我独尊的西方中心论暴露无遗。即使创造也是基于资本利润,但这种创新是一种如熊彼特所言的"创造性毁灭"。总之是用资本的利己本性去裁剪历史的一切要素。

---

① 米歇尔·波德:《资本主义的历史》,郑方磊、任轶译,上海:上海辞书出版社,2011 年,第325 页。

第三章 无产阶级历史主体地位的构建

  无产阶级的解放何以可能，这是马克思主义政治哲学的核心命题。工人阶级作为历史的主体也要经历从产生到蒙昧，从蒙昧到自发，从自发到自觉的历史形成发展过程。无产阶级作为一个自为阶级并非一个历史的先在，这不是一个自然而然的历史发展过程，其间要经过一系列的认同才能展现为一个阶级的历史主体。一无所有的赤贫造就了无产者的革命精神，无产阶级与资产阶级的不断斗争使无产者逐渐觉醒与成熟，必须获得同资产阶级斗争的认同方式才能通向共产主义的道路。资产阶级的认同之路启示我们，资本是造成工人阶级的根源，它不仅造就了全球产业结构的分布，而且重构了社会的主体结构；无产阶级从自发走向自觉必须揭示中产阶级的历史局限性，克服无产者自身的分裂；无产阶级作为一个自为的阶级，并不是一经出场就永恒在场的，而必然面对资产阶级认同体系的物化与渗透。无产阶级只有在资本主义全球化的视域中才能洞穿资本主义物化社会的拜物教迷雾，实现阶级主体的自觉及其联合。只有深刻认识工人阶级的历史，才能实现工人阶级的持续在场，实现"全世界无产者联合起来"。无产阶级的认同之路与消灭资产阶级是一条为承认而斗争的阶级斗争之路。

第一节　资产阶级历史主体地位的反思与批判

　　资产阶级认同的前提条件是资本。"资产阶级生存和统治的根本条件,是财富在私人手里的积累,是资本的形成和增值;资本的条件是雇佣劳动。"[①]为了达到这样的目的,它必须"使农村从属于城市一样,它使未开化和半开化的国家从属于文明的国家,使农民的民族从属于资产阶级的民族,使东方从属于西方"[②]。资产阶级的阶级主体地位是以前现代社会群体的被压迫客体为代价的,它改变了前现代宗法血缘社会要素的存在样态,把一切不符合资产阶级利益的要素界定为野蛮与蒙昧,把资产阶级的利益伪装成全人类的利益,把资产阶级的价值说成是全人类的普世价值,用资产阶级的伦理规范去剪裁与形塑它所需要的社会个体,来完成资产阶级的再造与联合。可以说,现代文明的一切成果都是对资产阶级的在场形态的一种形塑,资产阶级必须把被压迫阶级置于客体来完成自我的主体性建构,资产阶级必须借助现代文明的一切成果来为自身的主体性做出注脚。

　　马克思说:"从中世纪的农奴中产生了初期城市的城关市民;从这个市民等级中发展出最初的资产阶级分子。"[③]资产阶级如何从作为农奴的客体地位上升为统治阶级的主体地位? 马克思指出,资本家通过蓬勃发展的商品经济,不断寻找世界市场,为资产阶级开辟了新天地,为资产阶级上升为统治阶级积累了推翻封建社会的革命要素。封建行会的生产经营方式不能满足市场需求,被资产阶级的工场手工业所取代,封建社会的行会师傅被新兴的资本家所替代。这样,封建贵族赖以统治的经济来源由行会师傅转变为现代资本家。马克思在这里总结到促使资产阶级主体地位变化的原因有两个:一是现代科学技术的发展所引发的工

---

①《马克思恩格斯文集》第 2 卷,北京:人民出版社,2009 年,第 43 页。
②《马克思恩格斯文集》第 2 卷,北京:人民出版社,2009 年,第 36 页。
③《马克思恩格斯文集》第 2 卷,北京:人民出版社,2009 年,第 32 页。

业革命,资本家们积累了大量的资本财富,从而把中世纪的其他阶级排挤到后面,直到送到历史的陈列馆里。二是资产阶级在政治上的建树。资产阶级经历过从封建统治下被压迫的客体变为自治武装团体、城市共和国、第三等级、同贵族抗衡的势力,最后是资产阶级国家这一过程。可见,首先,对自然界的认识与改造,以及由此完成的资本财富积累,构成了资产阶级存在的基础。资产阶级要想成为阶级主体地位,必须首先掌握现代科学技术知识,成为社会主要财富的拥有者。其次,资产阶级一旦取得政治统治地位,便破除封建田园诗般的关系,用资本利润关系重新完成社会的重组。从中可以看出,资产阶级主体地位的建立必须以自然界为中介客体为底板,必须把物质财富作为阶级主体的物质基础,否则资产阶级没有其自身存在发展的根基,而政治统治就是对其经济基础的捍卫与继续。

　　"在资产阶级社会里,资本具有独立性和个性……在现今的资产阶级生产关系的范围内,所谓自由就是自由贸易、自由买卖。……正像你们的法不过是被奉为法律的你们这个阶级的意志一样,而这种意志的内容是由你们这个阶级的物质生活条件来决定的。"①资产阶级的家庭是建立在私人发财上面的,家庭的伦理道德是对私有制的辩护。"它把宗教虔诚、骑士热忱、小市民伤感这些情感的神圣发作,淹没在利己主义打算的冰水之中。"封建社会宗法血缘关系的仁义礼智信等伦理道德总则能够满足资本获利要求的,才能成为资本主义社会的构成性要素。"一切等级的和固定的东西都烟消云散了,一切神圣的东西都被亵渎了。"②资产阶级要按照资产阶级的主体意志来构建一个资本主义的社会形态。旧的伦理道德是封建宗法等级制度的产物,是对封建宗法贵族统治阶级的捍卫。在意识形态的普世性方面,马克思认为"资产阶级,由于开拓了世界市场,使一切国家的生产和消费都成为世界性的了。……过去那种地方的和民族的自给自足和闭关自守状态,被各民族的各方面的互相往来和各方面的互相依赖所代替了。物质的生产是如此,精神的生产也是如此……形成了一种世界的文学"③。所以,资产阶级的普世价值就和基于资本主义世界市场的需要一样都是服务于资产阶级的。

---

①《马克思恩格斯文集》第2卷,北京:人民出版社,2009年,第47页。
②《马克思恩格斯文集》第2卷,北京:人民出版社,2009年,第35页。
③《马克思恩格斯文集》第2卷,北京:人民出版社,2009年,第35页。

（一）资产阶级的再造与联合

"它迫使一切民族——如果它们不想灭亡的话——采用资产阶级的生产方式；它迫使它们在自己那里推行所谓的文明，即变成资产者。一句话，它按照自己的面貌为自己创造出一个世界。"①资产阶级通过暴力方式来对待其他一切民族，其他民族如果不想成为一个绝对的客体，还想作为一个相对平等的主体，只有采取和资产阶级一样的生产与生活方式，才能有可能获得资产阶级的认同。资产阶级的文明只不过是培育更多的和他们一样的统治阶级主体，来和他们组成同盟。小工业家、小商人、手工业者等社会群体在一定程度上都是资产阶级的同盟军，他们希望维护自己的利益上升为资产阶级，获得资产阶级的同质性认同，变成资产阶级的同盟军。"当厂主对工人的剥削告一段落，工人领到了用现钱支付的工资的时候，马上就有资产阶级中的另一部分人——房东、小店主、当铺老板等等向他们扑来。"②资产阶级是以阶级联合的形式出现的，阶级联合是资产阶级历史在场的现实根源。只有资本家把主体的认同壮大为一个阶级主体，它才能建立资本主义世界体系，才能把资本主义作为一种必然与先验的理性假设。

资产阶级把工人作为一种增殖的手段，不是目的。工人是资本家的附属物。工人阶级的产生是资本主义的产物，是根据资本主义的发展要求所决定的。"现代的工人只有当他们找到工作的时候才能生产，而且只有当他们的劳动增殖资本的时候才能找到工作。这些不得不把自己零星出卖的工人，像其他任何货物一样，也是一种商品，所以他们同样地受到竞争的一切变化、市场波动的影响。"③甚至，在经济危机中，资产阶级不得不"消灭"大量的工人来克服危机。资产阶级给工人的工资只够维持其肉体的持存与生命的延续，在阶级社会，工人只是会说话的工具。"他们不仅仅是资产阶级的、资产阶级国家的奴隶，他们每日每时都受机器、受监工，首先是受各个经营工厂的资产者本人的奴役。"④工人阶级队伍规模的大小、工人阶级的人口数量与质量都是由资产阶级来操纵与支配的，所以

①《马克思恩格斯文集》第2卷，北京：人民出版社，2009年，第35页。
②《马克思恩格斯文集》第2卷，北京：人民出版社，2009年，第39页。
③《马克思恩格斯文集》第2卷，北京：人民出版社，2009年，第38页。
④《马克思恩格斯文集》第2卷，北京：人民出版社，2009年，第38页。

才会有生命政治的资本主义批判。"工人仅仅为增殖资本而活着,只有在统治阶级的利益需要他活着的时候才能活着。"①

(二)工人阶级不能有主体意识

"做一个资本家,这就是说,他在生产中不仅占有一种纯粹个人的地位,而且占有一种社会的地位。资本是集体的产物,它只有通过社会许多成员的共同活动,而且归根到底只有通过社会全体成员的共同活动,才能运动起来。因此,资本不是一种个人力量,而是一种社会力量。"②资本家是如何从个体上升为社会的,如何把个体凝聚成一个共同体。资本家把资本主义规律打造成全人类规律的模样。其中,最重要的方法就是掩盖蒙蔽历史,把阶级利益固化为人性的本质,固化为宗教神学,固化为天赋人权。当宗教神学违背资产阶级利益的时候,资产阶级会按照他们自身的利益对宗教进行改革。总之,资产阶级想尽一切办法把剥削雇佣关系合法化。

工人是资产阶级的历史构成性要素。马克思在《共产党宣言》中论述了工人由单个工人的斗争与反抗,逐渐发展为某一地方、某一部门的斗争与反抗。工人刚开始的斗争与反抗就是直接对生产工具进行反抗,而不是对生产关系进行反抗。破坏生产工具、捣毁机器、烧毁工厂、毁坏外国商品是常有的斗争方式。所以,工人的认同首先是对排挤他的工具与物的直接拒斥,还没有上升为一个自觉的、科学的斗争与反抗方式。这种斗争都是基于资产阶级的阶级联合造成的,并不是工人自身阶级主体的联合。"因此,在这一阶段上,无产者不是同自己的敌人作斗争,而是同自己的敌人的敌人作斗争,即同专制君主制的残余、地主、非工业资产者和小资产者作斗争。"③工人还没有作为一种独立的力量来与他的真正敌人展开斗争,只是作为一个历史的推动力的因素,作为资产阶级历史力量的附属来展开斗争,成为资产阶级阶级统治的帮凶。

---

①《马克思恩格斯文集》第2卷,北京:人民出版社,2009年,第46页。
②《马克思恩格斯文集》第2卷,北京:人民出版社,2009年,第46页。
③《马克思恩格斯文集》第2卷,北京:人民出版社,2009年,第40页。

第二节　无产阶级的发现

启蒙思想家一边在强调资产阶级的自由、民主、公意，一边也在揭示资本家的罪恶现实。卢梭在《论人类不平等的起源与基础》中，揭示了私有制以及资本主义发展所造成的不平等现象。亚当·斯密、功利主义者、欧洲三大空想社会主义者都对资本主义的惨无人道进行抨击，但他们把对资本主义弊端的克服寄托于尽力减少社会灾难的量化原则，寄托于对资产阶级的道德说教，找不到消灭资本主义私有制、消灭剥削压迫的历史主体。

马克思明确地宣称自己是无产阶级的代言人，他批判的对象是非无产阶级，包括封建宗法等级制、资产阶级等一切剥削阶级。马克思的人民概念从来都是一个历史的具体的概念。他认为"真正的人民，即无产者、小农和城市贫民"[①]。他们要从被压迫的阶级客体地位上升为主体地位，他们不仅要争得资产阶级的认同，还要得到革命阶级间以及无产阶级兄弟间的认同。但在青年时期，马克思还没有找到无产阶级这一革命阶级主体。马克思曾经是一个青年黑格尔派，像无数激进的年轻知识分子一样用个体的浪漫主义去对抗现实。他批判康德和费希特哲学脱离现实生活实际，使"应当"与"现有"发生不可调和的矛盾，成为科学研究与追求真理的严重阻碍，暴露出形而上学体系的空洞性与抽象性。批判黑格尔哲学过多地强调绝对理性，而人只是绝对理性的中介，黑格尔所歌颂的人是市民社会的资产阶级及其君主，除此之外的人民是无足轻重的。马克思早期在《评普鲁士最近的书报检查令》中，站在资产阶级的立场，批判普鲁士政府的反动专制，赞扬自由是人类的特权，认为"自由是全部精神存在的类的本质"[②]。在《关于林木盗窃法的辩论》与《摩塞尔记者的辩护》中，他站在劳苦大众的立场，批判资产阶级利益的法律原则，也已经深刻地认

[①]《马克思恩格斯全集》第4卷，北京：人民出版社，1995年，第220页。
[②]《马克思恩格斯全集》第1卷，北京：人民出版社，1960年，第67页。

识到了国家机器的阶级本性,并认为决定国家的这些关系是物质利益关系。在《黑格尔法哲学批判》中,借用费尔巴哈人本学,考察了市民社会与国家的相互关系,指出"市民社会的理念赖以发展的那一部分人就是资产者,而其余的人则是公民"①,从而为抽象的人及其无产阶级的发现开辟了道路。马克思在博士论文中,从青年黑格尔立场批判传统哲学对伊壁鸠鲁自然哲学与德谟克利特自然哲学之间根本性差别的无视,强调原子的能动性与创造性。他在《1844 年经济学哲学手稿》中坚持了能动的创造性,认为人的类本性就是自由、自觉的劳动。青年黑格尔派的理论斗争根本上是一种自我意识之间的争论,它脱离客观物质利益实际,没有找到其理论得以承认的社会主体及其承认手段,争论最终表现为思想原则之间的斗争,致使斗争流于空想与形式。因此,马克思认为施特劳斯和鲍威尔的争论本质上是没什么区别的,他们分别抓住黑格尔的某些要素进行相互斗争,而为了正确地评价这种哲学争论,必须站在德国以外的立场上来考察这些争论。因此,要真正厘清德意志意识形态等思想与马克思主义的关系,就必须站在德国以外的他者视角来说明这一问题。总之,像 18世纪法国唯物主义为法国资产阶级革命奠定了理论基础一样,青年黑格尔派哲学同样为德国资产阶级革命提供了理论支撑。所以,根本上,青年黑格尔派的德意志意识形态争论是局限于资产阶级市民社会内的斗争,他们之间的斗争是同质性的认同,他们之间都是自我意识领域内的斗争,都是对现有资产阶级统治的改良与维护。

马克思通过费尔巴哈哲学实现抽象人本主义立场的转变。马克思早在青年时代的职业观认为:"我们并不总是能够选择我们自认为合适的职业;我们在社会上的关系,还在我们有能力对它们起决定性影响以前就已经在某种程度上开始确定了。"②尽管社会关系的内涵还不科学与确定,但此时社会关系作为一种抽象的人本主义,马克思已经意识到个体自由不是任意的,它总要兼顾现实生活的社会关系,自我总是逃脱不了既定社会关系的束缚。马克思的博士论文对如何破除近代哲学单一主体做了尝试。尽管其青年黑格尔色彩浓厚,但它已经包含了马克思他者思想的萌芽。马克思在论证原子偏斜时认为原子是被其他原子规定与制约的,原子"直接存在的个别性,只有当它同他物发生关系,而这个他物就是它本

①《马克思恩格斯全集》第 1 卷,北京:人民出版社,1960 年,第 443 页。
②《马克思恩格斯全集》第 40 卷,北京:人民出版社,1982 年,第 6 页。

身时,才按照它的概念得到实现"。① 这就是说原子自由的实现离不开其他原子的支撑,人作为自由个体的实现离不开他者的肯定。"一个人,只有当他与之发生关系的他物不是一个不同于他的存在,相反,这个他物本身即使还不是精神,也是一个个别的人时,这个人才不再是自然的产物。"② 在此,马克思批判了青年黑格尔派自我的绝对自由,认识到自我的边界,超越了青年黑格尔派。他人是自我存在的前提,只有处于他人的关系之中,才能摆脱个体的自然性,从而才能成为社会的人。

1843 年,费尔巴哈的人本主义哲学对马克思产生了深刻的影响。费尔巴哈在 1843 年 2 月《关于哲学改造的临时纲要》中提出,阅读黑格尔哲学的"颠倒"原则就会显而易见地发现真理,这就是从人的自然本性出发,来理解社会生活与人类历史。马克思在《1844 年经济学哲学手稿》和《神圣家族》中,高度赞扬费尔巴哈的人本学为德国人对实证的国民经济学的批判打下了基础。《1844 年经济学哲学手稿》中借助费尔巴哈的人本主义来超越人的异化,来实现人本主义的复归。这一时期他已经找到了共产主义社会何以实现的主体承担对象即无产阶级。但他反对费尔巴哈的人本主义,费尔巴哈认为上帝的本质就是人的本质,上帝是人的镜子。这里的人能达到对感性对象的直观,人性是一种抽象的人性诉求。费尔巴哈的人本主义是身处绝望的小资产阶级自我的悲天悯人。对单一主体性的批判在《德意志意识形态》中得到了充分阐述。

同时,马克思借用费尔巴哈的人本主义对德国专制制度进行批判,认为"君主政体的原则总的说来就是轻视人,蔑视人,使人不成其为人"③,使法国大革命成为"使人复活的大革命";他也批判"费尔巴哈的警句只有一点不能使我满意,这就是:他过多地强调自然而过少地强调政治"④。黑格尔资产阶级的法哲学认为君主主权高于人民主权,人民主权是从王权派生出来的;马克思在《黑格尔法哲学批判》中认为,"人民的主权不是从国王的主权中派生出来的,相反地,国王的主权倒是以人民的主权为基础的"⑤。马克思运用费尔巴哈主宾原则的人本主义,把黑格尔法哲学颠倒过来,站在抽象人本主义的立场,对黑格尔的资产阶级哲学进行了批判。紧接着,在随后的《黑格尔法哲学批判导言》中,马克思继续借助费尔巴哈

①《马克思恩格斯全集》第 40 卷,北京:人民出版社,1982 年,第 37 页。
②《马克思恩格斯全集》第 40 卷,北京:人民出版社,1982 年,第 37 页。
③《马克思恩格斯全集》第 1 卷,北京:人民出版社,1960 年,第 411 页。
④《马克思恩格斯全集》第 27 卷,北京:人民出版社,1972 年,第 442 页。
⑤《马克思恩格斯全集》第 1 卷,北京:人民出版社,1960 年,第 279 页。

的人本主义对德国社会各阶级状况特点进行分析,认为"人是人的最高本质",明确提出推翻封建反动统治,并认为把德国人的解放提高到人类解放的高度的,只能是无产阶级。德国的解放"就在于形成一个被戴上彻底的锁链的阶级……在于形成一个若不从其他一切社会领域解放出来从而解放其他一切社会领域就不能解放自己的领域,总之,形成这样一个领域,它表明人的完全丧失,并因而只有通过人的完全回复才能回复自己本身。社会解体的这个结果,就是无产阶级这个特殊等级"。①马克思指出,无产阶级是资本主义社会得以存在的他者,资产阶级正是依赖无产阶级来完成资本主义社会的重构,德国解放及全人类解放是无产阶级作为他者所能够承担的历史责任。"德国人的解放就是人的解放。这个解放的头脑是哲学,它的心脏是无产阶级。哲学不消灭无产阶级,就不能成为现实;无产阶级不把哲学变成现实,就不可能消灭自身。"②与其他社会阶级相比,无产阶级由于没有任何社会地位,他所受的普遍不公正,使无产阶级的解放包含着全人类的解放。从此,马克思找到了人类解放的阶级主体,但是从阶级主体的发现到阶级主体的觉醒是一个长期复杂的斗争过程。无产阶级像其他社会历史主体一样,从来都不是先验的,而是后天不断锻造与历练出来的。

青年黑格尔派认为,具有批判意识的思想理论家是社会发展的决定者,人民群众是消极的群氓;马克思在《神圣家族》中反对青年黑格尔派的英雄史观,认为广大人民群众是历史的创造者,无产阶级与资产阶级是资本主义社会的一对固有矛盾,无产阶级只有消灭一切反人性的生活条件,才能解放自己。这里的无产阶级论述仍带有明显的费尔巴哈与黑格尔痕迹,但马克思对物质生产活动的历史定位,为无产阶级承认斗争找到了坚实的唯物史观基础。在《1844年经济学哲学手稿》中,马克思从抽象的人本主义出发论述道:"一般地说,人对自身的任何关系,只有通过人对他人的关系才得到实现和表现。"③在人与人、自我与他者的异化关系下,"人同自身和自然界的任何自我异化,都表现在他使自身和自然界跟另一个与他不同的人发生的关系上",也就是说,"自我异化只有通过同其他人的实践的、现实的关系才能表现出来"④。对象和他人的存在构成了自我存在

①《马克思恩格斯选集》第1卷,北京:人民出版社,1995年,第14—15页。
②《马克思恩格斯选集》第1卷,北京:人民出版社,1995年,第16页。
③《1844年经济学哲学手稿》,北京:人民出版社,2000年,第59页。
④《1844年经济学哲学手稿》,北京:人民出版社,2000年,第60页。

的前提,否则自我的存在就只能成为虚无,他者是自我力量实现的标准与尺度。马克思在抽象人本主义视野下,发现了无产阶级。无产阶级"它本身表现了人的完全丧失,并因而只有通过人的完全恢复才能恢复自己"①。这一定义无疑仍然是费尔巴哈式的无产阶级定义,它既超越了抽象人本主义,又带有抽象人本主义的痕迹。

恩格斯身处世界工厂和金融中心英国,在自家公司从事工厂的组织管理,深切地感受到工人的贫困生活,其间完成了《各个政党的立场》《英国工人阶级的状况》等著作。其一,恩格斯认为英国政党斗争的基础是物质利益,托利党是代表地主阶级利益的土地贵族党,辉格党是代表工商业资产阶级利益的金钱贵族党,宪章派是代表工人阶级的利益的激进民主主义党,这使恩格斯清楚地认识到,党派斗争的基础是物质利益。其二,恩格斯较早地认识到无产阶级是一个具有远大前途的革命阶级。无产阶级斗争的根本目的不是原则而是物质利益,"这个阶级已经成了英国最强大的一个阶级,当他们意识到这一点的时候,英国富翁们就该倒霉了"②。其三,恩格斯首次表达了对共产主义的信仰。在 1843 年 10 月《大陆上社会改革运动的进展》一文中,他指出共产主义是现代工业社会发展的必然结果,但在不同国家会产生不同的共产主义学说。英国人是由于道德败坏而产生这个学说的,法国人是通过政治运动提出这个学说的,德国人是通过哲学的思辨而成为共产主义者的。1842 年 11 月,马克思、恩格斯进行了首次会面,两人于 1844 年 8 月结成志同道合的革命战友。可以推断,恩格斯早期的这些思想对马克思尽快实现从唯心主义的资产阶级学说向抽象的人本主义以及无产阶级思想的转变发挥了潜移默化的作用。

在《关于费尔巴哈的提纲》中,马克思在对费尔巴哈进行批判的同时,深刻地提出"人的本质不是单个人所固有的抽象物,在其现实性上,它是一切社会关系的总和"③。从现实的人与人的社会关系,从自我与他者的关系出发来审视个体及其社会历史。马克思认为,旧唯物主义的立场是资产阶级的市民社会,而新唯物主义的立场是整个人类社会,这决定了理论的视域与高度。从此马克思"创建了以自我和他者的社会关系为基础的实践观,真正超越了以单子式的自我为基点的近代哲学"④。在《德意志

---

① 《马克思恩格斯选集》第 1 卷,北京:人民出版社,1972 年,第 14 页。
② 《马克思恩格斯全集》第 1 卷,北京:人民出版社,1960 年,第 549 页。
③ 《马克思恩格斯选集》第 1 卷,北京:人民出版社,1995 年,第 56 页。
④ 李荣:《马克思实践观的他者向度及其当代超越性解读》,《齐鲁学刊》2006 年第 2 期,第 126 页。

意识形态》中,马克思对德国的唯心主义哲学进行的彻底而根本性的清算批判中建立了交往实践观,并认为无产阶级与资产阶级之间的阶级斗争是推动资本主义社会发展的直接动力,标明了无产阶级的历史主体地位,它一方面为无产阶级的承认理论奠定了坚实的历史基础,另一方面也暗示了马克思今后的理论方向,就是如何进一步为无产阶级获得历史主体承认并解放全人类指出一条科学的社会主义之路。

然而,对无产阶级这一阶级立场的捍卫并不是一蹴而就的,同样伴随着与形形色色的资产阶级流派及鱼龙混杂的社会主义流派的斗争过程。空想社会主义者忽视人民群众的力量,虽然认识到无产阶级是一个受苦受难的阶级,但他们没有看到无产阶级的历史进步作用,仍对资产阶级心存幻想,把无产阶级的解放寄托在资产阶级的良心发现及其共产主义实验区典型示范上,他们代表的是一群先知先觉的部分小资产阶级。魏特林的真正社会主义早已经本能地认识到无产阶级才能担负起解放全人类的重任,马克思、恩格斯肯定他们的思想曾经对德国工人运动所起的积极引领作用,批评他们不理解资本主义社会的内在矛盾及其发展规律,不能为工人运动提供理论指导,不能为无产阶级找到实现认同的正确方式。马克思、恩格斯吸纳了他们对无产阶级的把握这一思路,弥补了他们的缺陷,把空想社会主义科学化。《共产党宣言》中,马克思、恩格斯批判真正的社会主义他者,认为"他们不代表真实的要求,而代表真理的要求,不代表无产者的利益,而代表人的本质的利益,即一般人的利益,这种人不属于任何阶级,根本不存在于现实界,而只存在于云雾弥漫的哲学幻想的太空"[1]。马克思、恩格斯分析了无产阶级的生成及其历史使命。无产阶级与资产阶级是资本主义社会生产方式的历史的必然产物,无产阶级的历史使命在于把握社会历史发展的规律,充当资产阶级的掘墓人。蒲鲁东主义所代表的他者是小资产阶级。蒲鲁东表示自己"生在工人阶级之中,长在工人阶级之中,共同的思想和感情、共同的痛苦和愿望使我依然是工人阶级的一员"[2]。他最大的乐趣就是坚持不懈、全心全意地为工人阶级谋求思想的进步,传播理论的种子。蒲鲁东出身于法国手工业家庭,他所代表着的实质是现实而自私的一部分法国小资产阶级,不是人数众多的无产阶级。他们从小资产阶级的立场出发替无产阶级发难,用小资产阶级的尺度去批判资本主义,从而形成了小资产阶级社会主义。恩格斯认

---

①《马克思恩格斯选集》第 1 卷,北京:人民出版社,1972 年,第 278 页。
②《马列著作编译资料》第 9 辑,北京:人民出版社,1980 年,第 65 页。

为蒲鲁东主义只是表达激进的小资产阶级的欲望。拉萨尔主义所代表的他者是地主阶级。拉萨尔主义又称国家社会主义,他站在容克地主阶级的立场上,反对其他一切反动的资产阶级、农民等,反对无产阶级与其他阶级的联合,认为通过普鲁士容克地主国家的帮助,可以消灭其他阶级的剥削压迫。马克思赞扬拉萨尔主张建立德国无产阶级政党的功绩,批判他把无产阶级与其他阶级严格孤立的做法,认为德国革命的首要任务是推翻封建专制统治,只要致力于这一目标的其他阶级都可以进行联合,形成无产阶级革命同盟,从而最终为社会主义奠定基础,但是拉萨尔恰恰依靠的是现行容克地主专制政府,要把工人变成专制政府的帮凶。巴枯宁主义所代表的他者是流氓无产阶级和破产的小资产阶级等无业游民,他们拥有破坏一切的革命觉悟,巴枯宁主义反映了这部分人对资本主义社会的绝望与复仇心理。杜林主义所代表的他者是德国小资产阶级。恩格斯在批判杜林中再次强调了无产阶级的历史使命。他认为,社会只有把每个人解放,它自己才能得到最终解放,它是以解放全人类为己任的。"无产阶级的解放,这是人类从必然王国进入自由王国的飞跃。完成这一解放世界的事业,是现代无产阶级的历史使命。"[①]最后,马克思、恩格斯在《资本论》中,从资本主义剩余价值的生产与实现角度彻底分析了无产阶级及其特点。马克思、恩格斯认为资本家与工人的关系,必须深入到资本与劳动的关系中,才能得以揭示。马克思、恩格斯通过区分劳动与劳动力揭示了剩余价值的源泉,无产阶级就是出卖劳动力的资本主义劳动者。无产阶级与资产阶级的阶级对立根植于资本主义生产之中,资产阶级通过资本雇佣关系掩盖了无产阶级这一劳动主体。

马克思主义哲学之所以能够改变世界和创造历史,就在于它始终抓住了无产阶级这一革命主体。否则,它的理论就失去其话语主体,成为抽象的理性主义思辨。总之,马克思正是借用费尔巴哈人本主义重新审视与黑格尔主义之间的关系,通过抽象的人本主义完成了对黑格尔主义的超越,通过抽象的人本主义批判最终发现了无产阶级他者的存在。

---

① 恩格斯:《反杜林论》,北京:人民出版社,1999 年,第 301 页。

第三节　唯心史观的祛魅

一、用唯物史观打开无产阶级的历史视野

资产阶级的历史观是掩盖私有制,维护资产阶级统治的历史。恩格斯认为马克思的两大发现一是唯物史观,二是剩余价值理论。唯物史观戳穿了英雄神话史诗的谎言,批判了资产阶级唯心史观的假象,揭开了人类历史的面纱。马克思认为从事社会实践的人具有三重属性。

第一,人是自然存在物,是有欲求的、肉体的、感性的。"人直接地是自然存在物。人作为自然存在物,而且作为有生命的自然存在物,一方面具有自然力、生命力,是能动的自然存在物;这些力量作为天赋和才能、作为欲望存在于人身上;另一方面,人作为自然的、肉体的、感性的、对象性的存在物,和动植物一样是受动的、受制约的存在物。也就是说,他的欲望的对象是作为不依赖于他的对象而存在于他之外的;但这些对象是他需要的对象;是表现和确证他的本质力量所不可缺少的、重要的对象。"[1]人与自然界的肉体的、感性的、对象性关系是先天的,从一定意义上来看,自然界就是人,人就是自然界。我们从自然界的面貌可以看出人的存在状况,我们从人的存在状态可以反映出自然界的面貌。人必须而且首先满足自然属性,人的主体性才能表现出来,人才能生存下来。二者之间是相互影响,相互印证的。

第二,人是对象性的存在。人是自然界的产物,人是高级动物,高级之处在于人是有思想能动性的,人不像动物一样盲目地服从自然规律,可以认识揭示自然规律,运用自然规律。人的主体性的确立总要依靠客体,而且可以通过人的能动性影响改造客体来完成主体性的建构。人不是僵硬地、机械地像动物一样本能地服从于自然属性。"动物只生产自身,而

---

[1]《马克思恩格斯全集》第 42 卷,北京:人民出版社,1979 年,第 167 页。

人在生产整个自然界;动物的产品直接同它的肉体相联系,而人则自由地对待自己的产品。动物只是按照它所属的那个种的尺度和需要来建造,而人却懂得按照任何一个种的尺度来进行生产,并且懂得怎样处处都把内在的尺度运用到对象上去;因此,人也按照美的规律来建造。"①人并不拘泥于原始朴素的自然界对象,人可以不断深入改进自然界来满足人的需求与价值。人是自然界的存在物,人是作为自然的客体来界定人的;人是对象性的存在物,人是作为主体来界定人的存在的。劳动实现了人从客体向主体的转变,自然界作为对象在人的主体建构中的地位是不同的。

第三,人是社会性的存在。人的本质,在其现实性上,是一切社会关系的总和。人的主体性需要主体间的分工与协作,对自然界的改造需要以主体间的社会关系为中介。"从现实的前提出发,它一刻也离不开这种前提。它的前提是人,但不是处在某种虚幻的离群索居和固定不变状态中的人,而是处在现实的、可以通过经验观察到的在一定条件下进行的发展过程中的人。只要描绘出这个能动的生活过程,历史就不再像那些本身还是抽象的经验论者所认为的那样,是一些僵死的事实的汇集,也不再像唯心主义者所认为的那样,是想象的主体的想象活动。"②人的这三个属性是历史唯物主义的人性论根基,目的是揭示人类社会历史的主体秘密。

二、人类历史的四个前提

一是有生命的个人的存在,二是满足吃喝住穿的物质资料生产活动,三是物质资料生产的再生产,四是人类自身的人口生产。这四个前提是人类历史的前提,它们与上述历史唯物主义的人性论是相对应的。而之前的历史观前提是以神创说与抽象的人性论为基础的。从唯物史观的出场路径上看,唯物史观虽然主要形成于《关于费尔巴哈的提纲》与《德意志意识形态》《共产党宣言》等著作,但马克思、恩格斯早期就是从现实的人的立场重新审视人类历史的。《关于费尔巴哈的提纲》中说"社会生活本质上是实践的",这是唯物史观的一般形态。不论是无产阶级的生活,还是资产阶级的生活,本质上都是实践的,都是人类改造客观世界的对象性活动。《德意志意识形态》中,马克思、恩格斯讲到人类历史的四个前提条件是人类历史得以展开的前提。被压迫阶级虽然构成了人类现实生活的

①《马克思恩格斯全集》第42卷,北京:人民出版社,1979年,第97页。
②《马克思恩格斯选集》第1卷,北京:人民出版社,1995年,第73页。

历史主体,但没有成为人类思想史的主体。统治阶级以私有制为基础建构起一个人类思想史,彻底把被压迫阶级排除出人类思想史的视野,统治阶级用他们的唯心史观历史一直遮蔽被压迫阶级创造历史的主体地位,把被压迫阶级塑造成一个无主体意识、无主体能力的阶级。以至于黑格尔得出人类历史是绝对精神自我运动实现的历史,是一种精神史。这个绝对精神的主体就是黑格尔等资产阶级,谁有资格成为绝对精神的主体,谁有能力成为绝对精神的主体,谁就是资产阶级。无产阶级没有资格与可能上升为历史的主体,这是由他们贫穷的生活所决定的,贫困的生活产生贫困的哲学。人类历史是资产阶级所书写的,是以抽象的无人身的理性来推动的。唯心史观"不是完全忽视了历史的这一现实基础,就是把它仅仅看成与历史过程没有任何联系的附带因素。因此,历史总是遵照在它之外的某种尺度来编写的;现实的生活生产被看成是某种非历史的东西,而历史的东西则被看成是某种脱离日常生活的东西,某种处于世界之外和超乎世界之上的东西"①。唯物史观是从物质生活实践来解释说明历史的,不是用自由意志、权力意志思辨地推动历史的"唯一者"。马克思肯定了费尔巴哈等旧唯物主义的贡献,把人的感性实践作为历史的切入点。

三、历史发展的动力和主体

西方神创说把历史的动力归咎于上帝,归结于人的原罪与救赎。维柯在区分自然史与人类史的基础上,认为人性是恶的,尽管认识到人类历史是人类自己创造的,但他把历史的动力又归结于人类历史规律的"天意",归结于人性的贪婪。康德与维柯都从自然史来研究人类历史,康德认为人性是善恶皆备的,黑格尔反对从自然来研究人类历史,把历史的动力归结于外在的客观的绝对理性。马克思认为历史是由人的需求引起的生产力与生产关系、经济基础与上层建筑的辩证运动。

维柯认为,历史的发展是神的历史、英雄史观与人的历史循环往复。马克思认为,其一,人类社会历史是人的历史性创造,不仅是英雄人物的个体创造,更是广大劳动人民群众的社会创造。历史不纯粹是帝王将相的历史,他们只能作为人民群众的代表而存在。抹杀历史客体的唯一者及其神创说,无视阶级斗争与共识的历史是不存在的。把被剥削阶级置于客体的历史观只能是英雄主义的唯心史观。其二,从历史唯物主义的

---

①《马克思恩格斯选集》第1卷,北京:人民出版社,1995年,第93页。

一般意义上来讲，人民群众首先是一个"大写的人"。针对西方资产阶级以及统治阶级的文化认同历史，马克思主义认为除了原始公社时期，《共产党宣言》以前的人类历史都是一个阶级斗争的历史。人民群众是历史的创造者，是历史的主体，不是剥削阶级所宣称的个人英雄人物与神。被压迫的劳苦大众创造了历史上的一切财富，但被统治阶级用宗教、资本主义文化等意识形态塑造成一种英雄史观，一种君权神授的历史。统治阶级为了证明其自身统治主体的历史合法性与合理性，把被压迫的劳苦大众作为支配的客体，资本主义历史是一个资产阶级的主体建构历史。《资本论》本质上就是一部描述资本家如何实现主体自觉，如何建构从经济到政治的合法性与合理性的过程，如何按照资本逻辑实现资本主义的体系建构。人民群众创造历史的真相一直都基本上处于空场、缺场的状况，所以，马克思说真正的人类历史还没有到来，在共产主义社会之前，还是人类的史前史。共产主义的历史是人民群众不仅包括被压迫阶级，而且也包括被改造的统治阶级的新的人类共同体。马克思主义只是解开了人类社会发展的历史之谜，共产主义是一个实践的运动的历史过程。从理论到实践需要有很长的历史发展过程。其三，英雄人物是人民群众中的杰出代表。英雄人物只有在顺应人民历史的时代呼声中，才能创造历史，否则只能是历史的闹剧，被历史所抛弃，被人民所抛弃。英雄人物只能作为人民群众的优秀与杰出的代表，才能成为英雄人物。拿破仑只有作为人民群众实现自由独立与个体解放的时代呼声时，他才能推动法兰西帝国向前发展，才能成为英雄；人民一旦厌倦战争，依靠拿破仑自己是无法改变人类历史的。所以，要倾听人民群众的呼声，反映人民群众的民意，民心向背是人类历史的航标。所以，中国共产党与中国工人阶级、中国人民与中华民族是一个部分与整体的关系，中国共产党自身的合法性与合理性，以及党的群众路线都是人民群众历史主体论的产物。

第四节　无产阶级迷失的原因

"当工人的竞争停止的时候,当所有的工人都下定决心,不再让资产阶级剥削自己的时候,财产王国的末日就来临了。……到那时,全部现代国民经济学和工资规律就完结了。"①但是工人阶级在资产阶级主体自觉的联合打击下变得更加分裂,阶级意识逐渐丧失,所以要想实现无产阶级的主体再造,必须加深对当代资本主义的在场批判。无产阶级作为一个自为的阶级,并不是一经出场就永恒在场的,而必然面对资本主义社会的物化与渗透系统。这种物化渗透疏离了无产阶级之间的联合,变成了资产阶级的附庸,继续承担起维护资本主义制度的各种动力机制。

无产阶级主体的迷失究其原因在于:一是随着阶段性、零星的、毁灭性的罢工,特别是罢工对机器的破坏,更加激发了资产阶级对机器的发明与应用,以及用机器取代工人的变革。机器自动化、智能装备的普及加重了工人失业率,无产阶级之间的竞争进一步造成了无产阶级的分裂。

二是资本主义对无产阶级形成一个全方位的系统性规训与潜移默化的"教育"。恩格斯深刻地指出"这些富有者系统地剥削他们,然后又冷酷地让他们受命运的摆布"②。马克思后来继承恩格斯的这一思想,在《法兰西内战》中,总结巴黎公社失败的原因的时候,认为:资产阶级的市民社会生活已经对全体民众形成全面规训,他们已经成为资本主义制度的自觉维护者;无产阶级不能简单掌握国家政权,应该把国家机器打烂,对大众进行思想启蒙的教育。正是因为资本主义从经济基础到上层建筑对分散的工人阶级形成了细致入微、系统性的统治,工人运动需要面对更加复杂的形势。所以马克思原本在《资本论》中要完整地再现资产阶级如何实现从社会存在到社会意识、从经济基础到上层建筑,实现从商品到世界市场、国家何以可能的全貌,来揭示资本主义对工人阶级的全面统治机制。

---

① 《马克思恩格斯文集》第 1 卷,北京:人民出版社,2009 年,第 454 页。
② 《马克思恩格斯文集》第 1 卷,北京:人民出版社,2009 年,第 103 页。

虽然这一特殊的唯物史观形态没有得到完全展现。后现代主义者福柯彻底继承恩格斯这一思想,详细论述了资本主义社会的微观政治规训,并把这一规训体系称为系谱学,批判资本主义对人的压制。资本主义的微观政治与全球战略不断使工人阶级丧失阶级意识。总之,资产阶级利用他们的财产和他们所掌握的国家政权所能提供的一切手段来维护自己的利益。在资本主义社会中,"英国资产阶级是作为一个整体,作为政权出现的,在这里他们清楚地表明了自己的真实愿望,表明了他们对无产阶级采取的那些卑鄙的、从表面上看似乎只能归咎于个别人的行为的真正含义。这个措施不是出自资产阶级某一派别,而是得到了整个阶级的赞许"。① 无产阶级对资产阶级的反抗必须是有组织的、有目标的,不能是无产者的单打独斗,必须以科学社会主义为指导,揭示资本主义社会的一切幻象。马克思主义的诞生为"全世界无产者联合起来"指明了方向。

三是随着当代全球资本主义经济的迅速发展,无产阶级的阶级意识逐渐在资本主义商品经济中迷失。马克思在《1848—1950年法兰西阶级斗争》中就意识到商品拜物教的物化观念对工人阶级阶级意识的消解。马克思、恩格斯逝世之后,第二国际的经济决定论阻碍了阶级意识的形成。在东方,列宁很好地抓住革命的"心脏"与"头脑"关系,抓住俄国资产阶级市民社会没有得到充分发展的机会,依靠强大的阶级意识实现了社会主义革命的胜利。在西方,卢卡奇认为阶级意识的缺失"必然陷入拙劣的经验主义和抽象的空想主义这两个极端之中"。② 所以他在《历史与阶级意识》中,用无产阶级的总体性思想来克服资本主义的物化思维,用强大的无产阶级政党意识来对抗资本主义社会对无产阶级的离间。无产阶级应该从资本主义发展的总体性逻辑来揭露资本主义的伪善性,跨越资本主义的陷阱,这样社会主义革命才能成功。葛兰西在深刻反思意大利社会主义革命失败的经验中,认为西方市民社会的日常生活规制没有为社会主义革命提供一个思想启蒙。无产阶级被资产阶级所同化,而且也乐意被同化,成为自觉维护资本主义社会的卫道士。因此,他认为只有通过有机知识分子来唤醒无产阶级的革命意志。马尔库塞直接断言,工人的女儿穿得和资本家的女儿一样花枝招展的时候,工人阶级已经彻底忘记了革命的理想与信念,工人阶级也就直接消亡了。再加上德波"景观社

①《马克思恩格斯文集》第1卷,北京:人民出版社,2009年,第493页。
②卢卡奇:《历史与阶级意识——关于马克思主义辩证法的研究》,杜章智、任立、燕宏远译,北京:商务印书馆,1996年,第138页。

会"的塑造,资产阶级不仅在时间上以更灵活的、更隐蔽的方式继续榨取着工人阶级的体力劳动与脑力劳动,而且在密密麻麻的空间上也要为工人阶级搭建一个"景观社会",拒绝留给工人阶级任何反思的时间与空间。资本形态的不断创新转变了资本对人的剥削与奴役。资本不能再依靠战争、暴力、延长工时、增加劳动强度等形式实现利润了。资本形态实现创新,资本家对工人的压榨通过对商品消费的剥夺来实现剩余价值的回收。资本创新形态,一方面是对企业的生产经营进行了系统化的、自动化的福特制管理。福特制的推广提高了生产率,提升了企业的利润,通过利润提升来增加工人工资,最后加快了商品的消费,使工人阶级迅速进入消费阶层。工人阶级在大众消费文化中迷失了,它带来的直接效果看似是工人阶级的消亡,实则使社会主义革命主体力量缺失。另一方面是资产阶级想方设法要把工人增加的工资收入,如何再骗到资本家的腰包里面。资产阶级开始对商品生产进行更加系统化的设计与投入,对商品种类、功能,教育、医疗、住房、旅游等休闲文化产品的投资领域扩大来推动资本形态的创新与转型。"如果工资支付得太少,我们就培养了营养不足,且体力和脑力都发育不良的一代,我们就将得到一代身体和精神都虚弱的工人,并且,因为这个原因,当他们参加生产时,会表现得缺乏效率。归根结底,买单的还是整个产业。我们自身的成功部分地依赖于我们所支付的工资。如果我们分发很多钱,这些钱就会被用掉。它使批发商、零售商、制造商和各层级的劳动者都更加富裕,这样的繁荣就会反映为对于我们汽车需求的上升。"①资产阶级彻彻底底地为工人阶级打造出一个琳琅满目、五花八门的商品世界。工人阶级彻底被商品所异化与沉迷。工人阶级最终沦为一个单向度的、丧失批判反思能力的人。

　　不管是西马的卢卡奇、葛兰西、马尔库塞,还是后马的鲍德里亚、德波等思想家,都对资本主义社会进行了深入的批判,尽管他们的批判只是对资本主义社会物化现象的直观进行批判,是批判的副本,但是深刻地反映出工人阶级所面临的资本主义巨大铁幕。在后现代,后马克思主义彻底否定阶级理论,强调多元、碎片化思维,高兹认为无产阶级已不是现代生产力的代表。拉克劳墨菲直接断言无产阶级已经消亡,社会主义革命只能寄托在流浪汉、女权主义者等人的身上。工人阶级克服地区分裂、全球分裂,实现全世界联合的困难是前所未有的。无产阶级只有具有不断洞

---

①米歇尔·波德:《资本主义的历史》,郑方磊、任轶译,上海:上海辞书出版社,2011年,第207页。

穿资本主义物化社会的拜物教迷雾,才能实现阶级主体的自觉及其联合。

四是基于资本利润要素、国内政治斗争形势与生态危机考虑,资本主义发达国家利用垄断与霸权优势,实施全球产业结构的调整,把传统密集型产业搬入后发国家地区,使全球的阶级布局得到重新的调整。资本主义世界殖民体系瓦解,战后资本主义国家的殖民地国家在社会主义运动的影响下纷纷走上了民族独立解放运动的道路,第三世界国家纷纷建立起来。资本主义国家粗暴支配殖民地国家的历史已一去不复返了,他们不能再肆无忌惮地把过剩的商品倾销到殖民地国家。不论是资产阶级,还是无产阶级,在国内外都形成了一个"中心—边缘"的组织结构。一个是有绝对组织的,一个是相对松散的组织。国家之间也带有一定的宗主国与附庸国的政治结构痕迹,国家内是一个城市与乡村的资本剥削结构。当代资本主义正是依靠全球资本垄断优势分裂国内外的工联,制造工人阶级"贵族",培育中产阶级的"虚幻主体",最终分化了工人阶级队伍,向"全世界无产者联合起来"这一命题提出了严峻的挑战。资本主义国家不再实行直接的殖民统治,而是通过分包制,进行着间接的买办统治与跨国公司干预,第三世界国家的生活水平确实提高了,但他们沦为资本主义体系中的"消费环节",成为资本主义商品的消费阶层。就汽车消费而言,美国上路汽车的数量从 1947 年 30.7 百万辆增加到 1975 年的 106.8 百万辆,英国从 1947 年 1.9 百万辆增加到 1975 年的 14.2 百万辆,法国从 1947 年 1.5 百万辆增加到 1975 年的 15.3 百万辆,联邦德国从 1947 年 0.2 百万辆增加到 1975 年的 17.9 百万辆,日本从 1947 年 0.03 百万辆增加到 1975 年的 17.2 百万辆。在工人家庭中,汽车用户从 1954 年 8%、1965 年的 47%增加到 1975 年的 73.6%;电视机用户从 1954 年 0.8%、1965 年的 45.9%增加到 1975 年的 86.8%;电冰箱用户从 1954 年 3.3%、1965 年的 56.4%增加到 1975 年的 91.3%;洗衣机用户从 1954 年 8.5%、1965 年的 44%增加到 1975 年的 77.1%。[①] 资本主义的根本矛盾是资本主义生产资料私有制与生产社会化之间的矛盾,依靠资本家的挥霍浪费与资产阶级队伍的壮大来推动汽车商品消费的暴增是不现实的。

如果看不到资产阶级对工人阶级改善生活水平的历史性限度,摆脱不了形形色色的社会主义思想,工人阶级就会被资本主义的伪善性遮蔽双眼,恩格斯指出英国工业垄断的丧失使旧工联以及资本家对工人生活

① 米歇尔·波德:《资本主义的历史》,郑方磊、任轶译,上海:上海辞书出版社,2011 年,第253 页。

状况的改善化为泡影,使全国无产阶级的生活状况又趋于同一。所以,英国工人阶级中的"贵族",以及当代工人阶级的"消失",中产阶级的出现,都是以资产阶级的垄断地位来保障的。工人阶级的历史性"缺场"是阶段性的,中产阶级的在场是以工人阶级的地区分裂以及全球分裂为前提的,他们是以剥削全球无产阶级为基础的。这正如恩格斯所说:"英国的工业垄断是英国现存社会制度的基石。"①这一论断在当代仍然是有效的。自由贸易是建立在英国工业垄断的基础之上的,而英国的市场份额一旦被其他国家如美国、法国等所侵占,英国的资本主义就会无利可图,工人就会失业。所以,工人生活水平的改良是暂时的,资本获利本性是资本主义危机的根源。社会主义在英国的消失,只是英国工人占了英国工业垄断地位的优势。中产阶级的出现,只是沾了全球资本主义霸权体系的光。他们"吃穿好些,待遇高一些,持有的财产多一些,不会消除奴隶的从属关系和对他们的剥削"②。一旦英国的这种优势不复存在,社会主义的幽灵又会在英国重新出场,一旦全球资本主义发展达到其历史的极限,工人阶级的改善就会化为泡影。

五是发达资本主义国家借助工业革命、科技革命及战争侵略等手段,在地区、世界实现经济垄断地位与政治霸权,资产阶级用垄断的超额利润来收买"工人阶级的贵族";同时,日益恶化的生态危机,霍乱、伤寒、天花等流行病的发生在根本上威胁到了资本家的生命与利润,资产阶级开始着手解决公共卫生危机,改善工人阶级的生存环境,提高工人阶级的生活水平与知识素养,使工人阶级上升为"中产阶级",从而使得工人运动陷入低潮。

六是资本主义发达国家对无产阶级的剥削从体力劳动扩展到脑力劳动。在完成资本的原始积累后,基于资本主义发达国家国内紧张的阶级斗争压力,把传统高污染高消耗的劳动密集型产业转移到后发国家,不再对本国无产阶级进行体力劳动的剥削,而是通过提升工人阶级的生活与科学文化素养,为金融资本与文化资本创新服务,从而加重了全球无产阶级的负担,特别是对后发国家的无产阶级的剥削更加隐蔽与深重。资本主义发达国家的改良是伪善的,它使发达国家工人阶级的"新贵"加重了无产阶级的分裂,其"中产阶级"的实质是剥削全球无产阶级利润的"转移支付"。随着发达国家垄断地位的丧失,其"中产阶级"的虚幻性与历史局限性逐渐地暴露出来,并迅速引发发达国家的政治危机。美国大选、欧债危机就是其危机的展现,竞争使无产阶级更加分裂。

①《马克思恩格斯文集》第1卷,北京:人民出版社,2009年,第76页。
②《马克思恩格斯全集》第23卷,北京:人民出版社,1973年,第678页。

第五节　无产阶级从自在到自为

一、贫穷唤醒了无产阶级的阶级意识

　　无产阶级生活落魄，环境恶劣，教育缺失；而资产阶级富有、健康、生活惬意，他们把对无产阶级的剥削合法化。恩格斯认为一无所有的贫穷给了无产阶级"最实际的教育"。"他们用自己的发明和自己的劳动创造了英国的伟业，他们日益意识到自己的力量，日益迫切地要求分享社会设施的利益，这些人的命运应该如何。"①工业革命"把工人完全变成了简单的机器，剥夺了他们独立活动的最后一点残余。但是，正因为如此，工业革命也促使他们去思考，促使他们去争取人应有的地位。像法国的政治一样，英国的工业和整个市民社会运动把最后的一些还对人类共同利益漠不关心的阶级卷入了历史的漩涡"②。

　　工业革命迫使无产阶级去独立思考自己的人生，它为无产阶级实现阶级自觉创造了历史条件。"道德败坏"导致无产阶级对资产阶级的"犯罪"，导致激烈的阶级斗争。最早，工人仅仅作为个体通过"最早的、最原始的和最没有效果的""犯罪"这一形式来反抗资产阶级的制度统治，但是资产阶级会通过他们掌握的一切国家政权来对零星、分散的工人反抗进行惩罚，巩固着资产阶级的统治。随着人口的集中，"工人们开始感到自己是一个整体，是一个阶级；他们已经意识到，虽然他们分散时是软弱的，但联合在一起就是一种力量。这促进了他们和资产阶级的分离，促进了工人所特有的、也是在他们的生活条件下所应该有的那些观点和思想的形成，他们意识到自己的受压迫的地位，他们开始在社会上和政治上发生

----

　　①《马克思恩格斯文集》第 1 卷，北京：人民出版社，2009 年，第 403 页。
　　②《马克思恩格斯文集》第 1 卷，北京：人民出版社，2009 年，第 390 页。

影响和作用"①。接着,工人利用工会团结成一个阶级,通过谈判、罢工的形式争取自己的利益,工人一改过去零散斗争的模式,首次以一个有组织的形式,展开对资产阶级的斗争。正如恩格斯所说:"这些工会及其组织的罢工的真正意义,在于它们是工人消灭竞争的第一次尝试。"②但是,恩格斯认为无产阶级还处于一个自发斗争的状况。其原因一是工人阶级的罢工是一种被迫的罢工,二是工人的罢工没有明确的斗争纲领。同时,恩格斯敏锐地认识到竞争使资产阶级越来越联合,使工人阶级越来越分裂。"资产阶级的统治正是建立在工人之间的竞争上,即建立在由于一些工人和另一些工人的对立而产生的无产阶级的分裂上。"③

二、通过实践来达到无产阶级的解放

近代哲学的认同充斥着经验论与唯理论的色彩,主体要么寄居在感性的客观对象中,要么纠缠在思辨的唯心主义自我反思中。马克思列宁主义与旧哲学是针锋相对的,他把旧哲学的经验与思辨性,把哲学的思维方式从本体论、认识论模式,转变为不断克服主客二元对立关系的人的自由自觉的实践活动。实践唯物主义理论在《1844年经济学哲学手稿》《关于费尔巴哈的提纲》《德意志意识形态》等著作中得到充分的阐述。这一理论形态主要是在批判旧的唯心史观和费尔巴哈的人本主义基础上形成的。青年黑格尔派、赫斯、费尔巴哈等人仍受困于单一的主体性思维模式,从抽象的人、"大写的人"出发来阐述人的历史观,完成人的同一性论证。施蒂纳直接从"我"出发来打开历史,叙述历史。马克思也在其博士论文中,强调自我意识对主体建构的重要意义。青年马克思在《黑格尔法哲学批判》中批判了黑格尔国家决定市民社会的观念,认为恰恰是市民社会决定国家。市民社会是指资产阶级的国家,但黑格尔代表的德国是一个封建君主专制的国家,是国家中的贵族。马克思虽然在青年时期找到了实现共产主义的承担对象,但这个主体是一个蒙昧的主体,是一个未开化的主体。这一主体长期被唯心史观所蒙蔽,被现实的阶级统治关系所压垮,还不能称其为一个主体。这一主体只能是一个潜在的主体,一个需要被激发、被启蒙的主体。首先要使被压迫群体、无产者意识到自己的历

①《马克思恩格斯文集》第1卷,北京:人民出版社,2009年,第436页。
②《马克思恩格斯文集》第1卷,北京:人民出版社,2009年,第454页。
③《马克思恩格斯文集》第1卷,北京:人民出版社,2009年,第454页。

史主体地位。这一地位从古希腊阶级社会诞生至今一直被遮蔽、被忽视。唯心史观从来都没有这一群体的历史地位,被压迫阶级在历史当中一直处于空场。而批判就应该从现在开始,从当下入手。无产者的自我意识先要从历史观开始。《德意志意识形态》就成为解除困扰德国无产者最大意识形态幻象的著作。

无产阶级的阶级主体地位不是与生俱来的,而是需要不断去塑造,不断去进行主体认同的。在《哲学的贫困》中,马克思认为无产阶级阶级主体地位确立的基础就是同资产阶级的斗争。"大工业把大批互不相识的人们聚集在一个地方,竞争使他们的利益分裂。但是维护工资这一对付老板的共同利益,使他们在一个共同的思想下联合起来。因此,同盟总是具有双重目的:消灭工人之间的竞争,以便同心协力地同资本家竞争。反抗的最初目的只是为了维护工资,后来,随着资本家为了压制工人而逐渐联合起来,原来孤立的同盟就组成为集团,而且在经常联合的资本面前,对于工人来说,维护自己的同盟,就比维护工资更重要。……经济条件首先把大批的居民变成劳动者。资本的统治为这批人创造了同等的地位和共同的利害关系。所以,这批人对资本说来已经形成一个阶级,但还不是自为的阶级。在斗争(我们仅仅谈到它的某些阶段)中,这批人联合起来,形成一个自为的阶级。他们所维护的利益变成阶级的利益。而阶级同阶级的斗争就是政治斗争。"①无产阶级之所以能形成一个阶级群体在于他们所处的经济状况以及由此决定的被社会压迫的客体地位,要想获得历史的主体地位只能是斗争,只能是现实的实践活动,同时也需要像近现代资产阶级政治家们一样去完成主体意识的反思与构建,去破除束缚无产阶级阶级主体意识的一系列锁链,以完成对无产阶级的启蒙与觉醒。"工人阶级在它反对有产阶级联合权力的斗争中,只有组织成为与有产阶级建立的一切旧政党对立的独立政党,才能作为一个阶级来行动。"②工人阶级要想取得胜利,首先要获得同资产阶级一样的在场形态,以便同资产阶级展开斗争,那就要成立政党组织,实现无产阶级的主体联合。

其他形形色色的社会主义理论比如蒲鲁东从无政府主义的角度出发,反对资本主义国家对人的专制暴政,国家已经不像霍布斯所讲的那样是一个人四处飘零的避风港,它已经失去了启蒙现代性"大写的人"的抽象理性整体,再无法成为一个有机的理性共同体组织。人在市场交易、公

①《马克思恩格斯选集》第1卷,北京:人民出版社,1995年,第193页。
②《马克思恩格斯全集》第17卷,北京:人民出版社,1963年,第455页。

共福利、国家机器中成为一个获利的对象与工具。人的价值及其主体地位无法在国家中得以展现，反而成为人的桎梏。所以，应该解散国家，把属于人的主体属性还给人自身。在这一点上，蒲鲁东对国家的批判与马克思是一致的。在马克思看来，国家是政治和法的理性的实现。马克思认为国家是从市民社会产生的一个虚幻共同体组织。国家本应协调私人利益与公共利益之间的矛盾，而采取一种和实际利益脱离的形式，但现实中又不可能做到，只能是虚幻的。"资产者的假仁假义的虚伪的意识形态用歪曲的形式把自己的特殊利益冒充为普遍的利益。"①所以，它竭尽全力把统治阶级的利益说成是全体人的利益代表。它代表的实际上是资本家的利益，是资本家的精神体现，是资本家主体意志的产物，是资本家的主体地位的确证。它对无产阶级的他者采取了敌视的态度，所以，成为无产阶级专政的对象与目标，代替资本主义国家的是"自由人的联合体"。它是全人类价值的认同形式。

　　无产阶级的认同首先是财产的占有作为共产主义社会的基础。像启蒙现代性时期抽象的理性人假设一样，天赋人权的自由是生命、自由、财产的三大人权保障。马克思在《共产主义者同盟第一次代表大会致同盟盟员的通告信》中讲："许多人要正义，即要他们称为正义的东西，但他们并不因此就是共产主义者。而我们的特点不在于我们一般地要正义——每个人都能宣称自己要正义——而在于我们向现存的社会制度和私有制进攻，在于我们要财产公有，在于我们是共产主义者。"②"代替那存在着阶级和阶级对立的资产阶级旧社会的，将是这样一个联合体，在那里，每个人的自由发展是一切人的自由发展的条件。"共产主义社会是每个人都是自由平等的共同体组织当中的一员，每个人只有把对方当作主体才能实现自身的自由发展，把资产阶级与无产阶级的主客二元对立关系彻底地转化为主体间的交往共同体关系。

三、无产阶级的联合

　　早期工业资本主义把阶级分化简单化，分为资产阶级与无产阶级。随着资产阶级对工人的剥削压迫越来越重，以及经济危机的持续性爆发，工人不断结成工联与资产阶级展开斗争。工联是最早的工人阶级主体联

---

①《马克思恩格斯全集》第 3 卷，北京：人民出版社，1960 年，第 195 页。
②《马克思恩格斯全集》第 42 卷，北京：人民出版社，1979 年，第 431 页。

合的形式。在工联中,工人彼此之间视为主体,形成共识,不断实现无产阶级的联合,并把这种联合向前推进。"中世纪的市民靠乡间小道需要几百年才能达到的联合,现代的无产者利用铁路只要几年就可以达到了。"①

工人阶级可以借助资本主义的文化成果来实现自身的主体联合。工人利用工联、政党、议会、立法等认同形式,不断捍卫自己的利益,其主体地位不断彰显,直至建立无产阶级专政的国家政权。资产阶级把自己的教育因素与启蒙进步的因素带给了无产阶级,"它利用资产阶级内部的分裂,迫使他们用法律形式承认工人的个别利益。英国的十小时工作日法案就是一个例子"②。

四、意识形态的觉醒

资产阶级已经把中世纪赋予工人的固定的主体身份一剥而光,把无产阶级置于绝对的异质性客体,伦理道德都是资产阶级的身份表达与利益诉求。反封建的历史任务一旦完成,资产阶级就把工人当作唯一剥削的客体。在机器大工业时代,无产者是资产阶级的死敌。"无产者是没有财产的;他们和妻子儿女的关系同资产阶级的家庭关系再没有任何共同之处了;现代的工业劳动、现代的资本压迫,无论在英国或法国,无论在美国或德国,都是一样的,都使无产者失去了任何民族性。法律、道德、宗教在他们看来全都是资产阶级偏见,隐藏在这些偏见后面的全都是资产阶级利益。"③而建立在资本利益基础上的伦理道德是资产阶级同化与欺骗无产阶级的意识形态。马克思认为,伦理道德一碰到物质利益就会出丑。贵族阶级用"荣誉、忠诚"进行阶级统治,资产阶级用"自由、平等、民主、博爱"来进行阶级统治,而无产阶级要建立自己的伦理道德规范,它是为全人类服务的。"每一个企图取代旧统治阶级的新阶级,为了达到自己的目的不得不把自己的利益说成是社会全体成员的共同利益……赋予自己的思想以普遍性的形式,把它们描绘成唯一合乎理性的、有普遍意义的思想。"④所以,伦理道德规范都是为捍卫其阶级统治的主体地位服务的,它是作为认同的结果为主体利益服务的。

---

① 《马克思恩格斯文集》第 2 卷,北京:人民出版社,2009 年,第 40 页。
② 《马克思恩格斯文集》第 2 卷,北京:人民出版社,2009 年,第 41 页。
③ 《马克思恩格斯文集》第 2 卷,北京:人民出版社,2009 年,第 42 页。
④ 《马克思恩格斯选集》第 1 卷,北京:人民出版社,1995 年,第 100 页。

除了资产阶级的国家政权通过暴力对工人进行强制认同之外,工人阶级的衰落与资产阶级的上层建筑系统是密切相关的。"资产者唯恐失去的那种教育,对绝大多数人来说是把人训练成机器。"①所以,无产阶级必须建立起自己的意识形态系统。一是资本主义系统性规训决定了资本主义对人的统治不仅仅是暴力革命的国家政治,还是一个潜移默化的微观政治。这也是巴黎公社失败的深刻教训。无产阶级专政的国家政权建立之后,必须要把资产阶级的上层建筑一同打烂,同时建立无产阶级自身的意识形态,来对新生的民主政权进行维护。所以,马克思主义只有建立起全面的系统的世界观与方法论才能识破资本主义的伪善性,成为无产阶级的强大武器。二是保持无产阶级阶级意识的需要。资本主义商品经济对无产阶级的物化不仅仅是一个暴力革命能够解决的问题,还是一个思想解放、文化自觉的问题。无产阶级没有自觉的阶级意识,就不能称其为一个革命的、独立的阶级主体。三是无产阶级阶级教育的需要。无产阶级的革命对象资本主义,是一个经过七八百年发展打造起来的现代文明体系。资本主义的灭亡与共产主义的实现是一个长期复杂的历史过程。建立一个系统完整的马克思主义体系是批判资本主义物象,实现马克思主义意识形态领导权的需要。

阶级统治必然把被压迫阶级置于客体的地位,上层建筑是对统治阶级的合法性认同。"过去一切阶级在争得统治之后,总是使整个社会服从于它们发财致富的条件,企图以此来巩固它们已经获得的生活地位。……无产者没有什么自己的东西必须加以保护,他们必须摧毁至今保护和保障私有财产的一切。……无产阶级,现今社会的最下层,如果不炸毁构成官方社会的整个上层,就不能抬起头来,挺起胸来。"②所以,必须摧毁私有制社会阶级统治的一切认同方式,按照共产主义的理想与无产阶级专政的实践来重新构建自己的认同体系。

阿根廷马克思主义者普雷维什,考察了拉丁美洲国家与西方发达国家的发展关系,在《外围资本主义——危机与改造》中提出了"中心—外围结构理论"。与马克思的旧全球化时代相比,普雷维什已经明确揭示出了资本全球化状况下世界国家的地位等级结构。普雷维什指出资本主义在战后建立起资本主义的世界体系,这个体系由处于中心地位的发达国家和处于边缘的后发国家构成。发达国家与边缘国家是一个主从关系,非

①《马克思恩格斯文集》第 2 卷,北京:人民出版社,2009 年,第 48 页。
②《马克思恩格斯文集》第 2 卷,北京:人民出版社,2009 年,第 42 页。

中心的国家是中心国家的附属,它们寄生于发达国家的外围,为发达国家提供一切有利于发达国家的资源要素。非中心国家被迫采纳发达国家的发展思路与规划设计,作为发达国家阶级统治中的一个环节,边缘国家成为资产阶级全球统治的结构要素。

巴西的马克思主义者多斯桑托斯在普雷维什的基础上详细分析国家间"中心—外围"等级结构之间的关系并进一步认为,国家间的依附关系不仅是一种经济关系,而且更重要的是一种政治依附关系,这种关系是发达国家对边缘国家的剥削与压迫,但是多斯桑托斯把这种依附关系仅仅归结于国家之间的分工,没有从资本角度来做出深入的分析说明。普雷维什的国家间分析是中心与非中心的二元结构,而沃勒斯坦把国家分析结构分为中心、半边缘、边缘三元结构,丰富了国家依附论的内涵。埃及著名学者阿明则明确指出落后国家是资本主义全球扩张的产物,发达国家与后发国家的城市依附关系局面是资产阶级全球统治决策的必然,继承了马克思主义资本批判的世界历史视域。美国学者弗兰克在继承普雷维什的基础上认为,在世界资本主义体系中发达国家与拉美国家是"宗主国与卫星国"的关系,这是造成拉美国家落后的根源与关键,它们的发展只能是一种"不发达的发展"。他特别分析了在拉美国家出现的"买办资产阶级",指出他们是宗主国家驯服拉美国家的工具,拉美国家要想走出低度发展、不发达发展的道路,必须割断与发达国家的依附联系,实行自力更生、自主创新的道路。

约翰·弗里德曼从资本形态的空间哲学入手,提出世界城市假说理论,致力于说明全球化与城市之间的关系,认为世界大城市是全球金融融合与国际分工的产物,是全球资本与人口汇聚的主要空间,它们在全球各大城市中处于领导地位,其他小城市处于依附地位。沙森从国际分工与资本控制角度来研究城市的观点,但他更强调从经验分析的角度来说明伦敦、纽约、东京等国际性城市分工与专业化发展,以及作为全球服务中心的可能。卡斯特提出了流动空间理论,认为随着金融、信息、技术等资本要素在全球快速流动中发挥了重要的空间塑造作用与支配作用,城市就是一个最具影响力的网络中心,它不断地盘剥边缘城市的资源要素,造成了边缘城市的衰落。

资产阶级的统治从列宁时期的帝国主义已经发展为新帝国主义,已经改变了资本主义早期烧杀抢掠、殖民侵略的方式,改为通过推广普世价值以及文化殖民、培植代理人、经济控制的方式来干涉操控边缘国家的政治,获取中心国家的利益与本国的阶级统治地位。资产阶级的统治从本国扩展为整个世界,从资产阶级在本国的阶级统治拓展为在其他国家建立资产阶级政权,实现资产阶级统治,通过资产阶级在非中心国家的塑造来完成资产阶级的主体联盟。资产阶级要建立一个全球的政治统治秩序,必然把非中心国家纳入其殖民范围,必然会形成中心国家与非中心国家的世界国家结构与体系,使资产阶级对无产阶级的统治,变为中心国家对边缘国家的宰制,是资产阶级专政在全球地理空间的再造,把资产阶级的统治通过国家主奴关系的结构揭示出来,这只不过是近代主客二元对立思维方式在世界政治中的反映。

在老牌资本主义国家内,随着资本主义物化的弥漫,马尔库塞指出,当工人阶级的子女的吃穿用度和资本家孩子的生活方式一样的时候,工人阶级是否还能保持其阶级意识的独立性,是否能铭记共产主义的理想与初心,去推动无产阶级的革命?他深刻地指出资本主义意识形态文化与日常生活的殖民化对无产阶级造成的迷失与同化。对此,马克思指出工人阶级在资本主义调整统治策略的过程中,他们"吃穿好些,待遇高一些,持有的财产多一些,不会消除奴隶的从属关系和对他们的剥削"[1]。工人阶级是伴随着资产阶级的产生而产生的,它的存在是以资产阶级的主体存在的需求和标准为尺度,被"严格"生产出来的。资产阶级为达到它独步天下、唯我独尊的阶级统治野心,它尽可能地分化无产阶级的阶级联合,阻止无产阶级阶级意识的觉醒,不断去渗透与改造无产阶级的阶级队伍,来获得无产阶级的认同。这是一种同质性认同,是把非资产阶级变为资产阶级的一种认同方式。这个世界就是资产阶级自身的主体性反映与呈现,这个世界的自然界对象必须成为资产阶级的主体尺度,这个世界的他者必须与资产阶级结成同盟来实现资产阶级的壮大与联合。为了形成与保持强大的资产阶级同一性,资产阶级建立了统一的政府、统一的法律、统一的民族利益和统一的关税。

因此,我们必须彻底批判形形色色的社会主义思想与资产阶级思想。一方面需要工人阶级逐渐摆脱形形色色的社会主义思潮以及资产阶级思潮与幻想,变得日益团结。工人阶级所面对的资本主义思想是资产阶级的统治思想,它是资产阶级的人格化身。现代资产阶级没有消灭阶级对立,只是用新的阶级剥削压迫代替旧的阶级剥削压迫。工人阶级必须建立自己的意识形态理论,戳穿资本主义思想的伪善性与普世性,保持自身阶级的独立性与纯洁性。恩格斯认为即使工人阶级开展斗争也不应该同

---

[1]《马克思恩格斯全集》第 23 卷,北京:人民出版社,1973 年,第 678 页。

资产阶级进行法律的"政治"斗争,而是同资产阶级进行直接斗争。工人阶级的自发产生了"人民宪章","人民宪章"的自发,形成了工人阶级的政党"宪章派"。"工人的激进主义是和资产阶级的激进主义携手并进的。"[①]自发的工人阶级政党没有与各类小资产阶级政党划清界限,往往陷入对工人运动的直观与局限。工人阶级必须和各类资产阶级决裂,否则仍会导致无产阶级革命失败。究其原因,工人阶级的指导思想不能是形形色色的社会主义、空想社会主义及各种小资产阶级思想。这些思想没有明确的革命目标与方向,往往从抽象的原则与立场出发,最多只能达到对资本主义社会的直观,不能真正揭示资本主义社会发展的规律与本质。随着马克思主义的诞生,阶级主体与科学理论实现了联结。马克思主义理论回答了"全世界无产者联合起来"何以可能这一命题,使无产阶级从自发走向真正的自觉。另一方面需要工人阶级在运动中变得更加成熟独立。"资本全球化历史的最终结果必将是使全球无产者的境遇同质化。差异化的阶层和境遇只是过程中的阶段性现象。……最终使全世界同工同酬。"[②]同时,汤普森认为工人阶级的阶级意识不是灌输性的,而应该是内生性的,这只能通过工人阶级自身的实践并采取恰当的文化形式来实现。工人阶级只有在工人阶级政党的领导下,通过意识形态的斗争,正确处理和其他社会各个阶层政党的关系,才能在资本全球化的历史实践中逐渐达到阶级主体的历史自觉。

只要资本一直存在,工人阶级就会在场,所谓工人阶级的消亡与阶级意识的迷失,都应从资本的创新逻辑中去寻找,都应从围绕"资本"而搭建起来的一系列意识形态与上层建筑中去寻找。马克思主义之所以是科学的与革命的,就是因为它穿越了资本主义拜物教的一切迷雾,从本质上揭示了资本主义的"真相",它是工人阶级保持意识清醒与主体自觉的思想武器,它使工人阶级明白其自身作为一个组织而蕴含的力量,以及自己身上所担负的历史使命,从而使社会主义革命成为可能。所以必须加大无产阶级的意识形态等上层建筑的教育与培育,建立起与资产阶级针锋相对的一系列认同体系,让无产阶级看清资本的历史作用,保持无产阶级的阶级独立性。

---

①《马克思恩格斯文集》第1卷,北京:人民出版社,2009年,第464页。
②任平:《论〈共产党宣言〉的当代启示》,《苏州大学学报》2008年第4期,第7页。

第四章 人民当家作主的历史建构

马克思主义实现了从空想到科学的飞跃，列宁把马克思主义实践化，建立了第一个社会主义国家。社会主义的诞生与发展一直处于复杂现代性的笼罩之中，社会主义既是复杂现代性的产物，又是走出复杂现代性的出路，同样是新现代的续写。

第一节　复杂现代性的历史场域

什么是复杂现代性呢？西方现代性在世界范围内得到扩张，打破了自发性的离群索居、闭关自守的前现代文明的大门，使非西方的传统文明即前现代社会遭到了西方现代性的入侵，把处于前现代的东方社会纳入西方现代性的视域。前现代不断遭遇启蒙现代，遭遇经典现代，遭遇后现代，西方现代性每一阶段相对固定的时空视域在此发生了激烈的交汇，启蒙现代性、经典现代性、后现代性等现代性内涵就会发生异动以及背离原有的历史发展路径，给后发国家带来严重的危机与挑战。在西方社会，"前现代""现代"和"后现代"原本是一个相继问世的历史阶段，而在中国，在一个时空境遇中同时呈现，甚至颠倒错乱地呈现。① 启蒙现代、经典现代和后现代的共同出场与前现代的滞留在场，它们造就了一种群雄逐鹿、错综复杂的现代性局面，前现代、现代与后现代纷纷抓住得以维系自身发展的各种要素，维持其自身存在的合法性，使现代化发展前景变得扑朔迷离。

一、复杂现代性的概念

复杂现代性是现代性时空延宕的历史产物。从逻辑上看，它是启蒙现代性、经典现代性、后现代性与前现代共时在场、时空倒错的产物；从内容上看，它是经济现代性、政治现代性、文化现代性、城市现代性与生态现代性等在前现代社会中的不平衡发展状态。各阶段顺序出场、历史建构的现代性过程，聚焦于同一历史时空所造成的复杂局面。复杂现代性是前现代与现代及后现代之间的遭遇与纠缠，它存在着三种样态，即西方发达国家的复杂现代性、后发国家的复杂现代性与社会主义国家的复杂现代性。

---

① 任平：《马克思的现代性视域与当代中国新现代性建构》，《江苏社会科学》2005 年第 1 期，第 54 页。

(一)西方发达国家的复杂现代性

西方发达国家的复杂现代性是西方现代性全球化强制推行的产物。哈贝马斯认为现代性尽管遭遇到危机,但仍是一项未竟的事业。其含义一是指明了现代社会还残存着阻碍现代性发展的保守因素,还有待于现代化的进一步渗透与深化,以扫除前现代性的阴影与束缚。其含义二是抵御后现代对现代的全盘否定,来保留现代化的优秀成果,重新反思现代性与前现代性、后现代性的关系,用交往理性取代工具理性。吉登斯认为时空压缩的脱域机制,使得现代性呈现出巨大的风险性与明显的断裂性,现代性的后果变得日益复杂、扑朔迷离,必须对现代性进行反思。亨廷顿把现代性的危机解释为八大文明之间的冲突,虽然意识到前现代社会的复杂性,但仍力主用西方现代性统摄其他文明。哈贝马斯、吉登斯、亨廷顿等人是站在西方化的角度来说明现代性的曲折与多变的,在他们看来现代性当然还是一项未完成的事业,西方发达国家的复杂现代性正是由于其坚持了西方中心论。他们试图把源于西方文明的现代性普世化、全球化,势必导致非西方的抵制,使现代性必然变得复杂,从而带来其自身的危机。所以,其复杂现代性是对西方现代性世界推行的回应与反思,是西方现代性在东方社会的遭遇与反弹。他们开始反思现代性,调整现代性,并重新理解其现代性的当代内涵。

(二)后发国家的复杂现代性

后发国家的复杂现代性是西方现代性被动输入的结果,是对西方现代性霸权的回应。基于现代性在全球拓展的差异,艾森斯塔特认为现代性尽管发端于西方,但由于世界文明的交往与互动,现代性会表现出其特殊性。单一的、西方化的现代性是值得怀疑的,现代性是多元的、差异的、独特的。"现代性的历史,最好看作是现代性的多元文化方案、独特的现代制度模式以及现代社会的不同自我构想不断发展、形成、构造和重构的一个故事——有关多元现代性的一个故事。"[1]帕依反对对现代性做抽象、唯一的理解,从文化差异的角度来说明政治权力的本性及其运作的异质

---

[1]S.N.艾森斯塔特:《反思现代性》,旷新年、王爱松译,北京:生活·读书·新知三联书店,2006年,第14页。

性,重点分析了亚洲威权主义,强调多元政治文化的并存。复杂现代性在艾森斯塔特那里更多地表现为多元现代性,指资本主义现代性的实现方式的差异,现代化实现道路的不同。艾森斯塔特、帕依等人已失去对西方现代性的信任,脱离西方现代性的预设,站在非西方文明他者的角度来分析西方现代性打破后发国家所处的前现代社会状态,使其丧失内生性现代性可能,被迫接纳西方现代性,造成前现代与现代之间水土不服,使后发国家面临复杂现代性的困境。后发国家的复杂现代性是西方现代性被动、差异化接纳的产物,西方现代性在此遭遇到质疑与反对、抵抗,面临着前现代、现代、后现代之间的纠缠与绞杀,社会各领域流露出半现代的特征。

(三)社会主义国家的复杂现代性

社会主义国家的复杂现代性是现代性全球化发展的积极产物,是对被动输入性现代性的彻底反思。不论是苏联、东欧等社会主义国家的建立还是解体,都事关复杂现代性,都是前现代与现代激烈交锋的产物。中国等社会主义国家遭遇到了更为复杂的现代性局面,既面临着前现代、现代、后现代之间的斗争,又面临着社会主义现代性与资本主义现代性的抉择,同样也隐现出半现代的特征。在新旧全球化交替更迭的历史转折期,当代中国的现代性依然呈现出其不同历史阶段共时出场、相互争锋的局面。"作为现代化的后发国家,我们在尚未完成现代化之时,已经遭遇了思想家对现代性的强烈批判,尚未实现现代化的解放潜能,已经看到、甚至经历了现代化的种种弊端。这一境遇使我们在确立未来发展方向时腹背受敌、左右为难、进退失据。"[①]新全球化时代的时空压缩造成倒错重叠,使马克思现代性视域在当代中国的打开过程中置身于一个特殊历史境遇。"在当今时代,现代性不是一个事物,而是一个各种力量相互斗争的力场,它的任何一个原则、力量、要素在建立自己的霸权时,都会受到其他要素、原则、力量的反制。"[②]在此,现代性的复杂程度达到其极端。在东方国家迈入现代性之前,其农业经济系统完备,封建思想根深蒂固,是一个自给自足、传统而典型的前现代国家。资本主义现代性的全球化战略,把东方国家逐渐拖入了现代性的视域,而现代性的资本主义矛盾开辟了社会主义现代性的视域。在没有经历启蒙现代性洗礼,在前现代依然固守

---

①冯平等:《复杂现代性框架下的核心价值建构》,《中国社会科学》2013年第7期,第25页。
②冯平等:《复杂现代性框架下的核心价值建构》,《中国社会科学》2013年第7期,第28页。

其传统的时代背景下,社会主义为后发国家实现现代化指明了克服现代性矛盾的发展方向。

二、复杂现代性的特征

复杂现代性是多重现代性与前现代之间多元、多维的共在交织,所以复杂现代性首先是差异现代性。有差异就必然有矛盾,有矛盾必然有主从、中心与边缘关系,必然有不平衡性、半现代性。

(一)差异性

前现代、启蒙现代、经典现代与后现代的共现在场,造成了经济多元、政治多元、文化多元、主体多元等多元共在的场面。马克思虽然对前现代与现代的经济生产方式做出过论述,区分了"亚细亚的、古代的、封建的和现代资产阶级的生产方式",但他专注于集中分析自由竞争资本主义时期的现代生产方式,对从前现代向现代转型阶段的复杂性现代生产方式缺乏详细的分析。列宁在《俄国资本主义的发展》中对复杂现代性中前现代与现代生产方式的并存做了一定的描述。多重现代性之间存在着绝对异质性的差异,它们抓住其自身存在的现实与理论依据,迟迟不愿退场,延缓退场,尽管前现代早已接到历史性死亡的通知书,尽管启蒙现代性与经典现代性的弊端已暴露无遗,尽管后现代仍未占据主流,它们偏偏夸大其词,无视历史现实,各自为政地为其做出历史必然性的辩护,无形之中加剧了改革发展的阵痛。J·泰勒(Jhon G. Taylor)在《现代化与生产方式》一书说:"前资本主义与资本主义这两种生产方式的衔接或交叉,处于一种'共生共存并共同统治的状态'。由经济多重现代性决定的政治多重现代性,表现为"第三世界出现了特殊的阶级结构、特殊的国家和特殊的意识形态形式,它同时被两种力量所控制。"[①]

(二)矛盾性

复杂现代性是多元的差异,它们都试图把对方整合为自身存在的合理要素,彼此之间存在着水火不容的对立关系。"当资本主义生产方式产

①尹保云:《现代化进程中生产方式的"连接"》,《学术界》2006年第3期,第27页。

生后,前资本主义生产方式并不是逐步走向衰落,而是继续进行'自身再生产',正是这种自身再生产限制了资本主义生产方式的发展,从而长期不能够占据主导地位。"①萨米尔·阿明在《不平等的发展:论外围资本主义的社会形态》中认为,"社会形态是具体的、有组织的结构,其标志连接着从属于它的错综复杂的一组生产是一个占统治地位的生产方式,其周围连接着从属于它的错综复杂的一组生产方式"。②"没有一个资本主义国家内残存着这样多的旧制度,这些旧制度与资本主义不相容,阻碍资本主义发展,使生产者状况无限制地恶化,而生产者不仅苦于资本主义生产的发展,而且苦于资本主义生产的不发展。"③"资本主义破坏了旧时经济体系的孤立和闭关自守的状态(因而也破坏了精神生活和政治生活的狭隘性),把世界上所有的国家联结成统一的经济整体。"④前现代与现代都要对一定历史时空背景下的社会人力资源与物质资源进行生产与分配的重组,基于经济生产矛盾形成了阶级斗争发展史。回顾资本主义的历史发展,仅就早期资本主义启蒙现代性与前现代的斗争在西方就持续了二三百年的历史。前现代与现代性进行着复辟与反复辟的斗争,现在又加入经典现代性、后现代等多重现代性因素,它们使现代化的历史发展变得更加多变复杂,多重现代性由于其自身的利益及其资本逐利本性,使双方陷入了长期持久的斗争,造成了彼此之间紧张的矛盾关系。

(三)半现代性

有矛盾必然有主从、中心与边缘关系,必然有不平衡与不对称的错位与嫁接。在复杂现代性中,现代性的共时出场使得现代性与前现代各个层面发生相互的嫁接与错位。在东亚发展模式中,经济上实行的是现代资本主义经济,政治上呈现出高度集中的中央集权,文化上西方民主文化与东方威权文化相互纠缠并存。前现代与现代性之间相互嫁接与错位,使现代性变得更加错综复杂,为现代性的未来与发展埋下了严重的隐患。现代性要求一个全面系统的现代化过程。前现代的封建社会之所以是一种稳定成熟的社会形态,是因为封建社会从经济、政治到文化等各领域对

---

① 尹保云:《现代化进程中生产方式的"连接"》,《学术界》2006 年第 3 期,第 27 页。
② 萨米尔·阿明:《不平等的发展:论外围资本主义的社会形态》,北京:商务印书馆,1990 年,第 6 页。
③《列宁选集》第 1 卷,北京:人民出版社,1995 年,第 238 页。
④《列宁选集》第 1 卷,北京:人民出版社,1995 年,第 192 页。

人进行了全面的内化与塑造。现代性在西方的发展,也相对地经历了一个循序渐进、由里到外即从经济、政治到文化全方位的洗礼。现代性只有对人实行从头到脚、从主观思想到客观环境的全面包装及教育,才能最终战胜前现代并把启蒙现代性向经典现代性切实地向前推进,否则现代性就会变得片面、单一,从而把现代性简单化、机械化。胡格威特、杜蒙与英格尔斯都要求从整体上把握现代性的全面性,对复杂现代性所引起的单一现代性 GDP 模式做出过批判。后发国家的民族主义"正如是一项以现代为形式,却以前现代为实质的论述——而其半现代、半前现代的特色,会影响民族国家的现代走向"①,并可能导致现代性的流产。

三、复杂现代性形成的原因

(一)资本唯利是图的逻辑本性

资本是现代性的内在驱动力。资本驱动着社会的一切要素,为其谋利的本性开辟道路。资本不断打破前现代生产方式的布局,要求对社会生产要素进行重新分配。它发动文艺复兴、宗教改革以及启蒙运动,推动西方现代科技的繁荣发展,打破中世纪所谓的蒙昧,建立起区别于前现代的资本主义经济、政治、文化等现代文明体系。资本不断地把它的触角伸向亚非拉等世界各地。"资产阶级由于生产工具的迅速改进,由于交通的极其便利,把一切民族甚至最野蛮的民族都卷到文明中来了。"②他们不关心这些国家处于前现代还是现代文明,他们绝不会放任自流,只要是有利于资本利益的最大化,有利于克服资本主义危机,他们会想方设法运用商品、暴力、文化等介入其中。在后发国家,资本以倒序出场、盘根错节的形式,穿越现代性资本发生的时空界限,共存于一个历史场域之中。资本只讲利润,它想方设法,克服一切社会地理的时空限制,把一切要素纳入资本逻辑的范围,西方资本主义的一切都是奠基于资本的利润本性之上的。不管任何国家处于何种经济、政治、文化等社会形态,只要有利可图,它必涉入其中,并以利润为标准去裁决社会生活与人类历史的合法性与合理性,去裁剪非西方的一切要素,去拣选一切符合资本本性的全球资源,从

①贺照春:《后发展国家的现代性问题》,长春:吉林人民出版社,2002年,第7页。
②《马克思恩格斯文集》第2卷,北京:人民出版社,2009年,第35页。

而建立全球资本主义体系,实现资本利润的最大化。一切按照资本的逻辑来形塑后发国家社会生活的一切领域,后发国家被迫卷入资本主义的世界漩涡中,面对被动输入型的现代化模式,后发国家显得仓皇失措,束手无策。后发国家前现代和现代一切成熟的与不成熟的、完整的与不完整的社会形态在发达国家资本的冲击下,失去了自由发展的安稳环境,变得支离破碎,残缺不全。一切的经济、政治、文化、社会、生态等领域变得杂乱无章,在西方发达国家资本先进社会形态的主导下,前现代、现代与后现代的一切要素彼此纠缠交织,力争在社会生活中找到新的宿主,并辅以与之相对应的政治、文化、社会等价值诉求作为其自身存在的合理性与合法性的历史表达。这种前现代、现代、后现代要素交相纠错、共时出场的时空共在就是现代性的复杂状况,即复杂现代性。对西方发达国家来说,其复杂现代性是西方现代性从中心向外围不断拓展的结果与产物,是西方发达国家主动入侵东方国家实践活动的效果与反应,是西方化、殖民化的产物,是西方化在全球发展的必然产物,一定程度上使西方国家看到了西方现代化的时空历史限度,从而反思其现代性的历史合理性与社会必然性,开启了现代性的重建。现代性在从西方扩展到世界的过程中,遭遇到了种种不适与困境。现代性并非万能的、唯一的,它没有统一的公式,在不同的社会历史境域有着不同的实现形式。面对实现现代性所遭遇到的复杂状况,吉登斯、哈贝马斯等都对现代性做出了反思与重构。

(二)资本内在矛盾的全球表达

资本的内在矛盾是资本的私有制与生产的社会化之间的对立与冲突,它构成了资本主义社会的根本矛盾。资本从它诞生之日起,就无法囿于其狭隘的历史时空境域,否则资本就会消亡。资本在其内在矛盾的驱使下不断南征北伐,在世界范围内游走。资本是无国界的,但资本的操纵者是有国别的。资本主义的内在矛盾引起了资本主义国家在世界范围的瓜分与扩张,由于资本利益分配的不平衡造成了资本主义国家之间的矛盾,从而导致了资本主义列强对后发国家的殖民统治与势力瓜分。他们使后发国家陷入半殖民地半封建社会,造成了错综复杂的现代性窘境。社会主义是资本的内在矛盾的价值旨归,既为资本主义现代性指明了方向,也使东方落后社会主义国家的现代性之路变得异常崎岖不平。社会主义是资本主义危机自我救赎的前景,开启了现代性的超越维度。资本积累在空间上的扩展导致了全球化的进程,它造成了地理空间发展上的

不平衡状况,并为社会主义的到来提供了现实可能。列宁认为帝国主义
是资本主义发展的垄断阶段,垄断资本主义对世界市场的瓜分与掠夺,导
致帝国主义国家之间及其内部的冲突与斗争,资本主义政治经济发展所
造成的不平衡状况和薄弱环节,造就了东方落后农业国的社会主义存在。
正是资本的内在危机,既把社会主义牵涉到一个多元现代性的维度,又把
社会主义带入一个更为复杂的现代性局面。在此,现代性遭遇到了有史
以来最复杂难缠的局面。在历史纵向的宏观维度,资本主义现代性与前
现代的原始社会形态、奴隶社会形态、封建社会形态以及社会主义形态发
生了激烈的冲撞;在横向的微观维度,因现代性主体发展水平、发展速度、
地理空间因素的差异,使得现代性呈现出形式各异的在场样态。血缘宗
法制、地租拜物教、商品拜物教、符号拜物教、精神拜物教等各种拜物教形
式之间彼此纠缠与争夺生存与话语权,呈现出各种前现代、现代性拒绝退
场、推迟出场、延迟出场、提前出场的纷争,使现代性成为一项尚未完成的
事业。对西方国家来说,西方现代性入侵后发国家有揠苗助长之嫌,使后
发国家陷入复杂现代性。由此,后发国家的现代性极易消化不良,止步不
前,甚至难产、流产。作为复杂现代性产物,社会主义国家的现代性之路
就显得更加难上加难。

(三)现代科技加剧了复杂现代性的程度

　　现代科技所导致的时空压缩,加剧了复杂现代性的病症。后发国家
在遭遇现代性入侵之时,西方现代性基本上已历经启蒙现代性与经典现
代性的发展阶段,现代性得到了进一步的深化。东方国家被动输入型的
现代性基本上是从零开始的,且一开始就面临着如何调和本国前现代与
西方启蒙现代以及经典现代性之间的关系,以此来实现民族革命运动的
解放与胜利。现代科技不仅加剧了社会的现代性复杂维度,而且还深入
日常社会生活。人们添加四环素以增加海鲜产量,经过碱炼提纯地沟油,
经过化学处理制造人造鸡蛋,滥用转基因食品,等等。这些正是复杂现代
性的体现。前现代的人与现代的技术相遇,形成了后现代的生态危机。
在后发国家,虽然经济技术实现了现代化,但文化、政治、制度等以及其人
自身没有经过现代性的全面深刻的历练与改造。现代科技缩短了生态系
统正常的生长发育机制,扭曲了生物成长的时空压缩,导致了现代性的危
机。这些现象在西方鲜有出现,但在后发国家屡见不鲜,它们无疑是复杂
现代性的产物,是复杂现代性的再现。现代科技把本是现代性、后现代依

次出现的各要素一股脑地抛入到前现代的后发国家境域当中,加剧了现代性的复杂,丧失自我纠错的时间,使后发国家在面对复杂现代性时处于更加不利的境地。现代科技增加了风险社会的风险,使人们失去信任的基础。现代科技加速脱域历程,深化时空压缩,使前现代、现代的各种象征系统失灵,前现代与现代性耗时久远建构起来的经济、政治、文化等体系日渐失去其固有的时空界限,彼此之间的错位与裂缝不断增大,一时难以修复,使现代化进程变得动荡与复杂。界限变得模糊,思维混乱,价值紊乱,一切处于不确定之中。所以要完善现代性的全面构建,构建政治、文化、制度等现代性的全面维度,必须走出复杂现代性的局面,更要走出半现代的陷阱。总之,现代科技加剧了后发国家现代化的历史阵痛,使后发国家的现代化进程变得更加扑朔迷离、前途未卜。

对后现代差异的误读延迟了前现代,或者启蒙现代性,乃至经典现代性的退场步伐,使现代性变得更加复杂。福柯、利奥塔等后现代思想家消解的是"大写的人""大写的理性",要求"小写的人"与"小写的理性",而且多元、差异本质上是资本创新的内在要求,成为资本利润实现的前提与环节。西方后现代的差异是经过现代性洗礼的差异、多元与断裂。后现代在后发国家的提前到来,让人们对后现代产生了误读。后发国家正处于前现代与现代性的征战、胶着状态,后现代的介入使人们简单地把西方后现代所强调的差异、多元平移到后发国家当中。前现代、启蒙现代等尚未完成彻底转型的现代性恰好以差异的特殊性为依据,它们打着保护多元差异的幌子,延迟退场,甚至拒绝退场,给现代性的继续与深化造成障碍。它们要求持续在场,加重了复杂现代性滑入半现代的危险。后现代本质上不是对任何前现代与尚未完成现代性的包容与接纳,机械地、形而上地不分具体历史情况地拿来,西方后现代差异实质上是对本该消灭前现代宗法、血缘等要素的纵容,它延迟了全面现代性的到来,加重复杂现代性脱困的阵痛与社会代价,使现代化之路变得更加复杂多变,遥遥无期。也许正如卡斯特所说:"东亚发展型体制的成功,最终将导致它自己的消亡。"[①]有关依靠恢复乡绅制度来破解复杂现代性的困局,新加坡在完成经济现代化的基础上,拒绝或者延缓政治现代化的改革等都有可能使现代化步入歧途,它们有可能是在开历史的倒车,使现代性前功尽弃,功亏一篑。

---

① M. Castells："Four Asian 'Tigers with a Dragon head：A Comparative Analysis of the State，Economy，and Society in Asian Pacific Rim'"，In States and Development in the Asian Pacific，(eds.)by R.P. Appelbaum and，J. henderson. Newbury Park，CA；Sage，1992.

第二节 苏联社会主义道路的开辟

一、苏维埃政权的建立

意识始终是被意识到了的存在。马克思早年认为现代性就是资本主义的全球化发展,社会主义是在资本主义之上来完成的,社会主义是对资本主义现代化成果的直接占有,是对资本主义现代社会的扬弃。马克思过去认为工业较发达的国家向不发达国家展现的是后者未来的景象,后发国家是无法绕过现代化这一唯一道路的。这集中体现在《共产党宣言》《资本论》等著作中。马克思也没有对社会主义夺取政权后的现代化建设进行过详细的探讨,随着他对苏联等东方社会主义道路的关注,使得马克思在《资本论》写作中,把自己的研究限制于西欧范围,告诫人们千万不要把马克思主义教条化、泛化。社会主义的探索需要各国与时俱进的探索与实践,必须要经过历史的重新出场,才能展现其生命力。

晚年恩格斯与考茨基以及第二国际是《资本论》的坚定执行者,执行着《资本论》的普遍公式,是经典的马克思主义、规范的马克思主义。考茨基反对暴力革命,强调对社会发展规律僵硬教条的遵守,他把社会主义的实现作为一个纯客观的社会历史过程,认为这是一个自然而然的过程,偏执地固守与执行僵化教条的马克思主义;普列汉诺夫坚持历史决定论,认为俄国革命必须遵循从资本主义民主革命到社会主义革命的历史规律,建立与完善资本主义民主制度,推动社会发展生产力,是俄国主要任务,而不是跨越资本主义发展阶段,马上实施社会主义。考茨基认为列宁是修正主义,借用恩格斯的话劝诫落后国家谨慎革命;列宁批判考茨基的教条主义观点,他站在全球资本主义斗争复杂的世界格局下,认为无产阶级与人民大众的力量决定了社会主义革命成功的条件。列宁并没有固守马克思主义的教条,而是把马克思主义具体地运用于社会历史实践,开创了社会主义国家在东方社会的实现,认为运用革命的力量更有利于开展

145

现代化道路,开启了社会主义国家现代化建设的新道路。现代化的道路第一次被多元化。

这一理论在斯大林和毛泽东的社会主义发展理论和实践中得以继承与弘扬。这一问题在列宁那里表现为在落后的东方社会主义现代化建设之何以可能的问题,社会主义制度的确立使这一问题的实施成为可能。列宁的"苏维埃政权+普鲁士国家的铁路制度+美国的技术和托拉斯组织"[①]这一现代化模式为现代性的实现提供了另一种可能,它是不同于西欧资本主义现代化道路的模式。列宁赋予这一模式以特有的划时代意义。斯大林继承了列宁的社会主义现代化模式,但是把这一模式片面化,认为现代化就是工业化、机械化,现代化就是社会主义与工业化的简单叠加,认为社会主义制度的优越性足以实现现代化。而后苏联社会主义国家五年计划的推进也确实有效地推动了社会主义生产力发展的社会需求。

二、从对抗到认同

十月革命把马克思主义从理论变为现实。它打破了资本主义一统天下的局面,开创了社会主义与资本主义的共在。以美国为核心的世界资本主义体系拒不承认苏联的社会主义政权,不断打压排挤苏联社会主义政权,企图把它扼杀在摇篮中。共产主义的幽灵在俄国僵死的资本主义体制中得到重生。承认苏联就意味着承认资本主义的未来,就意味着资本主义逐渐丧失其历史合理性。

俄美两国作为资本主义的同质性国家,早在1809年就彼此建立外交关系,开展贸易往来。随着俄美两国在东亚的侵略与扩张,俄美关系日益冷淡并逐渐紧张;但在"一战"中两国短暂结成同盟来共同对付德国。"一战"中,俄国沙皇专制制度落幕,建立起资本主义国家,美国率先承认俄国,对俄国进行大量经济军事援助,希望俄国将战争进行到底,同时希望俄国坚决镇压布尔什维克的反战运动。像沙皇无法满足俄国广大民众的愿望一样,俄国资产阶级政府在无视俄国民众的意愿中被民众所抛弃。

没有经过俄国广大民众认同的资产阶级政府,无论它多么希望与美国结成同盟都是无用的。只有得到民众认可的政府才能真正具有国家的力量。十月革命虽然没有得到美国资产阶级政府的认可,但得到了美国工人阶级的声援与支持,同时,十月革命壮大了美国工人阶级的队伍及其

---

①《列宁文稿》,北京:人民出版社,1978年,第94页。

政党。"1918 年,社会党成员达到 74519 人,在俄国和欧洲革命事件的直接影响下,其党员人数在 1919 年很快上升到 108504 人。"①随后俄国与德国签订《布列斯特和约》,苏维埃俄国退出战争。美国对苏维埃政权采取敌视态度,对国内外各种工人运动进行镇压,对社会主义进行污蔑,把社会主义塑造成暴力与恐怖主义,对社会主义在世界的传播形成了恶劣的影响。归根到底,社会主义制度与资本主义制度是针锋相对的一种文明形态,对资本主义进行了釜底抽薪的变革,新生的社会主义政权及其工人运动对资本主义造成了严重的威胁。同时,欧洲的社会主义革命不断失利,社会主义不会像之前所预料的那样广泛地在全世界建立起来,列宁认为社会主义与资本主义的对立在相当长的时间内会一直存在,加强与资本主义国家之间的贸易来发展自己是在所难免的。虽然苏美两国政治上有分歧乃至冲突,但也可以发展经贸关系。

苏维埃俄国颁布《和平法令》要求交战各国不割地、不赔款,退出战争。英美等协约国希望苏维埃俄国继续战争,并许诺提供各种援助,但背后与反苏维埃力量相勾结,企图颠覆红色政权。1918 年 3 月美国等十四个西方资本主义国家开始对苏维埃政权进行武装干涉,之后苏维埃俄国多次采取措施希望通过和谈与让步的方式来实现和平,被西方资本主义国家认可,但西方资本主义国家对此置之不理,它们企图通过颠覆苏维埃政权的方式来实现对它的认同。苏维埃红军经过近两年的战斗把西方资本主义国家赶出俄国,捍卫了苏维埃的自由与独立。西方帝国主义武装干涉苏维埃政权的企图是失败的,布尔什维克政权的稳定性大大超出了他们的预计,苏维埃政权是赢得俄国民众赞许的。这能从俄国国内反布尔什维克力量不得民心的惨败中看出来。因此,美国总统威尔逊一针见血地指出:"布尔什维克的侵略主要是思想上的侵略,你不能靠军队击败思想。"②但大多数人仍然认为:"目前,俄国的政权并不是建立在大多数俄国人民意愿基础上的,这是一个不可争辩的事实。尽管他们允许召开立宪会议,但并未保证任何具有民众选举性质的东西。布尔什维克党尽管数量上仅占民众的极少数,却凭借暴力和阴谋诡计推翻了建立在普选制基础上的人民代表政府,夺取了权力和国家机器,并继续依靠这些手段和

①沈莉华:《从对抗到承认:1917—1933 年的俄美关系》,哈尔滨:黑龙江大学出版社,2009 年,第 15 页。
②王晓德:《梦想与现实:威尔逊理想主义外交研究》,北京:中国社会科学出版社,1995 年,第 237 页。

残酷的镇压来维护自己的统治。"①美国出台《柯尔比照会》拒不承认苏维埃政权,拒绝任何来往,阻挠其他国家同苏联改善双边关系,孤立封锁苏联。虽然政治上,苏联没有得到承认,但美国社会各界在苏联遭受灾荒期间给予了最大的粮食援助,在苏联社会主义现代化起步阶段,美国的产业工人与技术专家、美国共产党人对苏联进行了大量的技术援助,他们给予了新生红色政权最大的人道主义支持。

20世纪30年代,随着资本主义经济危机席卷全球,日本、德国等法西斯势力的扩张,以及维护自身发展与世界和平,苏联与英美等国都深切地感到建立正式外交关系的必要。基于全球生存危机,1933年11月两国正式建立外交关系,随后被西方国家接受与认同。苏联为美国提供了大量的商品销售市场与原料供应地,进口了大量的美国商品;美国为苏联提供了大量贷款与经贸服务。美国总统罗斯福认为,承认苏联是完全正确的,它在战胜法西斯力量,维护世界和平中发挥了巨大的作用。在共同反对法西斯力量中,在避免被法西斯置于客体奴役的担忧中,苏联与美国等资本主义国家达成了共识,尽管两国无法认同彼此的社会意识形态,其间甚至有对抗干涉,但二者的目的都是实现自身的持存,保障自身自由、独立的生存与发展的利益,使二者实现了部分的认同。

"二战"结束后,随着共同敌人的消失,两国之间的关系由合作转变为相互的遏制与对抗,即使"二战"中的合作也交织着对抗,这种对抗造成了德国的分裂。丘吉尔发表臭名昭著的铁幕演讲,认为苏联的独裁政府对西方基督教文明造成了严重的挑战与威胁。杜鲁门上台对苏联实行的和平演变策略,国务卿杜勒斯的和平演变六项政策,加剧了两国之间的对抗。1949年4月美国主导成立北大西洋公约组织,1955年5月苏联被迫成立华沙条约组织,开启了东西方社会主义阵营与资本主义阵营的冷战与对峙。美苏两大阵营的对抗是两大意识形态、社会制度的对抗,社会主义是反对西方单一主客体霸权的思想,以及维护世界和平,争得自由独立发展的斗争。美国等西方资本主义国家通过军备竞赛、和平演变的方式,不断把苏联拖入泥沼,最终致使苏联解体。

---

① 武军:《早期美国对苏联政策的演变:从不承认主义到美苏建交》,《世界史研究动态》1990年第6期,第46页。

第三节　中国特色社会主义道路的开辟

现代民主是一种如何获得认同的合理化过程。中国的发展离不开世界，世界的发展也离不开中国。从传统社会向现代社会的过渡是一个漫长而曲折的复杂过程，中国的民主历程是世界现代化发展进程的一个缩影，也是一个路标。

一、从旧民主主义革命到新民主主义革命

革命本身就是民主的一种形式，它形成新的政治共同体，也为民主开辟新的道路。鸦片战争将中国拖入了现代化道路，它改变了中国闭关自守、自给自足的生活状态，使中国进入一个半殖民地半封建的半现代境遇。实现民族独立与人民解放这一问题，从一开始就面临着如何调和本国前现代与西方启蒙现代以及经典现代性之间的关系问题。

(一)被压迫农民阶级的救国方案

在这个夹杂着前现代与现代各种要素的复杂场域中，农民阶级领导的太平天国运动企图通过旧式的前现代政治运动来解决这一问题的方案是失败的，虽然它凝聚起广大的被压迫农民阶级，发动了声势浩大的农民运动。洪秀全出身于农民家庭，他和普通农民的想法一样，都想通过科举考试，金榜题名、光宗耀祖，融入统治阶层；但官场黑暗，没有走向他认同的道路。他在读《劝世良言》时感同身受，强烈体会到鸦片战争以来的民族危难与政治腐朽。《劝世良言》成为洪秀全获得个体认同的内心独白。为了推翻清王朝，证明起义的合理性，一是在宗教文化上，与现实的苦难与压迫相对，他主张上帝面前人人平等，并辅助以儒家经史子集，加强广大民众的认同，并宣称自己是上帝之子，真主下凡，广泛吸引民众参与农民起义。农民起义是千百万劳动人民的诉求与呼声，对内被清王朝剥削

压迫,对外被西方帝国主义侵略,不满清政府无能统治。农民起义是以农民阶级特有的传统的方式实现了阶级的主体自觉与历史书写。二是在政治上,洪秀全将清朝势力视作阎罗妖,主张推翻满清政府,实现"天下一家人,凡间皆兄弟",不倚强凌弱,建立一个"等贵贱"的自由平等的大同社会;甚至提出乡村自治的思想,杨秀清认为"至若天朝事务,乃系天事,人人亦该理得……"[①]这些都是农民阶级朴素的民主思想。洪仁玕主张人人平等,禁止使用奴婢,设立新闻官监督官员,鼓励人民自由发展现代经济产业;李秀成尊重并保护最微贱农民的权利。这些都体现了农民对自由民主的渴望与理解,农民以自己的方式去实现自我。三是在经济上,颁布《天朝田亩制度》,倡导男女平等、天下同耕、人人饱暖,设立生产资料公有制性质的"圣库制",推行"均贫富"的平均主义。四是在军事上,实行农民民主形式的军师负责制。太平天国运动虽然提出了大量朴素的民主思想与策略,但在后期的发展中逐渐被荒废,没能持续坚持下来,又逐渐退回到君主专政的模式。

太平天国运动像历代农民起义一样,它的革命前途是建立一个君主专制的旧式国家,革命的方式是暴力革命,革命的对象是地主阶级与帝国主义,革命的领导阶级是农民阶级。如果此时中国还没有进入世界资本主义体系,中国还是一个闭关锁国的清王朝,太平天国运动还有可能获得改朝换代的成功,但中国此时已经被迫进入现代化的历史进程,前现代的农民运动已经失去其历史的合法性。从历朝历代的农民起义来看,农民阶级始终是不能作为领导阶级来完成改朝换代的,太平天国的失败首先是其领导阶级的历史局限性,即其自身的小农自私本性,它的失败和历代农民起义的失败一样,不仅是中国传统生产方式的失败,也影响到其他旧民主主义革命的失败。太平天国运动虽然获得了中国劳苦大众的认同,但是无法打破旧的国家机器,无法征服清王朝与获得帝国主义的认同。

(二)洋务运动与封建官僚的治国方案

农民运动被镇压后,官僚资产阶级与民族资产阶级开始了师夷长技以制夷的科技现代化救国的方略。洋务运动经过三十多年的发展,最后在甲午海战中一败涂地,证明了科技现代化救国的道路是行不通的。大清王朝把失败归结于北洋水师将领的临阵脱逃。正如英格尔斯所说,现

---

①管仕福:《近代中国人的民主意识与民主建设》,长沙:湖南大学出版社,2002年,第10页。

代科技掌握在一群传统人手中,就是一堆废铜烂铁,前现代的人是无法驾驭现代科学技术的,现代科技恰恰成为捍卫前现代政治秩序的工具。学习了现代西方文明的清王朝根本不能实现民族独立的历史重任,虽然在一定意义上能够实现个体的自立,但对国家独立仍是有限的,科学技术的现代化最后不过成为维护晚清腐朽政权的手段与工具,无益于增进国家认同。

(三)戊戌变法与封建地主阶级的主体自觉

对于甲午海战的失败,康有为、梁启超深刻地意识到中日双方实力的比拼,不在于科学技术,而在于政治制度。日本已经完成明治维新,已经是现代民主国家;大清王朝仍然是一个专制守旧独裁的旧政权,不能形成一个团结凝聚全国民众力量的体制。伊藤博文与严复都是从欧洲留学回来的人才,伊藤博文被日本任命为首相,而严复被冷落在福建船政学堂。整个政治制度衰朽到无法知人善任,而仍是任人唯亲的宗法血缘等级体制。人的自我实现受限于国家政治的现代化高度,人不能真正得到承认,国家与人形成了对立。人的现代化存在严重的缺失与空场。康梁此后致力于政治现代化的历史重任,推动晚清政府的现代化转型。其一是提出变法图强的方案,提倡"复民权",实行君主立宪制度;其二是打破世袭等级制,提倡自由平等;其三是开放言论自由,广开学会,积累与锻炼资产阶级从事现代政治活动的能力;其四是废除科举与八股文,开办现代学校,广开言路。戊戌变法只进行了 103 天,就被专制顽固势力所镇压,专制腐朽的守旧势力是容纳不下新的社会力量的。

(四)清末宪政与清王朝慈禧太后顽固势力的主体自觉

历经被压迫阶级农民运动、洋务运动、戊戌变法的失败后,封建顽固势力觉察到必须进行一场倒逼的改革来获得国内统治阶级的认同和国外帝国主义的认可。宪政意味着对各种社会政治民主力量予以认同并赋予其历史的合法性地位,宪政意味着通过法律的方式把各种政治力量秩序化。宪政把隐蔽的各种政治力量的竞争合法化与合理化,从而在政治上达成共识,形成统一的国家力量。梁启超与康有为在总结洋务运动失败的原因时认为,日本已经完成明治维新,建立起一个现代民主的国家,与日本相比,中国还是一个封建君主专制的现代国家。社会各个阶层的主体自觉与力量诉求,已经通过宪法的形式把它系统化,最终通过各级权力行政机关形成决策。人民的诉求在政治上得到回应并予以解决，从而避免了革命的无序与骚乱。清末宪政的施政纲要都是洋务运动、戊戌变法、革命派的主张，除了革命派没有得到切实的利益之外，洋务派与各省士大夫阶层都在新政中有所获得，但买单的人仍是受苦受难的农民，农民在新政中没有任何所得。经济上的满足必然引起政治上的诉求。新政中获益的地方士绅与洋务实业派希望通过新政的谘议局等宪政组织形式，进入国会，在政治上形成一股合法的政治力量。各方势力多次请愿希望加快宪政步伐，但随着慈禧太后驾崩、溥仪继位、袁世凯被打入冷宫，最后推出一个由封建顽固势力主导的皇族内阁，希望继续独裁与垄断权力。宪政仍以独裁专政收场。社会各阶层的主体觉醒了，但其存在的各种利益与诉求完全被忽视、排挤，旧的体制必然要瓦解。"革命必定意味着许多集团都对现存秩序怀有不满情绪。"①革命意味着主体的缺陷、主体的不完整，政治秩序没有对主体做出完整的客观的说明。封建顽固势力本可以通过君主立宪制保住自己的权力，满足其他政治势力的合法性，保持国家的统一，但武昌起义的爆发，以及革命后政治势力的分裂与决裂，都希望建立一个独裁的专制的国家，所以革命不可避免地走向了反革命、复辟、反复辟的法国大革命般的政治暴动。虽然封建势力最后被迫及时公布了宪政的"十九条信约"，但政治的动荡已不可避免，每个革命阶级都在为承认而斗争，都没有在一个中华民族共同体范围内去实现一个国家的统一，陷入了"一切人反对一切人"的战斗。经济的认同推动政治的认同，政治的认同巩固经济的既得利益。旧民主主义革命都陷在半现代化的途中，在一个不完整的主体认同中纠结与摇摆。

（五）辛亥革命与民族资产阶级的自觉

晚清宪政随着慈禧太后的去世不了了之，民族资产阶级领导的辛亥革命只能以暴力革命的方式促使旧中国向现代中国转型。辛亥革命倡导民族、民权、民生，通过了《中华民国临时约法》，实行三权分立，目标是建立一个现代资产阶级的民主共和国。但是，辛亥革命的领导阶级没有形成一个强有力的政党，革命阶级内部争权夺利、思想不一、日益脱离人民群众，而且没有建立起自己的军队，致使革命成果被袁世凯篡夺。

---

① 塞缪尔·亨廷顿：《变革社会中的政治秩序》，李盛平、杨玉生等译，北京：华夏出版社，1988年，第268页。

(六)新文化运动与主体自觉的反思

历史在反思革命为什么没有成功的过程中,认为中国人缺乏民主意识,生产生活方式没有发生根本性的转变,自由民主思想没有形成广泛的社会启蒙教育,人们对资产阶级的革命一无所知,革命仅仅局限于上层社会的少部分人,这是无法改变社会历史的。因此,需要广泛的思想文化启蒙,把大众从三纲五常中唤醒。"五四"新文化运动应运而生。通过现代的民主与科学唤醒民众,让大众参与到历史革命中。获得民众的认同,革命就会水到渠成,否则革命对民众来说就会成为一种传闻、一种围观。正如马克思主义所认为的,革命需要解放思想,把人从旧世界中解放出来;旧的文化形态的一切都自觉成为捍卫旧制度的思想机制一样,劳苦大众已经被异化为旧制度的自觉维护者,首先需要的是启蒙及其批判。

统治阶级领导的自上而下的洋务运动企图通过科技现代化的维度来解决中华民族独立解放的模式问题,但这在甲午战争中被证明也是失败的。袁世凯称帝、张勋复辟,已全然暴露出前现代的狭隘性与滞后性。所以,现代性是一个总体性概念,它有着多维的含义。科技现代化不意味着整个国家民族的现代化,它同经济、政治、文化、社会、生态、人的现代化是密切相关的。科学技术现代化只是现代化进程中的一个维度,它在意义上指向人的价值认同,是为人的价值认同服务的。在前现代的羁绊下,戊戌变法、辛亥革命、晚清改革都已经达到了那个时代应有的历史高度,革命要想成功,必须总结历史经验教训,从总体上提出更高的理性设计。新民主主义革命理论从政治、经济、文化、社会等维度对中国的现代化做出了新的时代回答。

(七)新民主主义革命与革命力量的重整

民族独立与人民解放是摆在中国社会各阶层面前的一道历史难题。旧民主主义革命的历史经验与深刻教训,深深地反映在新民主主义革命的纲领当中。中国传统的农民阶级、中国传统的各类封建地主阶级与中国新生的民族资产阶级都证明了,其阶级自身狭隘性所造就的救国方案是无法形成一个国家共同体的。他们的救国方案只能是少数人的革命,只能得到部分人的认同,其革命运动无法团结凝聚成一个革命共同体来完成民族独立与人民解放的重任。新民主主义革命是无产阶级领导的,以工农联盟为基础的人民大众反对帝国主义、封建主义、官僚资本主义的革命。它的新首先是新的领导阶级，是无产阶级这一新的社会历史主体来承担起民族独立与人民解放的重任。无产阶级作为一个新生的社会力量试图来完成这一历史的重任，它不是传统的农民阶级，也不是封建地主的统治阶级。新的无产阶级领导力量决定了它的历史前途是社会主义社会，不是封建社会，不是资本主义社会。它的救国方案与旧民主主义革命的救国方案存在着巨大的差异，这种差异既是继承，也是创新。农民阶级虽然失败了，但农民运动的广泛性、参与性，以及由此爆发出来的巨大革命力量，成为新民主主义革命不可忽视的力量。农民运动对中国社会历史的影响是深远的，它没有像戊戌变法、洋务运动与清末宪政那样把革命局限于统治阶级的上层与少数人范围之内，而是把最广大的中国民众卷入其中，它对中国民众及其社会的影响也是最持久、最深远的。所以，无产阶级必须把农民阶级吸纳进来，作为革命的主体力量，必须以社会广大劳动人民群众参与的工农联盟为基础，但是农民阶级自身的狭隘性及其深刻的失败教训，让我们必须认识到农民可以作为革命主体，但又不能作为革命的领导力量，否则，他必将导致失败的历史重演。新民主主义革命有效地把农民置于一个历史的合理性地位，既不忽视他，同时限制他。这和马克思对农民劣根性的定义是相同的。马克思认为小农是自私自利的，必须用一个袋子把它们装起来，才能形成一个有生的力量，才能推动社会历史的发展，否则农民必将被它的缺陷所淹没。而把它们装起来的袋子就是无产阶级及其理论指导。新民主主义革命的领导阶级与依靠力量，决定了它的革命对象及其经济、政治、文化纲领。其经济纲领、政治纲领、文化纲领是赋予革命领导阶级与依靠力量的主体保障与主体认同，这是实现人们当家作主的必要之路。

在中国，列宁与考茨基的争论进行了重演。陈独秀的二次革命论认为应该积蓄力量等待革命时机的成熟，结果大革命失败。毛泽东认为中国是新民主主义革命，是共产党领导的社会主义革命，他创造性地运用马克思主义解决了中国革命的道路问题，结束了中国被动输入型现代化发展这一屈辱阶段。中国现代化道路受苏联影响，现代化的实现曾被理解为社会主义＋工业、农业、国防、科技等四化，通过四化来达到强根固本。邓小平同志开辟了中国特色社会主义道路这一发展模式，强调从经济现代化入手，通过解放思想、改革开放、摸着石头过河等方式，实现了从站起来到富起来的发展飞跃，以此来破解中国社会主义发展的一系列问题。中国特色社会主义道路仍然遵循着"社会主义＋"这一模式，实施了四项基本原则＋经济现代化＋政治现代化,实行了中国共产党领导＋中国各民主党派的人民政治协商制度等公式来开展现代化的建设。为了应对新全球化时代和世界知识革命带来的现代性挑战,"三个代表"重要思想和科学发展观分别从政党现代性与中国发展模式等方面给予了中国现代性发展问题的理性解答,通过政党现代性建设来加强人民对政党的认同。习近平新时代中国特色社会主义思想秉承新民主主义革命、新中国、四有新人等与时俱进的马克思主义精神,同时站在回应西方新现代性问题的视角,在新的历史时代下对中国特色社会主义道路的发展方向做出了新的中国解答,来实现理论自信、制度自信、道路自信、文化自信,来实现中华民族伟大复兴的重任。

历史已经说明纯粹单一的现代性是不存在的,所以新现代是对复杂现代性的抽象与克服,新现代的建构是通过对复杂现代性的逐一破解来为自身开辟道路的,来为自己构建认同体系的。"民粹主义、新自由主义、新保守主义、新老'左'派等等,几乎所有思潮都在聚焦中国道路,都在按照自己的价值观和期望值来诉说、理解和阐释中国道路"①,来实现自我认同,它们无视中国道路的复杂现代性语境,无视中国多元主体的差异性社会现实基础,无视中国现代化之路的经验与教训,陷入唯我论的困境。新现代必须面对中国现实,准确定位中国道路的历史坐标,深刻剖析全球政治经济格局下中国现代化的社会根基,确立道路自信、理论自信与制度自信,加强认同的多元主体建构。"当代中国的伟大社会变革,不是简单延续我国历史文化的母版,不是简单套用马克思主义经典作家设想的模板,不是其他国家社会主义实践的再版,也不是国外现代化发展的翻版。社会主义并没有定于一尊、一成不变的套路,只有把科学社会主义基本原则同中国具体实际、历史文化传统、时代要求紧密结合起来,在实践中不断探索总结,才能把蓝图变为美好现实。"②

二、社会主义民主的建构

民主即人民当家作主。人民作为主体从来都是一个历史概念,对人民的教育与培养更是一项艰巨的历史任务。人民就是一个对主体的认

---

①任平:《中国道路的历史坐标、社会根基与世界价值》,《江苏行政学院学报》2015年第3期,第5页。

②《习近平谈治国理政》第3卷,北京:外文出版社,2018年,第5页。

同。古代社会,对人民的认同限定在统治阶级成员及其部分范围内,其他人是不能作为主体存在的,而是被作为奴隶及客体来看待的。由人民的范围来决定民主的内涵及其界限。现代民主的缺陷在于其包容性与合法性不足,根源在于对多元主体的漠视与排斥。人民是一个蕴含多元主体的共同体概念。资本主义的民主是资产阶级的民主,从本质到程序都是排斥全民民主的。他们害怕纯粹的民主,总是"经过精心设计,以便延缓和阻止多数人的行动,因为制宪者们虽然希望有一个有力而胜任的政府,却不希望群众——如丹尼尔·谢司所带领的那些人——来控制政府,这种制度保护少数人的权力"①。社会主义民主是以社会绝大多数人为主体的民主,不是资本剥削奴役关系的资产阶级民主,它"使无产阶级形成为阶级,推翻资产阶级的统治,由无产阶级夺取政权"②。无产阶级专政的国家政权不仅仅是人民民主的开启,而且要彻底实现共产主义,把资产阶级及其一切剥削制度送进历史的坟墓,彻底实现自由人的联合体,这需要一个漫长的历史进程。维护与保障人民当家作主,是一项艰难曲折的历史斗争。

(一)人民当家作主与认同的起点

1.人民的概念

列宁认为:"数以千百万计的群众,——哪里有千百万人,哪里才是政治的起点;哪里有千百万人,而不是几千人,哪里才是真正的政治的起点。"③列宁由此深入揭示了群众、阶级、政党、领袖的政治逻辑关系。没有人民群众,何谈阶级、政党、领袖,人民群众无疑构成了无产阶级政权的主体。列宁的人民群众是包含工农联盟以及小资产阶级的政治概念。毛泽东同样坚持人民群众的历史主体地位。他认为"真正的铜墙铁壁是什么?是群众,是千百万真心实意拥护革命的群众"。④ 中国共产党的"这个上帝不是别人,就是全中国的人民大众"。⑤ "任何一种东西,必须能使人民群众得到真正的利益,才是好东西。"⑥所以,我们只有满足人民,全心全意地为人民服务,一刻也不脱离群众,从人民的利益出发,而不是从个人或小

---

①詹姆斯·M·伯恩斯:《美国式民主》,北京:中国社会科学出版社,1993年,第7页。
②《马克思恩格斯文集》第2卷,北京:人民出版社,2009年,第44页。
③《列宁选集》第3卷,北京:人民出版社,1995年,第446页。
④《毛泽东选集》第2卷,北京:人民出版社,1991年,第125页。
⑤《毛泽东选集》第3卷,北京:人民出版社,1991年,第1102页。
⑥《毛泽东选集》第3卷,北京:人民出版社,1991年,第865页。

集团的利益出发,并保持向人民负责和向党的领导机关负责的一致性。这就是我们共产党人工作的出发点。人民首先表现为一个阶级主体。虽然 1921 年中国共产党成立了,但党的纲领只是照搬了西方共产党的纲领,并没有形成自己的革命纲领,直到中国共产党二大对中国革命的性质、对象、动力和前途做出阐述。但在中国民主革命由谁领导的问题上,陈独秀主张由资产阶级来领导,无产阶级只有在资本主义发展到一定阶段后再进行社会主义革命。另一部分人则认为,无产阶级应该对其他一切阶级采取一种关门主义的态度,无产阶级采取孤军奋战的策略。毛泽东反对这两种错误倾向,1925 年在《中国社会各阶级》中指出:"工业无产阶级是我们革命的领导力量。一切半无产阶级、小资产阶级,是我们最接近的朋友。"[①]工业无产阶级作为被压迫最重的社会阶级力量是最具有人民性的,它是我们实现民族独立与人民解放的前提,这是人民出场的历史起点。与工业无产阶级处境接近的一切半无产阶级、小资产阶级都是潜在的人民主体,暂时不是人民的敌人,他们不是革命的对象。工业无产阶级通过切身的感同身受来达到工业无产阶级的主体反思,实现对一切半无产阶级、小资产阶级的思想认同,确定革命的对象,形成革命的统一战线。

　　中央苏区期间,中国农民是缺乏民主意识与民主实践的,为了探索与开展人民当家作主实践,颁布了《中华苏维埃共和国宪法大纲》,进行三次大规模的选举活动,推动苏维埃国家民主化进程。毛泽东倡导中国共产党建立工农兵代表大会制度,实行的是工农民主专政。红色政权一方面打击反革命的敌人,一方面是自己当家作主的机器,管理自己生活与革命的一切问题。工农兵代表大会制度分为苏维埃全国、省级、市级、县级等。苏维埃给予工农民众的选举权与被选举权,是工农民众的主体实现方式。苏维埃规定人民享有广泛的自由,来反对专制集权,反对以党代政,保证工农民众在代表大会的领导地位。实践上,工农革命军从井冈山革命根据地时期就成立工农兵政府,修正《苏维埃政权组织法》,宣传教育工农民众参与民主实践,逐渐推动筹建中华苏维埃政府,通过了《中华苏维埃共和国选举细则》《地方苏维埃政府暂行条例》《中华苏维埃共和国划分行政区域暂行条例》,并最终通过《中华苏维埃共和国宪法大纲》,对红色政权的性质、基本任务、组织形式、人民的基本权利都予以了阐明,颁布《中华苏维埃共和国选举细则》对基层地方选举进行了程序规范与说明,梁柏台《今年选举的初步总结》、毛泽东《今年的选举》、项英《强固城乡苏维埃的

---

①《毛泽东选集》第 1 卷,北京:人民出版社,1991 年,第 9 页。

组织和工作》、钟平《博生城市的选举活动》等著作中详细记录总结了苏区人民的民主实践进程。

抗日战争的爆发,改变了人民的主体内涵。抗日战争期间,毛泽东在《论反对日本帝国主义的策略》中对人民做了新的定义。把一切赞成支持进步和抗日的所有的个人、党派、集团都纳入人民的范畴,而一切破坏抗日的,站在帝国主义走狗一边的都是敌人。以抗日与否为界划线,大资产阶级抗日也属于统一战线的对象;延安的"三三制",就包括了开明士绅,李鼎铭作为开明士绅的代表,支持共产党抗日,减租减息也是受保护的,是人民中的一员。"三三制"作为人民主体界定的方式被当作政治认同来确保达成人民共同体,实现抗日的最终目标。颁布《陕甘宁边区抗战时期施政纲领》《陕甘宁边区宪法原则》《陕甘宁边区选举条例》《陕甘宁边区各级参议会组织条例》等政策法规,建立参议会制度。"除了写选票的方式外,还创造了画圈、划道、烧香窟窿、投豆子、分散投票、流动票箱等选举投票方法"[1]等特殊的政治认同形式,为民主开辟道路。毛泽东指出:"对于抗日任务,民主也是新阶段中最本质的东西,为民主即是为抗日。抗日与民主互为条件,同抗日与和平,民主与和平互为条件一样。民主是抗日的保证,抗日能给予民主运动发展以有利条件。"[2]让人民当家作主,保障人民自由权利,才能推动抗日战争的胜利。只有切实激发人民的主体地位,人民才能真正成为历史的推动者。为了实现主体的自我认同,党通过编制教材,普及科学文化知识等文化认同的方式来提高人民文化水平,实施《婚姻法》来推动妇女解放,增强人民共同体建设。在《新民主主义论》和《论联合政府》中提出建立新民主主义共和国的设想,认为联合政府的基础是人民的自由权利,在实践上,破除旧的封建意识,加强民主思想教育活动,推行民主自由选举,开展自由竞选,对于缺乏民主意识与民主实践的民众来说,"布置普选工作,就开展民主教育,使群众对民主有个正确的认识,了解掌握政权的重要,热烈参加选举活动,为建立自己的民主政权而斗争"[3]。通过教育让人民明白民主的内涵,认同民主的意义,参与民主活动,实现人民当家作主。

抗战胜利后,毛泽东在《论人民民主专政》中详细阐述了人民民主专政的思想。重庆谈判,国共两党虽然达成"双十协定",彼此认同,与各革命阶层达成共识,同意和平建国,但国民党仍然认为自己可以一党专政,

---

①孙存良:《中国共产党民主执政的理论与实践》,北京:人民日报出版社,2012年,第123页。
②《毛泽东选集》第1卷,北京:人民出版社,1988年,第274页。
③《东北解放区教育资料选编》,北京:教育科学出版社,1983年,第31页。

撕毁条约,两党之间的认同最终又通过战争这种认同方式来重新实现强制认同。新中国成立后,中国共产党领导各革命阶级逐步通过《中国人民政治协商会议共同纲领》《中华人民共和国中央人民政府政治法》《中国人民政治协商会议组织法》等条约达成共识,最终组成民族共同体,成为现代民主国家。最后,随着社会主义过渡时期总路线的实施以及一化三改的完成,从经济、政治上完成了社会主义新人的认同与塑造,第一次全国人民代表大会的召开及《中华人民共和国宪法》的颁布,标志着社会主义新中国的建立,为社会主义现代化的建设开辟了新的道路,提供了坚强的保障。

1949年中华人民共和国的成立标志着中国人民的历史性出场,标志着中国人民不再被作为西方帝国主义任人宰割以及被国内反动势力压迫的客体而存在,中国人民作为独立自由的主体登上了历史的舞台。新中国成立初期,毛泽东指出:"所谓人民大众,是包括工人阶级、农民阶级、城市小资产阶级、被帝国主义和国民党反动政权及其所代表的官僚资产阶级和地主阶级所压迫和损害的民族资产阶级,而以工人、农民和其他劳动人民为主体。"[1]在反革命斗争的过程中,为了壮大革命队伍,甚至让地主与富农中的左翼分子加入中国共产党行列,通过政党认同的方式来加强政治建设。1949年召开的中国人民政治协商会议以通过《中国人民政治协商会议共同纲领》的形式完成了工农联盟对其他各类被压迫阶级人民地位的认可与保障,规定了国家的政体与国体,确立了中国共产党领导的政治协商制度,把中国社会各民族、各民主党派人士团结起来进行人民当家作主;颁布《中华人民共和国土地改革法》为解放农民生产力提供了前提,为一化三改以及社会主义制度的确立实现了人民主体的赋权与赋能。在社会主义改造中,毛泽东指出:"我们对民族资产阶级不但要作斗争,同时要团结他们,要给他们利益,这样他们才能拥护社会主义改造。"[2]党和国家通过和平赎买民族资本家的企业来实现民族资产阶级以及无产阶级对党和政府的认同,落实以工农联盟为基础的社会主义国家认同。

社会主义改造完成后,基本上消灭了阶级剥削与压迫,1954年颁布了新中国第一部宪法,团结各少数民族,把民族区域自治制度写入宪法,并在全国进行了规模空前的民主选举活动,成立了全国各级人大组织,自觉接受人民监督。1957年毛泽东在《正确处理人民内部矛盾》中,认为"在现

---

①《毛泽东文集》第4卷,北京:人民出版社,1999年,第1272页。
②《毛泽东文集》第7卷,北京:人民出版社,1999年,第60页。

阶段,在建设社会主义的时期,一切赞成、拥护和参加社会主义建设事业的阶级、阶层和社会集团,都属于人民的范围;一切反抗社会主义革命和敌视、破坏社会主义建设的社会势力和社会集团,都是人民的敌人"①。把一切赞成、支持社会主义建设事业的人纳入人民的范畴,一切怀疑、反对、破坏社会主义事业的人定义为敌人,定义为人民专政的对象,以社会主义为界限,对人民进行定义。人民的概念是具体的、历史的、辩证的,不是一概而论、永恒不变的。对人民概念的辨别与定位是开展中国革命与建设的前提,只有这样才能团结一切可以团结的力量,进而取得革命的胜利。总之,中国共产党人通过思想认同的方式实现了人民概念的界定,开启了民主的历程。

2. 经济认同是根本

中国的农民问题是土地问题。毛泽东在同英国记者斯坦因的谈话中认为:"农村广大群众的基本要求始终集中在对土地所有权的渴求上。"②所以,对广大中国人民来说,人民当家作主的问题首先是土地问题。1922年,毛泽东在湖南劳工会成立两周年大会上指出:"经济问题不解决,则社会上一切问题俱不能解决。"③经济问题是人民当家作主的首要与根本问题。在《湖南农民运动考察报告》中,毛泽东分析了贫民的悲惨生活,并在中共五大前,提出重新分配土地来解决农民运动的问题。由于当时中国革命的中心仍在城市,没有人过多地关注农民问题。大革命失败后,中国革命的中心由城市转入农村,农村问题、农民问题成为中国革命关注的焦点。解决土地问题的办法是颁布《井冈山土地法》与《兴国土地法》,党制定的路线法规成为确保工农联盟的政治保障,为农民分配土地,实现经济独立,确保工农红军的经济来源。《井冈山土地法》与《兴国土地法》是工人阶级的先锋队与农民两个潜在主体相互交往认同的产物,工人阶级的先锋队中国共产党要想完成革命的任务,首先要寻找革命的主体,这一过程首先是一个思想认同的过程,思想认同的结果是通过中国共产党的理论、路线、方针、政策来实现的,集中反映在毛泽东的《中国社会各阶级》等一系列论著中。国家的政策法规是思想认同的升华,把党的思想认同上升为中华苏维埃国家的政策法规,这是政治认同,从而为开展土地革命开辟道路。土地革命的开展是思想认同、政治认同等形式认同的实践,使农

①《毛泽东选集》第5卷,北京:人民出版社,1977年,第364页。
②《毛泽东文集》第3卷,北京:人民出版社,1996年,第184页。
③《毛泽东年谱1893—1949》上卷,北京:中央文献出版社,1993年,第104页。

民变为真正的主体,这是实质认同的基础,也是实质认同的开端。土地革命一方面使农民通过实实在在的土地经济认同,翻身做了主人,开始了农民的主体之旅;另一方面让工人阶级获得坚实的经济来源与生活保障,工人与农民实现了两个阶级主体的联合,有力地推动中国革命向前发展。工人与农民相互认同的结果就是工农联盟的革命主体,工农联盟共同体发展的直接结果就是工农武装割据根据地。中华苏维埃共和国的成立是工农联盟的最高成果。在工农联盟的问题上,毛泽东早在《民众的大联合》中认为被压迫的平民阶级应该联合起来,把金钱、武力、知识从贵族、资本家手中夺过来,作为自己的武器,创造新的生活,而金钱是资本家维持自身存在的重要武器。在1928年的《井冈山土地法》中实施了绝对的土地政策,没收一切土地归苏维埃政府,禁止土地买卖的土地政策,一定程度上侵犯了中农的利益,不利于农民阶级的团结,在1929年的《井冈山土地法》中改为"没收一切公共土地及地主阶级的土地",允许自由买卖的政策。在抗战中,由于民族矛盾,为了调动地主抗日的积极性,实现中华民族共同体的凝聚,实行停止没收地主土地,推行减租减息的政策。解放战争时期,由减租减息改为没收地主土地分给农民,实行"耕者有其田"的政策,最后通过《中国土地法大纲》的方式来肯定农民对土地的所有权,在经济上让广大农民站立起来。中华人民共和国成立后,经济的发展恢复正是从对农民的土地经济所有权的认同开始的。同时,毛泽东强调:"土地改革……不应过分强调斗地主的财产,我们的任务是消灭封建制度,消灭地主之为阶级,而不是消灭地主个人。必须按照土地法给以不高于农民所得的生产资料和生活资料。"[1]土改工作就是要解放农民阶级,但也"必须使一切主要阶层都感觉公道和合乎情理,地主阶级分子亦感觉生活有出路,有保障"[2]。中华人民共和国成立后,毛泽东针对农民个体经济的历史缺陷及其导致的贫富分化问题,通过一化三改建立起社会主义公有制,实行各尽所能,按劳分配,保障人民当家作主不被奴役的地位。

3. 政治认同是民主的保障

列宁认为:"民主意味着在形式上承认公民一律平等,承认大家都有决定国家制度和管理国家的平等权利。"[3]革命战争时期,毛泽东认为,承认农民的权利就是承认农民协会;中华人民共和国成立后,承认农民的权

---

①《毛泽东选集》第4卷,北京:人民出版社,1991年,第1271页。
②《毛泽东选集》第4卷,北京:人民出版社,1991年,第1328页。
③《列宁选集》第3卷,北京:人民出版社,1995年,第201页。

利就必须推动农民权利的合法性路径。毛泽东在"谁是我们的敌人,谁是我们的朋友?"的论断中就对人民做了政治上的划分。在土地革命时期,把对农民的尊重通过《中华苏维埃共和国宪法大纲》的形式确定下来;抗战时期及中华人民共和国成立后,把建立工农共和国的目标改为建立人民共和国的目标。在民主的内容上,确保人民的生存、劳动、言论、出版等自由权利;在民主的范围上,强调民主不受教育、财产、性别、宗教等条件的影响制约;在民主实现的途径上,强调暴力革命这种强认同的方式是民主的前提与基础。"专政的目的是保卫全体人民进行和平劳动,将我国建设成为一个具有现代工业、现代农业和现代科学文化的社会主义国家。谁来行使专政呢?当然是工人阶级和他领导下的农民。"①革命及其专政是民主的一种方式,是为社会主义现代化建设事业服务的。推行民主集中制的各级代表大会是贯彻与落实民主的方式。1940年,毛泽东认为中国不必搞资产阶级的议会制与三权分立,提出人民代表大会制度,1954年首次全国人大会议召开并建立起这一制度,推进人民民主的程序安排。"有一个独立的民主的政府,有一个代表人民的国会,有一个适合人民要求的宪法。在这个国家内的各个民族是平等的,在平等的原则下建立联合的关系。"②在人民代表大会制中,人民才能实现自由发展。新中国建立后,1954年宪法对人民当家作主做了最高的政治阐述,为人民民主开辟了道路。为了实现人的自由全面发展,毛泽东试图通过彻底打破行业界限,成立人民公社、五七干校等方式,消灭社会分工,实现人的自由全面发展。毛泽东认为建设一个强大的国家,"决定的条件就是社会主义制度和人民团结一致的奋斗"。③"天上的空气、地上的森林、地下的保障,都是建设社会主义所需要的重要因素,而一切物质因素只有通过人的因素,才能加以开发利用。"④发展首先在于人的要素,在于对人的主体性的激发与肯定。社会主义制度、社会主义民主是对主体性的发掘与激励。所以,只有基于认同的民主才能为发展注入活力,经济发展及其效能是作为对人的尊重与肯定的结果表现出来而言的。

4. 新文化的建设

美国伊利诺伊大学校长詹姆士认为:"如果美国二十年前已经做到把中国学生的潮流引向这个国家来,并能使这个潮流继续扩大,那么,我们

---

① 《毛泽东文集》第7卷,北京:人民出版社,1999年,第207页。
② 《毛泽东文集》第2卷,北京:人民出版社,1993年,第134页。
③ 《毛泽东文集》第7卷,北京:人民出版社,1999年,第239页。
④ 《毛泽东文集》第7卷,北京:人民出版社,1999年,第34页。

现在一定能够使用最圆满、最巧妙的方式,控制中国的发展。"① 毛泽东因此提出:我们要打倒半殖民地半封建的文化,"要把一个被旧文化统治因而愚昧落后的中国,变为一个被新文化统治因而文明先进的中国"。② 文化是主体利益的表达。他在《湖南农民运动考察报告》中指出:"中国历来只是地主有文化,农民没有文化。可是地主的文化是由农民造成的,因为造成地主文化的东西,不是别的,正是从农民身上榨取的血汗。"③毛泽东呼唤平民文学,反对贵族文学、古典文学,强调新民主主义的文化是为绝大多数的工农劳苦大众服务的。毛泽东采取取其精华、去其糟粕的态度对待中西方文化,捍卫社会主义政权。首先,毛泽东认为应该平等对待中西方文化,既反对孤芳自赏、故步自封,又反对妄自菲薄、拿来主义。文化总是要与主体的主客环境要素相适应的,否则文化就会成为捍卫剥削阶级利益的工具。"从前的教育,是贵族和资本家的专利,一般平民,绝没有机会去受得。"④没有文化与教育,人民民主是无法实现的。其次,毛泽东强调百花齐放,百家争鸣,在争鸣中为社会主义人民服务。

平等是交往的前提。国际政治认同方面,毛泽东把世界民族国家之间的认同建立在和平共处五项原则基础之上。"我们反对大国有特别的权利,因为这样就把大国和小国放在不平等的地位。大国高一级,小国低一级,这是帝国主义的理论……既然说平等,大国就不应该损害小国,不应该在经济上剥削小国,在政治上压迫小国,不应该把自己的意志、政策和思想强加在小国身上。"⑤民族认同方面,毛泽东反对狭隘的民族主义、大汉族主义,认为各民族之间是平等的,提出民族区域自治制度,颁布《民族区域自治法》,维护少数民族的自由发展。

(二)改革开放与认同

邓小平认为人民就是母亲,就是力量之源,党的工作必须把人民满不满意,人民答不答应,人民赞不赞成,人民拥不拥护作为衡量的标准。党的十一届三中全会实现了社会主义矛盾从阶级斗争向经济建设的转向。1979 年邓小平在全国政协五届二次会议上指出:"这次会议的目的就是要

---

①李长久:《中美关系二十年》,北京:新华出版社,1984 年,第 66 页。
②《毛泽东选集》第 2 卷,北京:人民出版社,1991 年,第 663 页。
③《毛泽东选集》第 1 卷,北京:人民出版社,1991 年,第 39 页。
④《毛泽东早期文稿》,长沙:湖南人民出版社,1990 年,第 339 页。
⑤《毛泽东文集》第 6 卷,北京:人民出版社,1999 年,第 378 页。

进一步动员、团结全国各族人民和一切爱国力量,促进社会主义现代化建设的发展。"①人民把民族资产阶级、港澳台和海外华侨人士纳入社会主义现代化建设的主体范围之内。

政治是对人的一种秩序安排。民主就是对人的主体性的确证与认同。"没有民主就没有社会主义,就没有社会主义现代化。"②在如何避免"文革",如何吸取"文革"对人的戕害的教训问题上,邓小平认为:"我们过去发生的各种错误,固然与某些领导人的思想、作风有关,但是组织制度、工作制度方面的问题更重要。这些方面的制度好可以使坏人无法任意横行,制度不好可以使好人无法充分做好事,甚至走向反面。"③坏的制度对人对事都造成了很大的伤害。邓小平发表了《党和国家领导制度的改革》,反对官僚主义、家长制作风,痛斥领导干部特权现象,反对领导干部职务终身制,设立中纪委,通过党政分开、权力下放、精简机构来推动政治体制改革,来恢复民主活力,加强党外人士的认同。邓小平讲,只有"进行彻底的改革,人民才会信任我们的领导"④。上述弊端得不到根除,党群关系会越来越脱节,党的领导的合法性必将会失去民心。党的领导丧失合法性,人民如何相信党的路线方针政策,社会主义现代化事业何以实现。所以说,认同就是民主的前提,没有认同,就没有民主,没有民主,政治合法性何以可能,社会主义事业的蓝图何以实现。因此,政治体制改革的目的就是为了挽救民心,争得民心。在党政分开方面,邓小平认为工作积极性不强,政治凝聚力不足,社会没有活力,效率不高,要解决"党同政府、经济组织、群众团体等等之间如何划分职权范围的问题"⑤,让专业部门来进行它们的专职工作。在权力下放方面,邓小平强调不要管得太多,权力过分集中,妨碍了民主集中制,容易造成个人专断,下面没有自主权,工作没有积极性,他通过精简机构、"拆庙送神"、干部年轻化、设立中顾委等改革方式,加强党内认同,增强党的领导的凝聚力。在香港、台湾问题上,邓小平创造性地提出"一国两制"的认同方式来实现国家领土主权的完整,保持香港、澳门的经济繁荣。既满足香港人、澳门人的利益,又维护中华民族的利益。港人治港、高度自治,"由香港人推选出来管理香港的人,由中

---

①《邓小平在全国政协五届二次会议上的开幕词》,《人民日报》1979年6月16日。

②《邓小平文选》第2卷,北京:人民出版社,1994年,第168页。

③《邓小平文选》第2卷,北京:人民出版社,1994年,第333页。

④《邓小平文选》第2卷,北京:人民出版社,1994年,第333页。

⑤《邓小平文选》第2卷,北京:人民出版社,1994年,第329页。

央政府委任,而不是由北京派出"①,并承诺 50 年的"五个不变""现行的社会、经济制度不变,法律基本不变,生活方式不变,香港自由港的地位和贸易、金融中心的地位也不变……北京除了委派军队以外,不向香港特区政府派出干部,这也是不会改变的"。② 这些是对香港人及其历史现状的最大尊重,用和平方式完成了国家的统一与中华民族的团结。

改革就是围绕发扬人的主体性与创造性来展开的。毛泽东让中国人民站立起来,实现了人的解放,但将如何继续调动人的生产积极性诉诸人民公社与"文革",严重影响了人们的温饱问题。邓小平认为:"现在要恢复农业生产,也要看情况,就是在生产关系上不能完全采取一种固定不变的形式,看哪种形式能够调动群众的积极性就采用哪种形式。"③群众认同哪种方式,就采取哪种方式,党只不过是把人民的意愿合理化与合法化。只有基于人民的认同,只有尊重人民的意愿,党的工作才能有效地开展下去。改革让一部分人先富起来,让先富带动后富,通过先富起来的一批人的税收与技术转让来带动与支援后富起来的一批人来克服贫富分化的问题,最终使社会团结凝聚起来。此外,邓小平提出坚持社会主义道路,坚持中国共产党的领导,坚持无产阶级的专政,坚持马克思列宁主义、毛泽东思想,对改革开放中暴露出来的问题,要继续深入进行政治体制改革,打击经济犯罪,整顿党的组织和作风,防止出现"左的问题与右的问题"。邓小平督促党的领导"近期内要在反腐败问题上扎扎实实做几件事,透明度要高,使人民心里平静下来"④。而苏联解体的原因在于老百姓没有饭吃,没有衣服穿,生活水平下降,党群分离,社会主义道路得不到认同。

民主的目的是激发人的主体性,推动社会主义现代化事业向前发展。邓小平认为,革命是解放生产力,同样,改革也是解放生产力。社会主义的本质就是解放生产力,发展生产力。人是生产力的核心要素,解放生产力,发展生产力,关键是解决人的问题。束缚人、压抑人、奴役人的社会关系及其体制都是改革的对象。束缚人、压抑人的制度及其体制使社会丧失了发展的动力与活力,也就无法得到人们的认同。人的主体性无法发挥出来,成为社会发展的看客乃至阻碍。邓小平认为改革就是"对内搞活","我们所有的改革都是为了一个目的,就是扫除发展社会生产力的障碍"。⑤

①《邓小平文选》第 3 卷,北京:人民出版社,1993 年,第 74 页。

②《邓小平文选》第 3 卷,北京:人民出版社,1993 年,第 58 页。

③《邓小平文选》第 1 卷,北京:人民出版社,1994 年,第 323 页。

④萧诗美:《邓小平智慧》,北京:人民出版社,2015 年,第 127 页。

⑤《邓小平文选》第 3 卷,北京:人民出版社,1993 年,第 134 页。

尊重与肯定人民群众的首创精神,"群众愿意采取哪种生产形式,就应该采取哪种形式,不合法的使它合法起来"①。实行包产到户就是按照农民喜欢的生产方式,实现脱贫与温饱,顺应了广大农民对美好生活的追求,并通过法律法规的方式把它变成经济发展的模式,争得人民的认同,充分调动社会的积极性。获得农民支持的农村改革增加了国家对城市改革的信心。把生产资料以法律的形式赋予劳动者,让劳动者深切地感受到劳动者与劳动对象、劳动工具之间的生活需求关系,"一小块地没有种上东西,一小片水面没有利用起来搞养殖业,社员和干部就要睡不着觉,都开动脑筋想办法。全国几十万个企业,几百万个生产队都开动脑筋,能够增加多少财富啊!"②把人与生产资料人为地分开,建立起片面的、僵硬的生产与社会关系,严重制约了人的自由发展,影响到社会发展的动力。邓小平一针见血地指出:"无非是给了他们权,其中最重要的是用人权。"③这从根本上来说,是人权,是对人权的尊重与认可。对于城市个体经济与私营经济的不断发展,邓小平认为在社会主义公有制经济占主体地位与无产阶级国家政权的掌控下不要过多干预非公有制经济,过多干预会伤害非公有制人员的创业信心,对解决社会劳动力就业,推动公有制经济发展是不利的。在对外开放中,通过把西方先进的资金、技术与管理经验与资本家的投资利润相结合,来推动社会主义市场经济的发展。

(三)"三个代表"重要思想与政党认同

中国共产党是中国工人阶级与中华民族的先锋队,是中国各族人民利益的忠实代表,是中国特色社会主义事业的领导核心。这个先锋队、忠实代表与领导核心是久经历史考验与人民检验的历史经验与宪法法规。随着改革开放的不断深入,资本主义商品经济的异化对中国政治,特别是中国共产党的党建工作造成了严峻的挑战,个别党员在资本主义糖衣炮弹的轰击下,忘记了初心,违法乱纪,损害了党的现象,引起了人民群众的强烈不满,对党的先进性、凝聚力、战斗力形成了极大的冲击。

党脱离人民群众的危机与倾向,使人民群众不断质疑中国共产党的党性修养。一个无法获得人民支持与认可的政党及其组织是无法自立

①《邓小平文选》第1卷,北京:人民出版社,1994年,第305页。
②《邓小平文选》第3卷,北京:人民出版社,1993年,第134页。
③《邓小平文选》第3卷,北京:人民出版社,1993年,第166页。

的,更无法推动社会生产力不断解放发展,更谈不上社会主义现代化的建设。领导干部的权力是人民赋予的,不能用它来以权谋私,为个人和小团体谋取利益,成为既得利益集团的代表。江泽民同志强调,"我们党最大的政治优势是密切联系群众,党执政后的最大危险是脱离群众","必须坚持党的群众路线,坚持全心全意为人民服务的宗旨,把实现人民群众的利益作为一切工作的出发点和归宿"。① 面对改革开放以来的执政风险,中国共产党必须始终代表中国先进生产力的发展要求,中国共产党必须始终代表中国先进文化的前进方向,中国共产党必须始终代表中国最广大人民的根本利益。加强党群之间的认同,夯实党的执政基础。人不仅有物质需求,而且有精神需求。"在任何时候任何情况下,发展物质文明都不应以削弱甚至牺牲精神文明建设作为代价,而应积极促进精神文明的发展,既满足人民的精神生活需要,又为发展物质文明不断提供动力和智力支持。"②

"三个代表"重要思想是增强中国共产党政党认同的基石。江泽民强调:"三个代表是我们党的立党之本、执政之基、力量之源,是加强和改进党的建设、推进我国社会主义制度自我完善和发展的强大理论武器。"③不代表人民,不代表人民对物质文明与精神文明的诉求,人民何以可能跟随中国共产党,支持中国共产党,中国共产党就会丧失其历史合法性。所以,人民的认同是增强政党建设的根本。加强党建工作,惩治腐败,提高党的纯洁性和战斗力,根本上是要获得人民的支持与认可,才能团结全国人民把社会主义现代化事业推向前进。"在新的历史条件下和新的国内外环境中,努力保持我们党的工人阶级的先锋队性质,不断增强党的凝聚力和战斗力,切实提高党的执政水平和领导水平,这是决定社会主义在中国巩固和发展的根本问题。"④各级党组织和党员领导干部只有按照"三个代表"重要思想的要求与标准,来不断提高党的领导水平与执政水平,才能增强人民群众对党的认同与信心,赢得人民对党的拥护。

新社会阶层的加入与认同。改革开放孕育出一批新型社会基层,使得人民的内涵中增加了"在社会变革中出现的民营科技企业的创业人员和技术人员、受聘于外资企业的管理技术人员、个体户、私营企业主、中介

---

①《江泽民文选》第3卷,北京:人民出版社,2006年,第572页。
②《江泽民论社会主义精神文明建设》,北京:中央文献出版社,1999年,第9页。
③《江泽民在中央党校省部级干部进修班毕业典礼上的讲话》,《文汇报》2002年6月1日。
④《十四大以来重要文献选编》(中),北京:人民出版社,1997年,第1684页。

组织的从业人员、自由职业人员等社会阶层,都是中国特色社会主义事业的建设者"①。党的会议与宣言肯定了社会新型阶层的利益,人民的定义不断得到扩充。1993年把政治协商制度写入宪法,1999年把依法治国写入宪法,党和国家不断通过会议、法律、规章制度的认同方式完善对新型社会阶层的人民定义,这种对劳动、技术、创造行为的尊重就是认同,最终通过国家宪法的认同形式,通过"按劳分配为主体、多种分配方式并存的分配制度",确保了新型阶层人民的利益。新型社会阶层人员不断加入党员干部队伍是人民群众对党的认同,党吸纳他们是对他们为社会主义现代化事业所做出贡献的肯定。"在党的路线方针政策指引下,这些新的社会阶层中的广大人员,通过诚实劳动和工作,通过合法经营,为发展社会主义社会的生产力和其他事业作出了贡献。他们与工人、农民、知识分子、干部和解放军指战员团结在一起,他们也是中国特色社会主义事业的建设者。"②他们积极响应国家号召,自觉忠实践行了党的路线方针政策,认同党的纲领与章程,符合党员的条件与标准,让他们加入党员队伍是党新老交替的历史需要,也是党对他们的政治认同。

党要始终代表中国先进生产力的发展要求。社会主义的根本任务是解放发展生产力,这是马克思主义政党执政的中心任务。不断发展生产力,满足人民群众日益增长的物质文化生活需要,实现最广大人民群众的根本利益,才能从根本上增强党的阶级基础与群众基础,党才能带领全国人民不断前进。马斯洛认为人是有生理、安全、社交、尊重和自我实现需要的,前四个需求一般称为缺陷需求,最后一个需求称为增长需求。这些需求是与生俱来的人的属性,人的自由发展必须以满足人的需求为基础才能实现,调动社会的积极性与创造性必须从满足人的需求入手来进行考察,人们对需求满足的层级与程度决定了人的主体性的建立与发挥,人类的社会发展与政治目标必须要面对与处理人的这些需求。满足人民对物质生活水平的需求,是人类生存的基本需求,这是一种基本的认同。党的工作的得失应该以是否有利于发展社会主义社会的生产力,是否有利于增强社会主义国家的综合国力,是否有利于提高人民生活水平为标准进行判断,从而才能赢得人民的拥护。

党要始终代表中国先进文化的前进方向。党不仅要提升人民群众的

①《江泽民在中国共产党第十六次全国代表大会上的报告》,《人民日报》2002年11月18日。
②江泽民:《在庆祝中国共产党成立八十周年大会上的讲话》,北京:人民出版社,2001年,第31页。

物质生活水平来获得人民的认同,而且还要满足人民群众的精神生活需求来推动人民对党的认同。通过提升人民群众的思想道德素质与科学文化素质可以更好地发挥人民群众的主动性与创造性。这可以说是一种积极的认同。黑格尔认为绝对理念是世界的本源,而人是绝对理念借以开启世界的中介。每一种理念只能借助于人这一存在物才能实现它在世界的存在及其目标。马克思受青年黑格尔派影响,认为理论只要彻底就能说服人。各种正确的、错误的思潮一有机会就会抓住各种人,通过人的认同来证明它们在社会生活中的合理性存在。因此,我们"要积极引导广大群众自觉地抵制各种错误思潮和腐朽思想的影响,培养科学的健康的文明的生活方式,使他们真正成为奋发进取的社会主义劳动者和建设者"①,不能成为各种落后、反动、腐朽思想的寄主与代言人。

党要始终代表中国最广大人民的根本利益。毛泽东曾经就讲:"解决群众的穿衣问题、吃饭问题、住房问题、柴米油盐问题、疾病问题、婚姻问题。总之,一切群众的实际生活问题,都是我们应当注意的问题。假如我们对这些问题注意了,解决了,满足了群众的需要,我们就真正成了群众生活的组织者,群众就会真正围绕在我们周围,热烈地拥护我们。"这是由我们党的根本宗旨决定的,急人民所急,想人民所想。江泽民认为,把不断提高人民生活水平,关心人民群众根本利益作为我们党的工作出发点与归宿点,人民就会更加拥护我们党,更加支持我们党的领导决策,更加充满信心地投入改革开放与现代化事业之中。

在对外关系上,江泽民认为虽然国家之间可以不认同彼此的社会制度与意识形态,但我们可以在经济领域里面达成共识,发展双边关系。

(四)科学发展观与人的认同

科学发展观回答了人在发展中的地位问题。"三个代表"重要思想主要是从政党角度来阐述改革开放发展中党的腐败堕落、以权谋私现象造成的党群分离问题,通过"三个代表"重要思想的党建教育实践,增强人民群众对党的认同,中国共产党不断增强党性修养,成为更具代表性的政党。科学发展观是从人本的角度阐述社会发展不能仅仅体现在抽象的意识形态上,它需要切实地体现在人民生活水平的感性具体上。经济增长论一度认为发展就是增长,就是国民经济各项数据的提升,就是 GDP 与

---

① 《十三大以来重要文献选编》(中),北京:中央文献出版社,2009 年,第 626 页。

GNP 的增长。发展不是唯 GDP，不是经济增长。阿卡迪亚森认为应该以自由看待发展，不能牺牲人的自由、地位、利益来换取经济增长与社会发展。苏联模式那种重工轻农，国家高积累，人民低消费的弊端，最终导致人民的离心离德。"市场是为人而设的，而不是相反；工业属于世界，而不是世界属于工业；如果资源的分配和劳动的产品要有一个合法的基础的话，即便是在经济学方面，它也应依据以人为中心的战略。"[①]发展必须让人有所收获，有所感知，发展的目的与归宿是人本身。同时，经济增长论给全球带来资源短缺、环境恶化等生态危机的问题，导致人与自然、人与社会的关系极度紧张，社会共同体组织有濒临瓦解的危险。

　　这种只有增长没有发展的发展方式越来越遭到人们的质疑，越来越失去人们的认同。解决的办法与出路就是设法创新，实现主体间的认同，构建新的共同体。2003 年胡锦涛同志及时提出"坚持以人为本，树立全面、协调、可持续的发展观，促进经济社会和人的全面发展"的科学发展观。人民的概念得到了最大范围的扩展，它强调我们中华民族仍是一个民族共同体。在我国现阶段，全体社会主义劳动者、社会主义事业的建设者、拥护社会主义的爱国者、拥护祖国统一和致力于中华民族伟大复兴的爱国者，都属于人民的范围。强调"以人为本"就是"要始终把实现好、维护好、发展好最广大人民的根本利益作为党和国家一切工作的出发点和落脚点，尊重人民主体地位，发挥人民首创精神"。[②]发展的出发点必须为了人民，发展过程必须依靠人民，发展的成果必须由人民共享。马克思、恩格斯认为人类历史的前提是有生命的个人的存在、从事物质生产活动、物质生产活动的再生产与人口生产这四个要素，构成了人类历史发展的四个条件。只有满足了这四个条件，历史才能真正开启。所以就应该努力让人成为感性的人，满足人的自然属性的需要，帮助人们就业从事物质生产劳动，让人民安居乐业，满足人们的吃喝住穿。这是人类历史的起点，也是人的主体性的基础。吃喝住穿是作为人的基本需求，满足这些需求是对人的基本认同。这是获取人民支持的基础与前提。依靠人民，让人民拥护，发挥人民群众的历史推动力，需要为进一步培养与提高人的能动性与创造性创造更好的条件与保障。胡锦涛进一步指出："坚持以人为本，就是要以实现人的全面发展为目标，从人民的根本利益出发谋发展、促发展，不断满足人民群众日益增长的物质文化需要，切实保障人民群众

---

①弗朗索瓦·佩鲁：《新发展观》，北京：华夏出版社，1987 年，第 92 页。
②《十七大以来重要文献选编》（上），北京：中央文献出版社，2009 年，第 12 页。

的经济、政治、文化权益,让发展的成果惠及全体人民。"①这是从人的全面发展的角度阐述了以人为本的意义。但是,要想提高人民群众的生活水平,还得从加快生产,扩大生产,做大蛋糕的角度来不断思考。因此,党的十七大报告指出,新中国虽然取得了举世瞩目的成就,但由于中国人口基数大、发展不均衡等国情,社会主义社会的基本矛盾仍是存在的,发展仍是党执政兴国的第一要务,同时,必须处理好生产与分配的关系,通过以人为本助推改革开放。

以人为本要求缩小贫富差距,改善民生。改革开放以来,尽管国民生产总值不断提升,但人民生活水平的贫富差距不断拉大,基尼系数不断逼近警戒线。少数人富裕起来不是以人为本,必须让全体人民富裕起来,才能达到社会和谐。党的十六大之后,通过不断完善分配制度与劳动制度、社会保障制度,提高工资,扩大就业,来减轻人民群众生活的压力,改善民生生活,不断夯实民生基础,让人成为人。人民才会认可我们的社会与国家制度。党的十七大报告指出:"必须坚持以人为本。全心全意为人民服务是党的根本宗旨,党的一切奋斗和工作都是为了造福人民。要始终把实现好、维护好、发展好最广大人民的根本利益作为党和国家一切工作的出发点和落脚点,尊重人民主体地位,发挥人民首创精神,保障人民各项权益,走共同富裕道路,促进人的全面发展,做到发展为了人民、发展依靠人民、发展成果由人民共享。"②因此,那些唯 GDP 论者,发展为了政绩的弄虚作假等形式主义都是以物为本、以官为本的表现,是与人民群众意愿背离的作为。

全面发展是对人的尊重与维护。一方面,人的需求是多样的。人不但有物质的生理需求,还有精神需求,还有政治诉求等自我实现的需求。物质文明、精神文明、政治文明是围绕着人性的多样性展开的。从两手抓到三位一体、四位一体、五位一体都是对人的全面发展的诉求与提升。另一方面,物质文明、精神文明与政治文明等三个方面是彼此协调,共同推动人的发展的。按照马斯洛的需求理论,低级需求是高级需求的基础。只有满足了人的低级需求,才能为人的高级需求提供基础。但是我们不能唯物质文明,仅仅停留于人的基本需求,导致偏废人的其他需求,把人塑造成一个单向度的人。三个层面的发展相互联系、相互影响,共同作用

---

①胡锦涛:《在中央人口资源环境工作座谈会上的讲话》,《人民日报》2004 年 3 月 1 日。
②《高举中国特色社会主义伟大旗帜,为夺取全面建设小康社会新胜利而奋斗》,北京:人民出版社,2007 年,第 15 页。

于人这一主体，让人获得力量，努力成为一个全面发展的人，成为一个健全的人，推动社会之间的认同。

协调发展是增强城乡认同、区域认同、行业认同的有力举措。东西差距、城乡对立，加剧了社会矛盾，造成了社会撕裂。所谓"协调发展，就是要统筹城乡发展、统筹区域发展、统筹经济社会发展、统筹人与自然和谐发展、统筹国内发展和对外开放，推进生产力和生产关系、经济基础和上层建筑相协调，推进经济、政治、文化建设的各个环节、各个方面相协调"①。通过西部大开发、对口支援、传帮结对等先富带动后富的方式来弥补各种发展的不平衡，增强社会之间的认同，为人的发展创造各种有利条件。

可持续发展是对人类社会历史发展的尊重。所谓"可持续发展，就是要促进人与自然的和谐，实现经济发展和人口、资源、环境相协调，坚持走生产发展、生活富裕、生态良好的文明发展道路，保证一代接一代地永续发展"②。一方面，发展不是竭泽而渔、杀鸡取卵，而是子孙万代、薪火相传的创新。不能以牺牲后代的发展来满足当代的欲求，要提高发展的质量，完成产业的更新换代，实现人与自然的天人合一，使发展具有可持续性。另一方面，一切以牺牲后代发展的高污染的低效、低质的发展是无法向后代交代的，也是被自然所不容的，自然必将报复我们，甚至抛弃我们。不尊重自然规律的发展，只会让自然界给我们带来灾难。人是自然界的产物，人不是自然界的主人。在一定意义上，人与自然不仅需要和谐，也需要一种认同，来达到共生。

通过经济社会的发展来推动人的全面发展。从人出发又回到人，这是马克思主义的人学逻辑。科学发展观就是对人的理解与尊重，就是通过对各个社会主体的认同来达成一种和谐。"在人与人的和谐、人与自然的和谐、人与社会的和谐的基础上，人的主体性才能充分显现，积极性和能动性才能充分发挥，发展的成果才能惠及全体社会成员，各种社会矛盾特别是利益矛盾才能得到缓和而不致激化，社会各阶层之间的内耗才能降到最低。"③只要我们秉持全面、协调、可持续的发展观，尊重人、重视人，就一定能激发人的主体性与创造力，从而推动经济社会发展。经济社会的发展也会把人的全面发展作为最终的发展目的与归宿。

政治认同为科学发展观提供强有力的保障。随着新型社会阶层的发

---

① 胡锦涛：《在中央人口资源环境工作座谈会上的讲话》，《人民日报》2004 年 3 月 11 日。
② 胡锦涛：《在中央人口资源环境工作座谈会上的讲话》，《人民日报》2004 年 3 月 11 日。
③ 蔡普民：《科学发展观的人学审视》，北京：中国社会科学出版社，2007 年，第 192 页。

展与壮大,为了提升执政能力与水平,增强人民的国家认同,2004年胡锦涛同志在党的十六届四中全会上首次提出"民主执政",并把它与科学执政、依法执政共同作为新时期党的领导方式。"民主执政,就是坚持为人民执政、靠人民执政,发展中国特色社会主义民主政治,推进社会主义民主政治的制度化、规范化、程序化,以民主的制度、民主的形式、民主的手段支持和保证人民当家作主。"①民主执政是把人民参与社会国家事务的过程通过政策制定、政治制度的方式确定下来,这就是从政治认同的角度来为人民当家作主提供政治保障,是中国共产党从革命党向执政党转变的必然要求。2007年党的十七大把民主执政写入党章,把群众基层自治制度纳入中国特色政治制度的行列,在政党政治角度达到了最高的认同与共识。

(五)习近平的人民主体论

习近平同志在党的十八届五中全会上,明确提出"坚持以人民为中心的发展思想"。2016年,在庆祝建党95周年的大会上,习近平总书记指出:"我们要顺应人民群众对美好生活的向往,坚持以人民为中心的发展思想,以保障和改善民生为重点,发展各项社会事业,加大收入分配调节力度,打赢脱贫攻坚战,保证人民平等参与、平等发展权利,使改革发展成果更多更公平惠及全体人民,朝着实现全体人民共同富裕的目标稳步迈进。"②坚持以人民为中心必须把人民作为发展的主体与动能,通过加大收入分配保障与改善人民生活来加强人民对政府的认同,为人民自由自觉发挥主体潜能提供保障,开辟道路。早在党的十八届三中全会中,习近平就提出要"推进国家治理体系和治理能力现代化"。现代化的根基是人与理性,治理能力侧重从人这一主体出发来提升,治理体系侧重从制度系统出发来提升。人的主体性的挖掘与提升、制度系统化的建构都离不开一种内生性的认同机制,从而达到一种从管理向治理的转变与提升。

习近平强调必须把坚持人民主体论落到实处:首先从政党角度来看,通过政党认同达到以人民为中心发展的政治高度。"必须坚持人民主体地位,坚持立党为公、执政为民,践行全心全意为人民服务的根本宗旨,把

①胡锦涛:《坚持科学执政、民主执政、依法执政,扎实加强执政能力建设和先进性建设》,《人民日报》2006年7月4日。

②《十八大以来重要文献选编》(下),北京:中央文献出版社,2018年,第352页。

党的群众路线贯彻到治国理政全部活动之中,把人民对美好生活的向往作为奋斗目标,依靠人民创造历史伟业。"①其次,从人民角度来看,必须切实满足人民的生存发展需求来增强人民对国家的认同。习近平在党的十九大报告中指出,我国社会主要矛盾已经发生转化,只有"更好满足人民在经济、政治、文化、社会、生态等方面日益增长的需要,才能尊重人民群众的主体意愿,实现人民群众的内在价值,推动社会的全面发展,从而真正地解决好发展不平衡、不充分的问题"。

现代国家政治的逻辑正如列宁所讲是一个从群众到阶级,再到政党以及领袖的国家建构进程。习近平总书记强调中国共产党的初心与使命是为人民谋幸福,为民族谋复兴。这是中国共产党的立党之本与执政之基,中国共产党只有围绕人民这一中心展开工作,才能证明自身的历史合法性与合理性建构。在改革开放以及社会主义市场经济的历史大潮中,部分中国共产党员没能经受住资本主义糖衣炮弹的考验,成为危及党建的重要问题。习近平总书记振聋发聩的初心与使命之问,切中了党的生存发展的根基。只有在人民身上,在信仰价值上唤醒初心,找到中国共产党的阶级主体,中国共产党才有历史存在的根基与发展的动力,才能证明自己是中国工人阶级的先锋队、中国人民与中华民族的先锋队,人民才能真心实意地拥护党的领导,认同党的历史核心地位。把人民利益放在首位,全心全意为人民服务,通过初心之问来增强政党认同,通过使命之问实现了人民群众与中国共产党的认同合一。

"人民就是江山,江山就是人民。"习近平的人民主体论是中国式的人民主体论。"江山代有人才出,各领风骚数百年。"江山是中国特色的政治术语,人民区别于传统民本,是现代政治的概念。习近平总书记强调打江山,守江山,守的是民心。只要把人民的心守好,争得人民的支持,我们的事业就会成功,我们就能赢得"赶考"。"政之所兴在顺民心,政之所废在逆民心。"江山与人民是一体两翼的、统一于社会主义国家政权的。因此,习近平总书记认为改革就是要改老百姓所关心的、老百姓所期盼的。只有解决并满足了人民群众的需求,才能增进人民对中国共产党的认同。

以人民为中心的中国民主是全过程的人民民主。全过程的民主是保障人民主体地位的创新。2019 年 11 月 2 日,习近平总书记在上海市长宁区考察社区治理工作时指出:"我们走的是一条中国特色社会主义政治发

---

① 习近平:《决胜全面建成小康社会夺取新时代中国特色社会主义伟大胜利:在中国共产党第十九次全国代表大会上的报告》,《人民日报》2017 年 10 月 28 日。

展道路,人民民主是一种全过程的民主。"全过程民主是一种"程序民主＋实质民主",或者可称"形式民主＋内容民主",把民主的程序贯穿到民主的一切领域。不能在投票的时候把民众唤醒,投票后让民众进入休眠期。中国民主是实质民主与程序民主、过程民主与成果民主、直接民主与间接民主、人民民主与国家意志的统一。全过程民主的要义是要求人民群众主体地位的持续在场,只有这样才能克服单一的、机械的程序民主、实质民主、直接民主、间接民主、选举民主、协商民主等民主形式的弊端与缺陷,确保人民当家作主。通过保障人民主体地位的在场,避免党群脱节、权力真空等腐败问题,以实现"把权力关进笼子里"的目标,推动社会历史发展。中国民主制度对人民当家作主做了有效的制度安排,它是中国民主的前提与根本。通过宪法,在国体上,界定了人民民主专政的性质。代表社会阶级的旧民主主义革命的失败说明它的民主模式是无法满足全体中国人民的,是无法完成民族独立与人民解放的重任的。新民主主义革命的胜利被证实它是得到中华民族与中国人民认可的民主道路,它让最广大的中国人民摆脱了被剥削被压迫的地位,成为新中国的建党立国之本,并通过宪法的形式被确定下来。人民民主专政是经过历史与人民检验的民主实现方式。人民民主专政使中国现代民主成为可能,中国社会主义现代化事业的发展要求我们必须把人民民主专政推向前进,必须找到人民民主专政的转化与实现路径。评价一个国家的政治制度,主要看权力运用能否得到有效制约和监督,也就是群众、阶级、政党、领袖各个政治主体的合法性能否得到人民的认同。无法获得人民认同的民主,领导层就不会依法有序更替,人民也无法参与社会与国家管理事务,无法真正表达出自己的利益诉求,各方面的人才也无法有效地进入国家管理体系,党的领导无法让人民满意,人民始终游离于民主之外。民主只能成为一种形式与"装饰"。因此,民主必须注重人民的认同,注重实质民主。为了捍卫工人阶级领导的人民民主专政的国家政权,在政治上翻身的工农联盟必然会通过国家政权来建立起自己的产业基础。对生产资料的社会主义改造是无产阶级政权从政治认同到经济认同的必然逻辑。另一方面,人民民主专政中的"专政",是对敌人的专政,只能通过主客二元对立的方式,来让敌人完成一种强制认同、被迫认同,并伴以各种思想文化教育的方式来逐渐完成对敌人的规训,把他们改造成社会主义的新人。

在政体上,规定了人民代表大会制度的民主实现方式。人民代表来自广大人民群众,通过各种民主选举方式,被人民赋予民权的部分主体。他们来自人民、接受人民监督、代表人民,完成人民当家作主的职能。人民代表集中传递了人民的呼声,反映了人民的意志,代表了人民的诉求与希望,是人民群众的特殊与个别。所以,人民才会支持他们、拥护他们、跟随他们。

在政党上,明确了中国共产党领导的多党合作和政治协商制度。按照西方民主所构建的议会制、多党制、总统制,被证实与中国的民情是水土不服的,中国社会各阶层"两头小、中间大"的社会群体以及农民阶级的狭隘性决定了中国政党政治的模式必然是中国共产党领导的多党合作和政治协商制度,这一市民社会决定政党政治的模式是一种内生性的民主自觉,它是为中国各个党派所理解与接受的。这种政党政治的模式毫无疑问不是从哪个国家复制过来的,而是中国政党政治不断摸索与试错的结果,它既避免了一党专政的独裁,也规避了多党制轮流执政、相互制衡、缺乏统一的无序,是一种包容而有序的政党政治。

在统战上,要求巩固和发展最广泛的爱国统一战线。面对多元差异的社会主体,一盘散沙与无根的漂泊对中华民族共同体的构建是不利的。在尊重他者的基础上,展开对话,达成共识,一以贯之是必要的。统一战线是对多元差异主体的尊重与认同,它通过社会生活的各种关系来达到求同存异、聚同化异,最终团结一致、形成共识。

在民族共同体上,实行民族区域自治制度。中国历史是一部多民族共同团结奋斗的历史。建立民族区域自治制度是对少数民族历史与文化的尊重与维护,基于少数民族主体权利的区域设定,为少数民族当家作主提供了空间场域,这一制度是对少数民族的政治认同、文化认同、社会认同,为维护中华民族团结发挥了重要的保障作用。

在基层治理上,坚持和完善基层群众自治制度。在农村,实行村民自治制度;在城市,实行居民自治制度;在企业,实行职工代表大会制度。这都是基层人民群众自我管理群众事务的真实写照。基层群众自治制度是中国民主政治的土壤与基石,通过基层群众自治实践,有效地推动了国家治理体系与治理能力现代化的进程。

从政治民主到社会民主。"民主是什么呢?它必须具备一定的意义,否则它就不能存在。因此全部问题就在于确定民主的真正意义。"①民主的意义在于主体间的认同,民主确立人的主体地位,赋予了人的权利,张扬了人性;而不是压抑人、剥削人、奴役人。新民主主义革命时期,中国的民主问题在于通过无产阶级革命,获得无产阶级解放,为人民当家作主铺

---

① 《马克思恩格斯全集》第7卷,北京:人民出版社,1998年,第304页。

平了道路。马克思、恩格斯在《共产党宣言》中也认为"工人革命的第一步就是使无产阶级上升为统治阶级,争得民主"①。毛泽东认为新民主主义革命的成功为人民当家作主扫清了一切障碍,为人民当家作主开辟了道路。我们的党和工人阶级只有在民主共和国这种形式下,才能取得统治,我们的党和人民通过人民当家作主这种民主方式取得了对资产阶级的统治。列宁也认为要让群众自下而上地直接参加全部国家生活的民主建设。马克思、恩格斯一直都强调无产阶级的政治解放只能实现政治民主,而只有实现完全的社会民主,人类社会才真正进入民主社会。

民主的实质就是认同。民主就是人民当家作主,为了确保人民当家作主,其内在的合理性与合法性路径必然是认同。民主的前提首先要对人民做出界定与考虑,人民的概念与范围是历史的、具体的、辩证的。人民的主体概念决定了当家作主的主题。人民概念的界定本身就是一个革命主体划定人民范围、统一思想的认同过程,其中认同是自我实现的根源,完成了主体的建构,为实现人民共同体的构建奠定了思想基础。经济认同、政治认同、文化认同、社会认同等是维护国家共同体的各个维度。各种认同形式从民主的内容来看,推动了民主现代化进程,实现了民主的合理性与合法性建构;从民主的目的来看,为人民当家作主铺平了道路,实现了人的自由全面发展,否则就会限制人的发展,打击人的积极性,影响社会发展。改革是改掉阻碍生产力发展的陈旧的生产关系,改的是制度,是一种体制,破除制约生产力发展的各种因素,解放发展生产力。生产力的核心要素是人,最终目的是促进人的发展,推动民族国家共同体的升级与再造,实现国家与社会的良性互动,实现中华民族的伟大复兴。

---

①《马克思恩格斯文集》第2卷,北京:人民出版社,2009年,第52页。

第四节　人类命运共同体的构建

　　"二战"后,后发国家迫切希望实现民族独立和现代化发展,但是迫于西方霸权与复杂现代性的局势,却难以选择自己的道路和方案。西方发达国家按照西方发展模式炮制出一套所谓"发展理论"或"现代化"理论和方案,来诱导这些国家走西方新自由主义现代化道路,成为西方资本主义生产链条上的重要环节与枢纽。事实证明,照抄西方现代化经典特别是以"华盛顿共识"为标识的新自由主义现代化方案是行不通的,发展中国家在实践中屡遭失败。例如,信奉"拉美共识"的拉美国家陷入"拉美陷阱",秉持欧洲价值观的部分中东欧国家陷入"欧债危机"。没有植根自身国情,盲目随从附和西方资本主义国家现代化发展的路径,只能成为西方资本主义国家的附庸,其自身成为维护西方资本主义社会的要素。习近平新时代中国特色社会主义思想是对全球文明秩序重建与后发国家现代化出路的中国解答。只有中国特色社会主义现代化道路一枝独秀,展现出勃勃生机和辉煌前景,从而给世界上那些既希望加快发展又希望保持自身独立性的国家和民族提供了全新选择,进而为全球文明秩序的重建贡献了中国智慧和中国方案。

一、后发国家现代化的出路

　　现代性是多元的,现代化的模式更是多线的。社会主义是作为现代资本主义危机的替代性方案而被提出的,它的首创者是马克思与恩格斯。资本主义的现代化是多线的,它们有西欧、美国、瑞典、巴西等现代化模式,而且大多是内源式现代化。社会主义的现代化也是多线的,它们有苏联模式、中国模式、古巴模式、越南模式等。西欧模式是最典型的现代化模式,它开启了现代性的历程。后发国家是指落后于西方发达国家,没有彻底完成现代性的重建,一直纠缠于前现代与现代之间的发展中国家,它们与西方发达国家有着千丝万缕的联系,受西方发达国家的制约与支配。

　　后发国家在西方化的过程中,既有成功的经验,也有失败的教训。日本、韩国等国家成功地从一个后发序列进入到一个发达序列,形成了独特的日本模式、韩国模式。巴西、委内瑞拉、墨西哥、南非等后发国家由于没能很好地处理现代化发展的各要素,使现代化发展长期处于一个停滞状态,形成所谓的"拉美陷阱"。日本在经过了二十多年的经济高速发展期后,在1973年前后进入转型发展期。日本在面对房地产业高涨、刘易斯拐点等问题的情况下,却采取了列岛开发等一系列刺激政策,致使通货膨胀居高不下,房地产泡沫严重,同时受到第一次海湾战争的影响,日本以钢铁、水泥、石化为主的传统产业受到重创。日本结合世界科技革命的趋势,转入以汽车、电子、精密仪器等制造业为主的转型发展,完成了现代化的发展。韩国经过三十多年的高速发展,在1990年前后进入转型发展期。在面临刘易斯拐点、劳动力成本上升、产能过剩、房地产市场高涨的情况下,政府采取了过度的行政干预措施致使通货膨胀高涨,资产泡沫严重,企业负债严重,从而引发了经济危机。最终倒逼韩国进行大刀阔斧的改革,实施科技创新战略,迅速在电子信息技术产业、汽车产业占据了国际市场。日韩模式具有政府主导、政企结合的出口型经济战略,注重家庭伦理关系,以宏观经济政策为主导的特征。它的缺陷在于粗放型的经济增长模式与政企不分的腐败危害以及外向型经济的依附性。而"拉美陷阱"指的是一些后发国家在面对刘易斯拐点、劳动力成本上升的问题时,国家奉行西方新自由主义思潮,实行彻底的市场私有化,政府监管不力,不能采取科技创新,没能通过有效改革实现转型发展,实现传统产业向现代产业的更新换代,没有解决贫富分化、城乡对立等矛盾,从而使国家经济长期处于一个停滞状态,没能从中等收入国家进入发达国家的行列。社会主义的现代化也是多线的。古巴模式坚持公有制经济的绝对主体地位,也承认与鼓励非公有制经济发展;坚持严格的社会平等制度,形成了广泛与完善的社会保障体系;着力发展新型生物医药技术产业,不断挖掘内在发展潜力,本着渐进改革的战略逐渐实现改革的稳步推进。但庞大的社会保障体系、发展投资严重不足以及严重的老龄化问题不断困扰着古巴的现代化之路。

　　中国历经40年改革开放的高速发展,完成了新中国从站起来到富起来的历史任务,然而在面对中等收入国家所面临的巨大挑战时,如何实现从中等收入国家向现代化强国的迈进,是新时代摆在中国人民面前的时代课题。习近平新时代中国特色社会主义思想提出:必须抓改革、调结构、稳增长、防风险、保就业、守底线,加强供给侧结构性改革;加强国家宏观调控与完善社会主义市场经济体制的建设,货币刺激与供给侧并举;开展营改增、去产能、去杠杆,监管不良资产等措施;实施从要素驱动向创新驱动的转变,发扬工匠精神等中国方案。这些都是在借鉴吸收西方发达国家现代化的优秀经验与后发国家失败的发展教训的基础上形成的。习近平新时代中国特色社会主义思想就是对这一问题的历史解答,它是对现代化全球发展历程的经验总结与深刻反思。

二、全球文明秩序重建的中国智慧

现代性的认同被证明是多元多线的。现代性在全球范围的拓展形成了形态各异的现代化模式,这些形态各异的现代化模式有无共性可言,由这些形态各异的现代化模式所构建的全球文明秩序在理论与实践上何以可能呢?

全球文明秩序之所以可能,首先从实践上来看,在于全球问题的存在。问题的解决已不得不面对一个普遍交往的世界历史场域,不得不持有一种开放的全球视域。其次从理论上来看,全球问题的根源在于:现代性的本质是资本。资本唯利是图的本性催促资本家在世界各地东奔西走,把世界上的一切尽可能地打上资本的烙印。那些原本自洽和谐完整的系统要素被资本及其现代性强行地进行了分割与剥离,被资本进行了简单、片面的裁剪纳入现代社会,成为现代社会的合理要素;被资本逻辑所丢弃的传统的社会要素,成为现代社会的阻碍,它们干涉影响着现代性的布展及其实现,成为改革的对象。由此,有着特定社会历史文化意义的各要素发生了时空的脱域。资本不仅推动了前现代社会结构的分裂、衰朽,而且也加速了资本主义社会内在的危机。总之,资本是导致全球问题的根本,因此,马克思主义站在科学社会主义的高度对资本主义社会的内在矛盾进行了深刻的揭示与历史的批判,并指出共产主义社会是未来全球文明秩序的前景,为人类社会的发展指明了方向。

丛林法则、弱肉强食是旧全球文明秩序的宗旨与原则。强权国家通过武装侵略实现殖民统治与全球文明秩序的重建。14—15世纪奥斯曼帝国控制着欧亚大陆的交通命脉,新兴资产阶级为了寻找丰富的生产资料与广阔的商品市场,在西班牙向西与葡萄牙向东开辟新航路的同时也改变着世界文明的秩序,形成了西方对东方的奴役,垄断商路,掠夺黄金白银,进行奴隶买卖,建立军事据点。1496年葡萄牙与西班牙在教皇的调解下签订《托尔德西里亚斯条约》,完成了对世界的分割与殖民统治。1588年英国与西班牙进行海战,重创西班牙,英国加入世界殖民统治序列。荷兰在尼德兰资产阶级革命中崛起,法国在三十年战争中崛起,英国在17世纪通过三次英荷战争击败荷兰,18世纪击败法国成为世界霸主,主导了全球文明秩序的布局。俄国经过彼得大帝与叶卡捷琳娜二世时期,发动两次土耳其战争,跻身世界强国。德国的崛起加剧了其与老牌殖民强国的矛盾,引发了两次世界大战,最终以失败告终。美国通过资产阶级革命与南北战争逐渐强大起来,"二战"后,通过实施马歇尔计划,建立布雷顿森林体系,成为超级大国,一度形成美苏争霸的世界秩序。苏联的解体,使美国成为世界上唯一的超级大国。"二战"后,世界经济进入恢复发展阶段。日本经济一路高歌猛进,19世纪80年代末日本GDP已经超过美国的60%。世界舆论普遍认为日本作为美国的盟国不存在根本的利益矛盾冲突。日本在家电、汽车、电子等行业不断超越美国,并对美国企业进行大肆收购,日本威胁论盛行,对美国主导的全球秩序形成了挑战。美国通过纽约"广场协议"等不平等协定,迫使日元升值,美元贬值,炒高房地产与股市后热钱迅速撤离,造成日本资产损失严重,使日本经济长期陷入低迷,日本对美国全球霸权体系的挑战以失败而告终。

从资本主义萌芽在欧洲产生以来,资本主义国家不断寻求海外市场,积极对外扩张,全球文明秩序总是以战争的方式来进行修补与重建,这就是所谓的修昔底德陷阱——古希腊历史学家修昔底德认为一个国家的复兴崛起必然会对现存的国际关系秩序形成威胁,由此引发双方之间的战争,这是国际关系变更的必然规律。修昔底德陷阱的思维是一种西方中心论,它造成了文明的冲突、地区的紧张,进而引发全球灾难。现存的全球文明秩序就是修昔底德陷阱的产物,它是旧全球化时代的产物。现存全球文明秩序最大的特点是单一性、抽象性,本质上是西方中心主义的霸权与专制。萨义德强烈批判西方狭隘的民族主义及其对东方的帝国主义霸权,认为由于西方强权政治与文化霸权,东方长期处于被西方文化不断建构和话语权力胁迫的弱势地位,西方和东方的关系明显地表现为由主客二元对立思维模式所形成的主宰与被主宰、制约与被制约、影响与被影响的单向度关系。所谓的东方主义是西方对东方的主观独断论,是西方文化霸权所虚构出来的东方神话。西方具有先天的优越性,东方代表着落后愚昧,西方代表着世界文明的未来,东方需要西方的救赎与解放,这是西方中心主义的产物。它强调直面多元文化的差异,但差异并不意味着对立冲突,这是我们平等对话的前提。亨廷顿认为冷战结束后,东西方冲突已由意识形态之间的矛盾转化为世界八大文明的冲突,表面看似是不同国家的利益冲突,实则是文明之间不可调和的差异。现实是各个文明都在不断强化自身的文化价值,人类只有接受并认同全球文明的多元差异,才能维持全球政治的安定,但是他认为世界文明将会是西方文明的普世化。现存全球秩序是以美国为首推行的西方霸权,它是建立在对非西方"他者"的歧视基础上的,其理论基础是基于经典现代政治观念,把所有的人都抽象为一个大写的、同一的人。

21世纪以来随着经济全球化、政治多极化、文化多样化的深入发展,旧的全球秩序越来越不适用于新全球化时代。"新兴市场国家和发展中国家对全球经济增长的贡献率已经达到80%,过去数十年,国际经济力量对比深刻演变,而全球治理体系未能反映新格局,代表性和包容性很不够。"①加之经济危机、生态危机、恐怖主义等全球不确定性因素的增加,习近平总书记从世界历史、全球政治的角度提出了人类命运共同体理论。人类命运共同体理论在理念上,就是要我们承认世界各国之间的利益差别与价值冲突,强调把本国的发展与他国的发展结合起来,在和平发展、合作共赢中实现全球人类的共同发展。"这个世界,各国相互联系、相互依存的程度空前加深,人类生活在同一个地球村里,生活在历史和现实交汇的同一个时空里,越来越成为你中有我、我中有你的命运共同体。"②它展现了新时代中国对全球文明秩序重建的理性思考。在载体上,通过打造中非命运共同体、中国—东盟命运共同体、中国—拉丁美洲命运共同体、上合组织等平台,与世界各民族、各文明结成新的多边关系,为构建人类命运共同体提供平台支撑。在路径上,与马歇尔计划不同,开展"一带一路"倡议,推动世界贸易组织、世界银行等国际组织的改革发展,加强新兴国家的话语权与领导权;继承联合国宪章的宗旨与原则,推动联合国改革发展工作,反对霸权主义与强权政治,强调多元主体的平等协商,为全球治理提供方案。在目标上,超越世界各国的一赢多输、零和博弈,以共赢共享为目的,实现人类共同发展,建设一个和平、开放、繁荣、美丽的新世界。人类命运共同体理论是对"历史终结论""文明冲突论"的超越,为世界和平发展,解决全球文明冲突贡献了中国智慧。

---

①习近平:《共担时代责任共促全球发展——在世界经济论坛2017年年会开幕式上的主旨演讲》,《人民日报》2017年1月18日。
②《习近平谈治国理政》(第1卷),北京:外文出版社,2014年,第272页。

三、自我革命的现代化认同道路

四个全面是破解复杂现代性、打造认同体系的历史表达。复杂现代性的特点是差异性、矛盾性与半现代性,就是说在现代化的过程中,旧的传统的社会主体力量不断借助新的现代化要素"借尸还魂",来捍卫自身的利益,增强自身的认同体系,巩固自身的主体力量,成为阻碍社会历史发展的绊脚石,成为非历史的要素,迟迟不愿意退出历史舞台,阻碍民族国家的发展前进。现代化对它们而言成了增强传统势力自我认同的力量。改革开放发展过程中,我们尽管取得了令人瞩目的成绩,但差异林立、矛盾丛生等现代化的复杂性日益加剧,出现了经济、政治、文化、社会、生态等不平衡以及片面发展的半现代倾向。全面建设社会主义现代化国家、全面深化改革、全面依法治国、全面从严治党的四个全面正是基于现代化的片面发展导致的复杂现代性而言的,是中国共产党决心走出复杂现代性陷阱,增强国家认同,走向现代化强国的必然。因此,四个全面是中国新现代的复杂现代性历史出路与时代建构。

五大发展是新现代增强国家认同的战略规划。创新、协调、绿色、开放、共享的发展理念是对中国现代化发展的新阐释。无论是被动输入型现代化,还是自主输入型现代化都没有完全摆脱资本主义现代性的影响,我们仍处于"微笑曲线"的低端,仍然受困于资本主义现代性的中心—边缘结构。要彻底走出复杂现代性的困境,自主辐射型现代化是唯一出路。"以新现代性为基础,我们的现代化实际上是一种新型现代化,即在新全球化发展背景之下,以现代产业和新技术革命为推动力,建立在新型工业化基础上以及由此导致的经济、政治、社会、文化等诸领域的深刻变革过程。"[1]五大发展以创新为第一驱动力,通过创新来实现自强;以协调来平衡现代性的各个维度,通过协调来实现自立;以绿色来实现"环境支持",通过绿色来实现自在;以开放来立足全球视域,通过开放来实现自我。五大发展是增强自我认同的关键,深刻阅读复杂现代性,认清现代化各阶段的历史合法性限度,打破既得利益团体的现有格局,推动转型发展现代化战略布局,从而成为中国现代性问题的理论创新。

---

①任平:《脱域与重构:反思现代性的中国问题与哲学视域》,《现代哲学》2010年第5期,第6页。

第五章　基于认同的基层民主实践

基层民主实践是基层人民群众当家作主的主体自觉。基层人民群众把党的领导、人民当家作主和依法治国三者有机结合，不断谱写出中国基层社会治理的新篇章。枫桥经验、山东曹县丁楼村的民主实践生动地展现了基层人民群众当家作主的内在机制，科学地回答了"基层民主何以可能"这一历史命题，它们特有的表达民主与实现民主的方式成为中国基层民主政治的典范。

第一节　枫桥经验的人民主体论

枫桥经验的历史出场语境是多元主体为认同而展开的斗争场景。枫桥经验诞生于紧张严峻的国内外局势。国内方面,刚刚经历三年经济困难时期,一化三改损害了一部分人的利益;国际方面,中美关系持续紧张,中苏关系不断恶化,美国对越南的侵略日益扩大,中印边境发生军事冲突,台湾当局不断侵袭东南沿海地区,企图反攻大陆。国内反动分子与国际反华势力相互勾结、遥相呼应,建立秘密组织,散发反动传单,造谣生事,企图反攻倒算。浙江地处东南沿海,毗邻台湾美日军事基地,军事斗争任务艰巨;资本主义民族工商业发展相对充分,社会主义改造损害了一部分人的利益,阶级关系尤为紧张。如何教育改造地主、富农、反革命分子、坏分子等四类分子,巩固新生的社会主义政权,并调动一切积极因素为社会主义建设服务,成为摆在中国人民,特别是浙江诸暨枫桥人民群众面前的一项重大而棘手的问题。

与西方市民社会相比,枫桥经验之所以能够成为中国基层治理的典范,它的特殊性表现在以下七个方面。

一、特殊的人民主体

"旧哲学的基础在于市民社会,新哲学的基础在于人类社会或社会化的人类。"[①]新自由主义、新保守主义等等形形色色的资本主义理论的立足点是市民社会,西方市民社会的主体是"私人利益的总和",是自私自利的理性人,为了实现互惠互利而结成的一个资产阶级的利益共同体。

枫桥经验作为中国基层治理的哲学范式,它的立足点恰恰是"人类社会或社会化的人类"。改革开放前枫桥经验的人民主体是经过新民主主义革命与社会主义革命所塑造起来的人民主体,是一个夹杂着一切前现

---

①《马克思恩格斯文集》第 1 卷,北京:人民出版社,2009 年,第 94 页。

代要素的新的人民主体群像。新中国成立后,中国共产党通过土地革命、
一化三改与人民公社化运动的方式,消灭了形形色色的资本主义与封建
主义私有制,建立起人人平等的人民公社基层共同体组织,把富农、地主、
资本家等都改造成自食其力的社会主义劳动者,纳入人民范畴。在这个
群体中绝大多数的人民群众没有人民当家作主的历史经验,他们提心吊
胆、坐卧不安,担心地主、资本家的反攻倒算;还有一小部分是刚刚失去旧
社会统治地位的地主与资本家,他们蠢蠢欲动,与国内外的反动势力遥相
呼应,企图复辟那个刚刚瓦解的旧社会。这样一个新的人民群体脑袋里
装的都是旧社会的文化意识形态,旧社会的东西随时准备着死灰复燃。
改革开放前枫桥经验的人民主体在经济上是人民公社,政治上是社会主
义指导,中国共产党领导,文化上是社会主义文化与阳明心学笼罩下的社
会共同体组织。他们同吃、同住、同劳动,组成了家庭、生产队、人民公社、
党委会、村民议事会、乡贤理事会、家庭议事会等主体组织结构。总之,改
革开放前枫桥经验的人民主体是由完成资本主义与封建主义私有制改
造,由国家倡导个人自愿结成的社会共同体组织。

　　改革开放后,随着社会主义初级阶段的主要矛盾由阶级斗争转变为
人民日益增长的物质文化需要同落后的社会生产之间的矛盾,特别是随
着社会主义市场经济的发展,枫桥经验的人民主体转变为由非公经济发
展壮大而成长起来的新型社会阶层主体与工农联盟相结合的一切拥护与
支持中国社会主义现代化建设的人民主体。进入新时代,随着我国社会
主要矛盾转化为人民日益增长的美好生活需要和不平衡不充分的发展之
间的矛盾,枫桥经验的人民主体转变为一切拥护与支持中国特色社会主
义道路,实现中华民族复兴的民族共同体。枫桥经验的人民主体是一个
经济共同体、政治共同体、文化共同体、生态共同体的社会组织,是多元主
体间交往互动的产物。

　　其共同体的经济规则是社会主义国家制定的,政治上是社会主义国
家领导下的政治经济学,是对苏维埃政权＋经济、文化、社会、生态的继承
与创新、深化,克服了市民社会的盲目性与自发性。

　　市民社会是资本主义私人个体为了维护公民私有财产不受侵犯,与
他人通过契约、文化等结成的社会共同体组织。虽然市民社会与枫桥经
验一样都是共同体组织,但区别在于市民社会是以资本主义私有制为中
心展开的,枫桥经验是以社会主义为中心展开的,是两个性质完全不同的
共同体组织。从西方文明来看,经济市场化、政治民主化以及市民社会的
形成是现代文明国家区别于传统文明国家的重要标志。市民社会是现代

国家的社会组织形式。马克思认为,西方市民社会的弊端在于由劳动二重性带来的私人领域与公共领域的内在矛盾,这种内在矛盾造成了市民社会的异化现象。即使通过国家凯恩斯主义克服也是一种实证主义的克服,其资本主义内在矛盾与市民社会的内在矛盾所表现出来的局限性在根本上是无法克服的。

二、特殊的历史阶段

西方市民社会是一个大体上依次经过启蒙现代性、经典现代性、后现代、新现代洗礼的社会组织。前现代封建社会的阶级主体与社会理想已经被启蒙运动以及资产阶级的民主革命淘汰出历史的舞台,传统产业工人人数锐减,资产阶级队伍庞大,身份固定单一,社会矛盾主要是如何改良与维护资本主义制度,是一个社会各方面发展基本协调平衡的资产阶级利益共同体。

枫桥经验总体上处于一个复杂现代性的历史场域。复杂现代性是现代性时空延宕的历史产物,是前现代、现代与后现代之间时空压缩、相互穿越的共时在场,是前现代与现代及后现代之间的遭遇与纠缠。从逻辑上看复杂现代性是启蒙现代性、经典现代性、后现代性与前现代共时在场、时空倒错的产物;从内容上看它是经济现代性、政治现代性、文化现代性、城市现代性与生态现代性等在前现代社会中的不平衡发展状态。各阶段顺序出场、历史建构的现代性过程,聚焦于同一历史时空所造成的复杂局面。

枫桥经验的人民主体,深受前现代传统社会历史文化影响,农民群体庞大,小农思想浓重;民族资产阶级在曲折中不断发展壮大;工人阶级不断发展壮大,新兴社会阶层不断发展涌现。前现代、启蒙现代、经典现代与后现代的共现在场,造成了经济多元、政治多元、文化多元、主体多元等多元共在的场面。它们抓住其自身存在的现实与理论依据,迟迟不愿退场,延缓退场,尽管前现代早已接到历史性死亡的通知书,尽管启蒙现代性与经典现代性的弊端已暴露无遗,尽管后现代仍未占据主流,它们偏偏夸大其词,无视历史现实,各自为政地为其做出历史必然性的辩护,企图影响中国道路的走向。因此,在亨廷顿看来,传统国家向现代国家发展过渡的过程中,必须有一个强有力的政党及其政府来为现代化的发展提供一种秩序安排。

三、马克思主义的理论指导

中国近现代历史选择了马克思主义。从 1840 年到 1949 年中国近现代的百年发展证实了没有马克思主义的指导，就没有中国新民主主义国家，就没有中国道路的开辟。枫桥经验是以中国马克思主义为指导来实现社会主义发展，保卫社会主义政权，捍卫社会主义制度的基层治理经验。西方市民社会是以资本主义价值观为指导，保卫资产阶级私有制的治理模式，是以私有制为基础，捍卫个体私人利益的社会共同体。以个人利益为中心，维护资本主义雇佣剥削制度，实现资产阶级专政，是西方市民社会的目标。与此相反，枫桥经验辩证地把握资本在人类社会发展中的地位与作用。改革开放前枫桥经验以资本主义工商业的社会主义改造为基础，通过对被压迫工农阶级的解放，来实现被压迫阶级的解放，来解放生产力，发展生产力，进行人民民主专政的伟大实践。随着时代历史的转变，改革开放后新时代的枫桥经验纠正了对资本主义的偏执态度，采取了社会主义＋资本主义（市场经济）的模式，通过运用资本、规制资本来发挥资本的历史推动作用，实现中华民族的伟大复兴，为共产主义社会提供坚实的历史基础。

四、中国共产党的领导

枫桥经验的人民主体是一群夹杂着前现代性、启蒙现代性、经典现代性与后现代性社会要素的人民群像。改革开放前枫桥经验的主体人民是由经过改造的封建地主、农民、个体户、手工业者组成的。新中国成立前，经济上，坚持封建地主土地私有制制度；政治上，实行封建宗法等级统治；文化上，深受封建宗法血缘文化与阳明心学影响。"一切已死的先辈们的传统，像梦魇一样纠缠着活人的头脑。"它既有传统社会的地主、农民，又有现代资本主义社会的工商业者、个体户，也有新社会的工人阶级，它是工农商学兵的结合体，这构成了枫桥经验的主体结构。枫桥经验是坚持社会主义＋……的胜利，是党建引领的政党实践，是对列宁"苏维埃政权＋普鲁士国家的铁路制度＋美国的技术和托拉斯组织"①社会主义现代化发展模式的继承与发展，是对共产党＋模式的继承与发展。正像俄国十

---

① 《列宁文稿》，北京：人民出版社，1978 年，第 94 页。

月革命的爆发、苏联社会主义现代化事业的发展、中国新民主主义革命的胜利一样,枫桥经验的成功同样也不例外,都需要一个强有力的布尔什维克政党的领导,这是对历史的尊重与接续。

历史选择了马克思主义及中国共产党。复杂现代性的场域决定了民族资产阶级、农民阶级、小资产阶级等市民社会的各阶层不能独自建立起现代民主国家。像旧民主主义革命的失败一样,没有中国共产党的领导,从旧中国走过来的各个社会阶层是无法走出自身阶级的历史狭隘性的,无法完成民族独立与人民解放的重任,也无法完成中国现代化事业的开辟与发展。复杂的社会主体结构恰恰决定了必须以马克思主义为指导及中国共产党的领导才能完成新民主主义革命。革命成功后,也必须走社会主义道路,才能克服中国复杂现代性的历史弊端,来实现民族复兴的重任。所以,中国共产党必须保持对中国基层社会治理的领导。

西方市民社会是一个相对成熟的资产阶级社会,前现代的社会阶层基本上被淘汰出市民社会的历史视域,工人阶级被排除到市民社会之外。市民社会决定国家,市民社会孕育出一批资产阶级的政党,建构起一个资产阶级的国家。资产阶级政党的目的就是维护市民社会的合法性存在,把资本主义私有制打造成一种天赋人权的合理性存在,维护资产阶级的利益。

五、对待资本的方式不同

枫桥经验与西方市民社会都关注到由资本拜物教所产生的各类异化现象。枫桥经验诞生之初,就打烂资产阶级国家机器,以超历史的方式,用社会主义计划经济代替资本主义市场经济,完全抛弃资本,消灭商品的二重性,通过建立社会主义国家的方式来消除资本异化;改革开放后,采取了尊重资本主义历史发展的视域,限制资本发展的思路,采取社会主义＋市场经济、党建引领＋乡村振兴的发展模式来实现社会的繁荣发展。

西方市民社会从政治学的角度,运用西方制度经济学理论,采取了市场经济＋国家干预的方式,在保持经济增长发展中,采取分配正义的方式,来抑制市民社会的利己性,来弥补资本所造成的两级对立、贫富分化现象,达到一种分配正义,或者采取新自由主义的策略,把一切资本要素通过市场化的方式来克服资本的内在危机。

六、特殊的治理地位与功能

　　枫桥经验中人民主体的利益保障最初正是通过国家社会主义政权来获得的,这是为广大人民群众所认同和接纳的。枫桥经验不是对国家的权力制衡,而是对国家权力的贯彻与落实,改革开放前枫桥经验的人民群众深切地感受到国家开展社会主义教育活动的目的就是防止剥削阶级的反攻倒算,明白社会主义教育活动的重要意义:必须认真处理四类分子,巩固广大人民群众当家作主的主体地位。改革开放后新时代的枫桥经验人民主体把社会主义现代化建设与中华民族伟大复兴作为基层治理共同体的目标来实现。

　　西方市民社会是对国家的制衡,市民社会虽然决定国家,但反对政党借用国家权力对市民社会及其个人形成侵害。(古德诺)市民社会所决定的国家,是由资产阶级经济市场化所形成的上层建筑,是一种虚幻的共同体国家,它解决不了由于社会自发分工所导致的私人利益与公共利益的根本对立。西方市民社会作为一种内生性的社会自治组织,资本主义社会内生的自治性隐藏着深刻的历史局限性。作为私人利益的代表,市民社会与代表公共利益的国家是内在矛盾的。市民社会制衡国家,国家作为公共利益的代表不断调节、抑制市民社会的自发性与盲目性。

七、特色鲜明的传统历史文化规约

　　枫桥人向来崇尚耕读传家,尊文崇教、崇学尚礼,遇事爱讲道理,信奉"君子动口不动手",尊崇"和为贵,让为贤"的人伦道德。特别是阳明心学的发源地在绍兴,王阳明反对对孔孟儒家思想进行教条化、公式化的阐释,强调个体自觉的能动性,强调在知行合一的实践中达到"致良知"。绍兴诸暨的枫桥人经过传统心学文化的熏陶,内心具有冲破教条主义理论,把个体解放与社会解放结合起来的内在文化基因,能够创造性地把国家的社会主义教育活动与人民公社的生产发展统一起来。西方市民社会的文化是新教伦理资本主义的精神文化,是经过西方资产阶级知识分子对西方宗教文化不断的创造性改造,把资本主义的自私自利完全融合在新教的教规教义与资本主义的日常生活当中,资本主义日常生活成为潜移默化维护资本主义制度的内在机制。

第二节　山东曹县丁楼村的民主实践

乡村振兴关键在于对主体的再造,乡村振兴的主体是乡村里的人。主体的再造关键在于对乡村主体的认知与分析。只有在对主体结构有详细、清醒的认识后,我们才能把农村的人力资源与物质资源有效地组织起来。乡村振兴仅仅依靠政府、外资、企业等单一的力量是不足以改变乡村的衰落与凋敝的,特别是以一种外在的管理方式,而不是以一种内生性的自觉的方式来主导与推动乡村振兴,其前景都是艰难的。市场经济的资源配置方式使得乡村人口不断流失,"乡村空心化"使乡村振兴缺乏内核。曹县所在菏泽市人口基数大,是山东第一大市;但无地理空间优势,经济排名位于全省最后。改革开放后,随着城镇化的发展,农村青壮年劳动力外流给新时代乡村振兴发展带来了农村空心化的根本性难题,致使国家乡村振兴战略找不到赖以支撑的主体根基,仅仅通过外部的项目、资金、农产品推销等方式无法彻底改变乡村的没落。曹县的发展首先在于对人的塑造,这一塑造的过程就是民主,通过民主实现对人民共同体的重构。塑造的方式是通过后现代的信息化来引领的,通过信息化形式的认同方式,为多元主体协同共治提供可能。

一、后现代信息＋传统产业

电商产业是一个流动的新型后现代产业,它突破了传统产业的时空界限,营造出一个新型的产业市场空间。首先,电商打破了中国传统乡村的经济、政治、社会、文化秩序,推动了农村生产力资源要素的重组,用后现代来引领前现代、启蒙现代、经典现代的各个要素,为乡村振兴的主体再造提供了途径,打破了单一的主体—客体二元对立模式,让多元主体面对丰富的乡村社会资源要素,实现了主体—客体—主体的协同共治的乡村振兴模式。其次,重塑了政府、社会、家庭之间的主体结构,重构了其内在的关系结构,结束了过去缓慢的政府、社会、家庭的互动关系。通过线上来推动线下,克服了社会、政府、家庭各行其道、交流不畅的弊端,加快多元主体间的互动交流,实现了三股力量的协调与统一。这种协调统一是以个体为基础的家庭产业细胞,是带动乡村熟人社会力量,分工协作、协调统一,推动乡村振兴战略的实施,并扩展带动周边乡村广大社会劳动力参与其中的发展模式。最后,后现代的电商解决了乡村空心化的问题,让外出务工人员回归家庭,挽救了支离破碎的家庭,使幼有所教、老有所养,重塑了乡村的家庭结构。过去的家庭是传统农业支撑起来的家庭结构,现在是后工业生产方式重塑起来的家庭模式。依靠电商把农业与商业、手工业等联结起来,形成了一个完整成熟的产业链,成为乡村振兴的支柱性产业。电商把乡村人群纳入互联网平台,互联网+的后现代方式为多元主体在场提供了可能,使它们都变为潜在的乡村主体。农村返乡人员的回流使政府项目驱动、资金支持找到了坚实的主体根基。

　　熟人社会的认同是传统的。丁楼村电商从葛秀丽一人带动全村成为电商淘宝村,乡村的熟人社会使得乡村产业从起步到集聚形成了能够快速产业联动的集聚效应。技术开放、产业启动发展成本较低,没有形成竞争垄断的壁垒,这是乡村熟人社会对于现代乡村振兴的优势。在主体结构搭建、技术传承方面,既没有像市民社会中那样私人性的利己与垄断,也使乡村产业之间便于分工协作,结成团队。

　　主体一旦获得认同,主体一旦在信息化工业中获得力量,形成多元主体间的认同结构,产业发展是水到渠成的事情。电商产业从无到有、从小到大就逐渐兴盛起来。"2010 年,在 240 户农户中经营电商的只有 6 户;在被授予淘宝村的 2013 年,在 272 户农户中经营电商的也只有 95 户;到 2014 年,在 280 户农户中经营电商的农户快速增加至 210 户;在 2017 年,310 户农户中经营电商的增加至 280 户。随着电商经营农户数量的增加,电商经营额也快速增长,2013 年只有 5000 万元,到 2017 年便增加到 4 亿元。受丁楼村的影响,电商经营在大集镇、曹县迅速扩散。以大集镇为例,2013 年只有丁楼村一个淘宝村,2017 年 32 个村子都变成了淘宝村。从 2013 年到现在,大集镇吸引了 500 多名大学生和 5600 多名外出务工青年返乡创业就业。受菏泽电商发展势头的吸引,近两年来,有 7.5 万名菏泽籍在外人士返乡创业就业,带动了 21.5 万人就业。"[1]

---

　　①邱泽奇:《三秩归一:电商发展形塑的乡村秩序——菏泽市农村电商的案例分析》,《国家行政学院学报》2018 年第 1 期,第 48 页。

二、后现代＋前现代的社会秩序

前现代的乡村社会是一个宗法血缘社会体系。社会运行的规则基于宗法血缘构建起来的社会秩序。在农业手工业生产中,师徒关系、劳动力关系同样是宗法血缘关系。老人代表着权威,代表着丰富的经验,老人是先进生产力的代表。随着城镇化的发展,青壮年劳动力逐渐离开乡村,留守的老人与儿童成为现代化发展的重大问题之一。青壮年劳动力背井离乡是为了谋生创业,基层农村的宗法血缘关系不断被肢解,使乡村温情脉脉的熟人社会不断沦为一个冰冷理性的自由社会,传统血缘宗法的乡村人口不断得到稀释与重组,宗法权威不断衰落;但是受中国传统文化影响,家乡的父母孩子始终是他们的责任与牵挂。一旦有机会能够两者兼顾,他们就会返乡就业。后现代信息工业引领前现代农业、手工业等新型工业化道路,成为重构乡村社会秩序的契机。

电商产业首先吸引了乡村外出打工人员的回流,挽救了濒临破碎的家庭,让家庭回归温情与团圆,让家庭回归传统的家庭模式,使老有所依,幼有所养。其次,重新激活了乡村"长老政治"。青壮年劳动力虽然是电商产业的主力军,但老人重新在电商家庭产业中发挥了劳动力的余热。青壮年劳动力与老年人的劳动力都得到了肯定与利用,同时对电商家庭产业也节省了财政支出,降低了创业成本,形成了新的代际分工,把传统的"长老政治"与年轻人后现代的差异政治很好地结合起来。资历与能力的分离形成了乡村社会秩序的"双权威"格局。一方面,"资历",尤其是子女有出息的资历让父辈不仅在家庭获得尊重,在乡村也成为"为人父母者"持家的榜样;另一方面,"能力",则成为年轻后生获得社会声望的重要途径,不仅在家庭让父辈为之骄傲,在乡村也成为人们争相学习的对象。"资历、声望、榜样在现代社会中仍然发挥着认同的价值与意义。"

曹县丁楼村任庆方由于突出的创业成绩,于2014年被共青团曹县县委授予"十佳创业青年"称号,共青团菏泽市市委还将其树立为农村电商青年创业典型。任庆方的认同首先是基于个体自身的认同,然后从主体自身不断扩展到家庭、社会,最终上升到国家层面。而任庆生是同族任庆方的兄长,不仅自己善于经营电商,而且超越个体之间竞争的局限,把经营电商的经验教训向村民们倾囊相授,带领全村老百姓共同致富创业,最终被推选为丁楼村村支部书记。从个体、家庭到社会各个层面,后现代的信息化工业技术不断地在重构乡村的整个社会秩序,不断推动着乡村振兴从经济走向政治、社会、文化等领域,它们已经结成了一个新的共同体组织。

三、后现代＋科层制的政府治理模式

后现代的信息工业改变了政府的职能。改革开放前,政府在乡村治理中处于主导地位。政府上传下达国家的治国方略与目标任务,大多数乡村只是被动地服从国家战略的需要,完成上级政府的目标与任务。政府治理乡村的模式是单向的,主要通过行政指令来开展治理工作。乡村发展的路径与前景主要是政府设计规划的结果。新时代的乡村振兴围绕的是以人民为中心的发展思路,是从以政府为中心到以人民为中心的转变。乡村主体成为乡村振兴的主导。电商产业所激发起来的乡村振兴是一个包含着丰富多元主体的创业群体。每一个乡村个体电商都遵循着一定的市场经济发展规律。政府必须从过去行政管理的模式转变为乡村人民群众服务的模式,只有在解决制约与服务电商发展中充分肯定人民群众,保障人民群众的主体地位,乡村振兴才有持续发展的动力。在保障电商发展的网络宽带、仓储空间、交通运输、基础设施、工商注册、纳税服务等方面,政府不仅提供针对性的服务,而且提供互联网线上办理、一站式服务。由于市场主体的繁荣与壮大,政府已经逐渐由管理者不断转变为"守夜人"的角色。此外,随着乡村市场规模的扩大,乡村同时出现了各类自治组织,来协助政府进行基层社会治理。由互联网＋所引导的现代数字政府管理成为可能,改变了传统政府的单一、片面的政府行政秩序,使管理型政府不断向多元共治的服务型政府转变,搭建了多元治理主体平台,加快了政府、社会组织、企业、个体等实现主体互动,优化了治理效能。

山东曹县生动再现了从一个国家贫困县到实现年收入 160 多亿元,民营经济蓬勃发展的乡村振兴典型。发展的核心是以人为本,以人民为中心的发展关键在于对人民的重组。山东菏泽曹县丁楼村的电商产业发展是典型的新型工业化道路模式。中国特色的新型工业化道路是后现代＋现代工业的新现代道路,它坚持以信息化带动工业化,以工业化促进信息化,大力推进信息化与工业化融合的路子。

第六章　基于认同的民主实现路径

　　民主是多元的、差异的主体间共识。前现代政治的民主是少数人的专制与独裁,从单一的专制与独裁向大多数人民群众的民主实现是一个从单一主体向多元主体转变的过程。从单一主体向多元主体的转变可以看作是一个认同的历史进程。没有认同,单一主体是无法形成多元主体协商共治的现代政治格局的。而异质性的多元主体之间要想避免一切人反对一切人的战争状况,也是需要多元主体间形成共识的,这一共识的形成过程也就是认同的发生过程。即便是多元主体之间无法达成共识,最终试图通过暴力的手段,把一方置于绝对客体的地位,这一主体对客体征服的霸权过程,仍然是一个把另一主体变为客体,变为自我对象的认同过程。没有主体间的认同机制,所谓的共识及其社会共同体的重构都是不可能形成的。

　　在当代世界,不论是西方市民社会,还是中国枫桥经验,它们作为现代社会治理的典范,都是多元主体的民主自治,不再是传统社会的统治与暴力。多元主体的民主治理模式如何在全国其他地方能够实现所谓的推广与复制?马克思、恩格斯认为,发达国家向不发达国家展现的是后者在未来的景象。在一定意义上,主要是一个从现代发达地区的基层治理模式向中西部内陆不发达地区的推广与扩展问题。现代民主治理模式,如何造就出多元主体的主体结构呢?

第一节　巩固与完善政治协商制度，确保民主的自由与秩序

　　从政党层面来说，要从革命逻辑转变为执政逻辑，要转变主客二元对立思维，确立主体间性思维。首先，要深刻理解加强与改善党的领导的内涵与党建引领的关系。从党自身来看，党要不断改变革命思维，转变为人民当家作主的执政思维，依靠人民群众来实现党的革命目的与执政意图，而不是代民做主，甚至强奸民意，脱离群众。党的领导不是一党专政，党的领导不是党的直接领导，党的领导不是以党代政。中华人民共和国成立前，中国社会历史的转型主要是由政党领导的国家革命来实现的，新中国成立后，中国社会历史的转型不能再仅仅通过革命专政的方式来实现，需要通过人民民主的方式来实现。就枫桥经验来说，中国广大人民虽然深受中国封建传统宗法等级思想的规制，但在浙江非公有制经济基础积淀较深，还有阳明心学的主体意识培育、西学海派文化的流行，身处其中的共产党人士率先感受到执政的压力及其复杂性。浙江人口基数较大，单单依靠党的革命思维以及全面领导的思想来贯彻落实国家的方针政策是难以为继的。以毛泽东为首的党中央一直坚持与强调贯彻党的群众路线是党治国理政的关键，不调动与发挥人民群众的历史主体力量，党和国家事业的发展就会半途而废。中国共产党为什么能？因为其身后站着的是亿万劳动人民，它是人民群众的化身，是人民群众的心声，是人民群众的杰出代表。所以，党的事业必须依靠人民群众，发动人民群众，这是党的执政之基与力量之源。依靠人民群众就得把人民群众作为一个潜在的主体来看待，来培育。

　　中华人民共和国的成立标志着中国人民站起来了，开启了中国历史发展的新篇章。现代社会不再是一个君权神授、乡贤统治、地主横行的传统社会，传统社会的劳动人民身处资本家与地主的剥削压迫，他们是一个奴隶，是一个客体对象，所以，他们是会说话的工具，是一个没有欲望，没有理想，没有思考能力，没有主体意识，没有觉醒的人。所以，鲁迅要呐

喊,批判愚昧落后的中国人,来唤醒沉睡的国人,让他们明白革命的意义
与解放的价值。枫桥镇的人民群众是一群有着较强主体意识的共同体组
织,党的群众路线在此一贯彻落实,枫桥经验就会生根发芽。所以,枫桥
经验的诞生从内因来看是发端于枫桥人民群众的主体意识,党只需稍加
引领,各项工作就会水到渠成。枫桥经验的推广从外因来看就是党的领
导。东南西北中,党是领导一切的。党的领导是枫桥经验的政治优势,是
枫桥经验的逻辑起点。既然枫桥经验的内因是主体意识的觉醒,所以党
的领导就应该培育人民群众的主体意识,尊重人民群众的自主意识,把人
民群众当作一个主体,或者当作一个潜在的主体,避免把人民群众当作一
个客体来对待。但枫桥经验在全国的推广是一个"脱域"的历史过程。枫
桥经验脱离其诞生之地能够在哪里开花结果,需要考虑的因素有很多。
有经济、政治、文化、社会、主体、客体、科技等各种因素,必须把枫桥经验
与具体的场域要素内在地相结合,才能达到推广及其中国化的效果。盲
目照搬照抄是学不来的,否则就会犯教条主义与形式主义的错误。枫桥
经验内在的主体要素与特征是可遇不可求的,是不可复制的,只能逐步地
去培育,去激发主体。

其次,要厘清管理与治理的关系。革命思维引申出管理思维。管理
是一种主客二元思维,治理是一种交互主体性思维,治理本质上是一个多
元主体何以可能的问题,这是现代行政管理向新公共管理转型发展的关
键所在。把人民群众当作客体,就会抹杀人民群众的主体地位,政府必然
从客体的角度来看待人民群众的内部矛盾。对待基层问题采取封锁、打
压、回避的对待客体的方式来处理问题,把人民群众当作谋利的对象,最
终会脱离人民群众,造成党的执政危机。把人民群众当作主体,就会尊重
人民群众,走进人民群众的内心世界,彻底抓住人民群众的所思所想,推
动党与人民的事业向前发展。在构建国家治理能力与治理体系现代化的
新时代,特别是在普及与推广枫桥经验的中国之治的背景下,枫桥经验再
造的最大外部因素就是我们的党,那些迫切需要枫桥经验解决当地基层
治理问题,推动社会发展的领导干部们,必须要迅速完成从主客二元对立
思维向主体间性思维的转变,这是枫桥经验中国化的首要前提。如果还
是希望继续坚持革命的主客二元对立思维来巩固与提高地区执政能力与
执政水平,并实现乡村振兴,实现基层治理现代化的目标,这无疑是在开
历史的倒车。那这个地区的执政水平就是低于同时期国家的执政水平要
求的。如果这个区域的社会基层治理有提高与发展的未来与前景,那么
这个地区党的执政能力就成为这个地区基层治理发展的障碍。这恰恰成

为全面深化改革的目标与方向,因此,党要坚定地开展党的自我革命,推动执政思维的转变。

加强党史教育,要认识到政党现代化的重大意义。理解政党现代化是国家政治现代化的关键,中国共产党既是当之无愧的革命党,也是责无旁贷的执政党。党的合法地位不是一劳永逸的,不是任何时候都在场的,这既取决于党群关系,也取决于党建的力度与深度。只有不断加强与改进党自身的建设,才能切实贯彻落实民主集中制,优化政治生态体系,改善并增进与人民群众的关系,从而有效地发动人民群众,推进基层治理实践走向深处。苏联、东欧共产党执政的失败就是中国共产党的前车之鉴。正如毛泽东同志所讲,要做人民的先生,就得先做人民的学生。先做人民的学生,就是收起肚子,俯下身子,向人民学习,向人民讨教。这是一个主体间关系的转变,看不起人民,敌视人民就是把人民当作死的对象与客体;因此,要把人民当作活的主体,当作力量的源泉。

坚持中国特色协商民主制度,不断完善政协制度体系。中国共产党领导的多党合作和政治协商制度是独具中国特色的政党制度。中华人民共和国是中国共产党领导的多党合作和政治协商制度的产物。中华人民共和国简称中国,其核心要义在于共和,它是中国社会各党派、阶层等多元差异主体民主协商的民族共同体。鸦片战争的爆发使中国由闭关自守进入门户开放的状态,同时向中国人提出了一个民族独立和人民解放的问题。中国各社会阶层政党纷纷给予解答。旧民主主义的革命历史表明:不管是农民阶级革命运动,还是形式各异的资产阶级革命,在复杂现代性视域的中国试图仅仅依靠一个阶级政党的力量来取得革命成功是不可能的,必须充分尊重广大的社会阶层与群体,让他们充分地参与到民族独立解放运动的历史当中。这是旧民主主义革命留给中国共产党最深刻的历史教训。从农村革命根据地、延安三三制、新民主主义革命总路线、第一届中国人民政治协商会议、中华人民共和国成立后国民经济飞速恢复发展到改革开放四十年的发展,中国人民政治协商制度贯穿于新民主主义革命与社会主义现代化建设繁荣发展的始终,中国共产党也始终在不断探索完善中国人民政治协商制度。反之,反右斗争扩大化、"文化大革命"等错误一定程度上损害了各社会阶层、各民主党派的利益,使人民政协工作陷入瘫痪。社会的主体结构成为一个单一的、片面的一元模式,民主的力量遭到了衰减,发展就后劲不足。在此意义之上,没有人民政协就没有中华人民共和国,没有人民政协就没有改革开放四十年的历史成就。也正是基于这一重大的历史经验教训,习近平总书记在党的十九大报告中特别指出:"协商民主是实现党的领导的重要方式,是我国社会主义民主政治的特有形式和独特优势。"因此,坚持人民政协制度安排,创新政协体系是中国人民的历史与时代选择。

完善政协制度,首先要定期召开政协党组会议、常委会议、主席会议、委员座谈会,制定年度协商计划,规划协商议政内容,健全以全体会议为龙头,以专题议政常委会议和专题协商会为重点,以对口协商、界别协商、提案办理协商、民生圆桌会等为常态的协商议政格局;在提案工作方法和途径等参政议政方面,从提升质量入手,全面提高提案提的质量、立的质量和办的质量,集中力量做好重点提案的跟踪督办和重要提案的分头协办;在反映社情民意信息渠道等民主监督方面,构筑各级政协各专委会、各民主党派,各省市区县政协和广大政协委员、信息员全面发力的信息工作体系,为提高政协工作的活跃度,建立系统的协商民主制度体系。其次,强化人民政协民主监督,坚持问题导向,完善监督体系。人民既有选举权,也有监督权。他们既可以通过选举来参与国家的管理和监督,又可以通过协商民主来参与国家管理和监督。坚持"三级监督",推动党委政府重大决策部署和中心工作的贯彻落实;坚持问题导向,着力破解难点,增强民主监督针对性;完善民主监督形式,提高民主监督组织化程度。再次,加强政协队伍建设,增强人民政协界别的代表性。人民政协是统一战线,是协商民主的专门机构和重要渠道,它具有广泛的包容性与专业性。一方面,扩大政协队伍的广泛性。各级人民政协应广泛甄别吸纳各社会阶层各党派中的先进分子,激发广大社会各界人士参政议政的积极性,充分发挥人民政协统一战线的广泛性和包容性优势,团结一切可以团结的力量,发动最广泛的民主,做好团结与民主这两大主题工作,更广泛地畅通民主渠道,充分反映社会各界的呼声与建议,使人民的声音得到系统表达与交流融合,使人民政协成为团结民主的重要机构。另一方面,提高政协队伍的专业性。政协队伍必须是一批在社会各领域具有工匠精神的高素质人才队伍。专业性决定了政协队伍的素质与水平,决定了政协工作的科学性与有效性。政治协商的高度、民主监督的把握、参政议政的水平等人民政协工作的开展无疑都必须建立在政协队伍这一人的基础之上。最后,坚持政协工作的人民性,履职为民,助力民生改善。人民性是人民政协的本质属性,履职为民是政协工作的根本宗旨。人民政协是人民民主的重要实现形式,这是对人民政协的最新定位。进入新时代以来,不论是我国各社会阶层力量,还是统一战线的内部结构比例都已发生重大变化,社会新型阶层力量日益增加,广泛分布于科技、文化、农业等领域,给人民政协工作带来了新的力量。新型社会阶层力量反映了人民群众新的价值需求与社会诉求,统一战线必须倾听他们的声音,才能真正反映人民心声,协商民主必须兼容并蓄才能保证协商的民主集中与科学有效。总之,政协队伍必须海纳百川、群英荟萃,唯此各党派团体人士才能深入广泛地参与人民政协工作,通过政协这种特殊的政治认同方式,发扬最广泛、最真实、最管用的民主,更好地维护全国人民的根本利益。

第二节 坚持依法治国战略,规范社会治理的权限与边界

优化法治服务,规范社会治理的权限与边界。现代政治与传统政治的最大区别是人治还是法治。在《中共中央关于党的百年奋斗重大成就和历史经验的决议》中,指出:全面依法治国是中国特色社会主义的本质要求和重要保障,是国家治理的一场深刻革命。协调与解决社会矛盾的根本总则是法治,亚里士多德在《政治学》中认为法治对人的意义,在于"已成立的法律获得普遍的服从,而大家所服从的法律又应该本身是制定得良好的法律"。① 首先,法律是人们之间认同的产物,没有经过主体间的合意、协商乃至认同,法律的制定与实施是无法展开的,否则,法治就会变为人治,法律就会丧失权威性、普遍性。所以,认同是法治的前提。其次,法律还是良法,不是多数人的暴政。法西斯希特勒的上台尽管也是合法的,但是它是丧失正义价值的"恶"法。程序正义最终会导致实质正义的悲剧。坚持全面依法治国战略,必须是经过人民认同的法律体系,必须是代表实质正义的良法。

提升公民的法治意识,增进公民法治素养,来维护民众的诉求。一是借助城镇化进程来加大普法的力度,倡导法治思维。"民主的安全与稳定,归根结底要依靠公民们自己有参与的内在愿望,而不能依靠任何外在的要求。"②在城镇化进程中,随着传统乡村宗法文化的没落,面对矛盾纠纷与社会冲突,鼓励与引导人民群众通过法治来解决矛盾冲突,适度减少传统乡贤文化对法治精神的干预,加强人民群众的法律意识,来理性面对社会纠纷。二是培养法治诉讼的程序理性精神,引导人民群众通过程序完整、逻辑清晰的法治环节来合理表达自己的意见,维护自身的权益。三是加强法治文化的宣传教育。卢梭认为一切法律中最重要的法律,既不

---

① 亚里士多德:《政治学》,吴寿彭译,北京:商务印书馆,1981年,第199页。
② 卡尔·科恩:《论民主》,聂崇信、朱秀贤译,北京:商务印书馆,1988年,第19页。

是刻在大理石上,也不是刻在铜表上,而是刻在公民的内心里。法治理念是指导立法的灵魂,通过法治文化精神来达到依法治国的内在自觉。

加强重点领域的立法,保障民主的有效性。法治是国家现代化水平的尺度。一个国家的现代化水平越高,法治能力越强,其人治的色彩也越轻。法律制度的健全是需要法律相关主体的合意与协商的,不能简单通过模仿、复制与改造来构建法律制度,不经法律相关主体的认同与协商,法律是不具备广泛的普遍性的。加快立法步伐,一是必须广泛深入人民群众,深入调查研究,从社会发展的规律和事物的本质中制定法律,让广大人民群众参与立法的全过程,建立高质高效的法律制度,尽力避免长官意志、代民立法的现象。只有当法律是人民意志的自觉表现时,法律才有根本的效力,否则,法律得不到认同,反而会影响法律的贯彻与落实。二是加强重点领域、新领域的立法工作,确保人民群众的生命财产安全得到及时有效的保障,避免出现法律空白,造成对人民群众的主体侵害。三是不断完善现有法律体系建设,避免法律漏洞,特别是加快对社会救助、金融市场、家庭领域的立法进度,提高立法质量,维护法律权威。

不断改革立法机制,完善法律体系,提升立法的质量。一是加强法律的针对性与有效性,不断确保法律体系的完整性,保障民主的全面性。不仅要加强国家法、社会法、家庭法和国际法的建构,还要丰富完善软法的细则,特别是对政党、市场组织、自治组织等加强法律保障与行为约束,充分尊重政府、市场、企业的多元主体地位,既要维护市场主体的多元性,也要保障政府的主体在场,使得政府、市场、企业既有活力又有规范,为社会主义市场经济制度提供科学的理性规范。二是不断完善党内法规体系建设,推动依法执政,改善党的领导,增强党组织的先进性与凝聚力。全面加强党的领导,不是用党的领导来取代法治,而是党通过法治建设来推动国家治理的现代化。党的一切行为也都是在法律的视野范围之内的。党内法规是规范党员干部之间行为规范的制度体系,为党内组织生活规定了界限,明确参与主体权利行为,划定权利行为边界,建立组织行为程序,监督管理党员干部,成为党员干部的组织原则。它不仅增强了党组织的凝聚力与战斗力,而且也增强了人民群众对党的信心与认同。三是充分发挥软法对硬法的补充与润滑的积极作用,发挥乡规民约、家训家规的德治作用,来推动依法治国的善治。乡规民约、家训家规作为文化的特殊形态,为依法治国提供了德治的社会基础。法律的贯彻与落实需要特定的时空场域,乡规民约、家训家规随时可以对民众的道德行为进行规训与劝诫,它的规范性更具有隐蔽性与说服力。

　　提高行政执法的水平与能力,捍卫法治的权威性,保障民主的真实性。法是主体间自由意志的表达与协调。一是注意协调权利授权与人民代表之间的沟通,必须符合主体双方的意愿与法定程序,避免把执法的主体间性简化为单一的主客体二元对立模式,使得权力运行充分体现为一种协商民主的认同程序。二是及时有效公开行政执法的内容,确保行政工作的法治化,保障民主的公开性。完善法律信息公开制度,通过各种媒体主动公开法律事项,来解答疑惑,建立完善法律咨询反馈制度,通过座谈会、新闻发布会、听证会等方式迅速回应民意,避免信息阻塞,避免造成民众误解,损伤法律的权威性。三是加强司法保护,加强对司法的监督与制约,全面落实司法工作责任制,保障民主的公平与正义。法律是至高无上的,它是对全体人民群众主体地位的正义规范。法律必须超越于一切民众与群体,它不以人种、肤色、财富、权力等标准来衡量或影响法律制度的执行与落实。公民的一切行为都可以在法律上得到正当性的阐释,法律为公民的行为划定了根本的界限,如果有必要,公民必须接受法律的监督与审查,任何人不能超越于法律之外。任何违法行为都是对他人人格的蔑视甚至侵害,使他人的权益遭受损失,人的完整性遭遇缺失。

第三节 加强民生保障，尊重全体 人民的生存发展权利

衣食足而知礼节，仓廪实而知荣辱。中国革命能够取得成功就在于扎根于中国最广大的农村地区，抓住了中国绝大多数的农民群体。中国革命的经济来源主要来自农村的农民，中国革命的人民军队绝大多数来自中国社会的农民群体。中国革命能够成功的根本原因就在于抓住了农民的心，中国共产党把农民所思所想的东西给予农民，把他们当人看。这就是人民当家作主。这也是中国共产党在新民主主义革命时期，作为在野党，能够胜出国民党的根本原因。它把一个工人阶级的政党，通过赋予人民群众以历史主体地位的方式，也就是认同的方式，转变为一个具有生机与活力的工农联盟性质的共同体组织。早在 1934 年，毛泽东提出："要把从生产劳动到柴米油盐和小孩上学这些小事做好，才能使他们从这些事情出发，了解我们提出来的更高的任务、革命的任务，拥护革命，把革命推到全国去，接受我们的政治号召，为革命的胜利斗争到底。"[1]对人民群众生存权利的认同是党的事业的起点与前提。"我们的第一个方面的工作并不是向人民要东西，而是给人民以东西。"[2]只有基于人的权利的认同才能推动民主，推动社会主义事业发展，否则这种民主只是"形式上的独立、平等，在实际上是不会有的"[3]。如果人类社会历史中，人的生存都成为主要问题了，何谈人类历史。就像马克思所说的那样，为人的生存民生问题而处于异化状态的历史，只能称得上是人类的史前史。而人类历史的发展与推动，恰恰都是建立在尊重人、满足人、鼓励人的基础上来实现的。因此，民生本身就是认同，民生就是民主的起点与基础，这是对马克思主义人民主体论的坚持，也是对唯物观的深刻理解。

---

① 《毛泽东选集》第 1 卷，北京：人民出版社，1991 年，第 138 页。

② 《毛泽东文集》第 2 卷，北京：人民出版社，1993 年，第 467 页。

③ 《毛泽东选集》第 3 卷，北京：人民出版社，1991 年，第 1086 页。

　　新民主主义革命胜利后,进行了社会主义改造,建立社会主义制度,就是把人民当家作主这一政治初心,通过彻底摧毁资本主义生产资料私有制的方式来实现的。这是要从生产的层面来彻底杜绝人民被私有制、被剥削雇佣关系所奴役。这是对马克思主义社会理想的实现。人民教育、医疗等民生方面都实现了马克思主义所讲的从生到死的福利保障制度。生产正义虽然实现了,人民虽然摆脱了奴役的地位,但仅仅是贫穷的社会主义。民主是穷当家。改革开放后,为了减轻企业负担,我国逐渐取消了社会福利保障制度,医疗、教育、住房等实行市场化运营,但造成了社会的分裂风险。随着国民经济的提升,我们又逐步健全了社会福利保障制度,实现了对人的最大尊重。人民群众感觉到国家社会对他们的重视与尊重,他们是作为一个社会共同体成员被对待的。民生的发展水平与状况,影响着民主的发展。民生发展程度不高,造成社会不公、社会矛盾激化;民生发展程度高,社会和谐安定,民主活力高效。人的基本需求得到满足,才能推动主体的自我实现与国家的富强,这也是马斯洛需求理论给我们的启示。

　　民生就是人的基本认同。加强民生保障,这是民主的基础与保障。保障民生,通过民生来激发人民群众的主体性,通过人民当家作主来推动社会发展。一是树立社会共同体理念,构建以社会共同体为中心的民生观。推动制定社会建设委员会制度方案,把社会建设作为国家治理体系的重要内容,通过国家意志来广泛全面地把社会建设推广到社会生活的方方面面,把社会建设提升为一项系统工程。明确社会建设是社会主义制度的核心所在,是区别于资本主义自私自利的价值理念的。把社会作为一个集体,作为一个整体,是社会主义现代化事业的重要内容,没有社会的自觉自为,国家共同体是没有活力与动力机制的。社会共同体建设是一个内生性现代化的根本,它是对唯物史观的坚持与捍卫。家庭、社会、国家是唯物史观成立的三个枢纽与中介,社会是家庭与国家的重要支撑,没有社会的家庭与国家共同体,是前现代的家国共同体模式,就会影响国家治理现代化的水平与能力。一个以少数人富起来的社会主体是一个贫富分化的社会,其社会是没有凝聚力可言的,只会陷入一切人反对一切人的冲突危机。二是从生产正义的角度,在社会主义公有制的建设方面,尊重资本的历史推动力的同时,尽力消除资本对人民群众的负效应,让广大人民群众参与社会主义优越性的制度保障,确保人民群众当家作主的地位。在城市,尊重脑力劳动,实行按劳分配为主体与按生产要素分配,是对人的生产力的一种生产正义与分配正义的融合。在农村,加快农村土地经营权、管理权、所有权的改革,让农民、企业等通过对生产资料的权限划分来调动广大人民群众的积极性。在金融政策方面,大力发挥政策性金融的作用,依靠国家信用,保障公共产品的低息贷款,推动乡村振兴发展,实现共同富裕,提升社会保障供给能力。三是从分配正义的角度,要准确分析把握社会历史不同时期的民生核心问题,精准有效地维护社会弱势群体的利益。中华人民共和国成立以来,民生问题主要经历了吃饭的温饱问题、教育问题、医疗问题、住房问题、贫富差距问题、环境污染问题、公平正义问题等。准确分析把握社会发展阶段中的民生问题重点,成为我们进行社会建设的前提与基础。在分配上,坚持效率优先,兼顾公平原则,优化分配制度改革,协调劳动、资本、技术、管理等生产要素参与利润分配的制度,改善初次分配、二次分配、三次分配的关系,调节收入差距,确保民生的兜底性,让广大人民群众切实体验到国家的社会主义性质。四是建立完善社会保障制度,坚持推动民生"从无到有、从有到优"的广覆盖与全覆盖策略,保障人民在经济、政治、文化、社会等各方面的权益。完善公共服务体系,增加社会就业岗位,缩小区域间公共服务差距,实施基于基本服务均等的差异化服务体系;夯实脱贫地区的服务机制,加大向农村地区教育、卫生、文化事业的资助与倾斜。但是,我们也要注意社会福利保障不能由国家和社会完全承担,"我们的政策应该是既不能鼓励懒汉,又不能造成打内仗"[①],避免出现福利依赖现象。优化扶贫政策,致力于通过技术、学习等方式,帮助弱势群体提升再就业的能力与水平;实施"大众创业、万众创新"策略,鼓励各类民营企业家、人民团体、社会组织与党政机关形成合力,参与社会保障建设;实行"老人老办法、新人新办法"的差异化方式来推动社会保障制度改革。五是推动教育现代化建设,为人民群众提供优质的科学文化知识,提升人们改造世界的素质与能力。深化教育领域综合改革,统筹城乡义务教育资源,大力推进教育机会均等化;推动各类招生、入学改革,利用网络技术,共享优质教育资源,破解择校难题;加大教育财政投入,扩大教育扶贫力度,开设各种科学文化知识与艺术教育学科,做好学生学习减负工作,修订学生各类课外培训制度,规范各类教育培训收费,保障学生身心健康;健全学生资助制度,确保贫困学生受教育的权益,推进教育机会平等权益,不断提升人民群众科学文化素质,为人的全面发展创造良好的社会条件。六是深化医疗卫生制度体系改革,满足人们对生命的关爱,深入推进医保的覆盖面;拓宽药品研

---

① 《邓小平年谱 1975—2007》(下),北京:中央文献出版社,2004 年,第 1357 页。

发与进口渠道,降低各类医疗用品费用,改变医疗资源分配不均、以药养医的局面;强化基层医疗机构改革,降低公立医院的逐利性,监管好私立医院的医药价格。七是加强社会治安整治力度,推动扫黑除恶工作取得实效,严厉打击各种违法犯罪活动,加强城乡社区治安联防工作,切实保障人民群众的生命财产安全,为社会发展提供一个祥和安定的环境与条件。八是继续推动养老制度改革,构建居家、社区、社会三级养老服务体系,做好全国统筹与地方统筹工作,推进各类延迟退休制度,推动社会保障资源均等化与可持续化发展,努力实现老有所养。

第四节 健全基层群众自治制度，调动人民群众参与基层治理的活力

现今大多数基层社会民主研究把绝大多数的关注点集中于政府的基层社会治理内涵，缺乏对这些基层自治组织的关注与考虑，没有从根本上理解治理与管理的区别，没有看到自治组织在重构治理主体架构中的另一极主体地位，没有充分体现出来市民社会、枫桥经验、乡贤文化等自治组织在缓解政府治理职能过重以及丰富与完善治理能力与治理体系现代化建设过程中的作用，反而由于自治组织的发展变相地增加了政府的治理成本。社会民主建设有利于降低治理成本。随着信息化、城镇化导致的一切生产要素的脱域，传统的熟人社会变得越来越陌生，一切"能指"都变成一种价值悬隔，有限的个体及其有限的政府在面对后现代信息化的社会时，都必须保持足够的专注与耐心，否则这些脱域的信息话语及其个体就会对传统管理模式形成漫无边际、毫无征兆的威胁。传统政府管理模式只能依靠国家庞大的财政支出来维持社会的安定、秩序的井然，人力、物力、技术设备等方面社会管理的成本日益加大，严重影响到社会经济结构的调整以及政府体制改革的步伐。在实现和谐社会建设目标的同时如何降低社会治理成本成为摆在治理理论面前的一项现实而棘手的问题。

因此，首先党在社会组织工作方面，不能仅仅做一个守夜人的角色，要组织各种社会组织，激发释放人民群众的主体意识，加强人民群众之间的交流与认同，为主体意识的觉醒提供条件。借鉴"国家—市民社会—非政府组织"西方治理体系的三元结构，规范政府职能，建立相对稳定独立、分工协作的社会治理主体结构。从国家作为唯一治理主体到增设市民社会的二元治理结构，最后到非政府组织的三元治理结构的发展历史，都表明了国家这一"从社会中产生但又自居于社会之上并且日益同社会相异化的力量"，它试图把矛盾冲突保持在秩序范围之内但又无力承担的窘境。虽然我们并不能靠拿来主义来解决中国问题，不能建立完全独立于

国家的市民社会、非政府组织,但我们有必要建立中国共产党领导下的国家、市民社会、非政府组织三者的有限自主性,这三者之间并非西方三元结构的异质性,其意义在于通过三元结构完成权力边界的设定,实施相对监督与分工合作。浙江省的"四张清单一张网""最多跑一次改革"已经体现出为政府减负,简政放权的划界思维。

其次,要从家庭、市民社会、国家三个维度既要保障人的公共性参与,又要制定合理的制度安排,确保治理主体的多元再造。治理的核心要义在于多元主体何以可能,单一主体如何相信并容纳其他主体来实现共建、共享。另一极主体的再造,必然要同单一主体的生成是同一条道路的不同过程。从认同理论来讲,我们可以从家庭、市民社会、国家三个维度来完成他者主体的再造的建构之路。在家庭中,承认他者是被爱并监护其健康成长的一员;在社会中,保障他者平等地享有单一主体所享有的受教育、福利保障等自由个体的权利;在国家中,享有因个人能力的突出而赋予他的荣誉与尊严,以此来完成治理主体的多元实践再造。

第五节　倡导兼容并蓄的和合文化,增强社会的主体自觉与情感归属

虽然法治是基层民主的根本政治保障,但是我们不能过度夸大或者集中于基层民主的法治化解读,这样会削弱民主的文化属性,无形之中就会加大政府经济负担,加大维稳工作量,为社会矛盾的爆发埋下隐患,淡薄了温情脉脉的人性关系;把所有矛盾纠纷都诉诸法治化管理,这也是法治机构无法承担的任务。基层民主更应该强调德治的自治内涵,通过社会文化、家庭组织、非政府组织等共同体的特有文化形态,来降低政府治理成本,有效缓解社会矛盾,构建社会主义和谐社会。

文化是民主的粘合剂。封建社会的专制制度有一套与它相辅相成的封建宗法礼教文化来支撑。君君臣臣、父父子子的等级秩序通过封建礼教文化渗透到人的日常生活当中。孔子说:"安上治民,莫善于礼,以之谓也。"礼教文化是作为治世之道的秩序与规范而存在的。所以,《礼记·经解》中说:"故朝觐之礼,所以明君臣之义也;聘问之礼,所以使诸侯相尊敬也;丧祭之礼,所以明臣子之恩也;乡饮酒之礼,所以明长幼之序也;昏姻之礼,所以明男女之别也。夫礼禁乱之所由生,犹坊止水之所自来也。"封建统治阶级通过礼教文化来巩固封建统治秩序,维护封建贵族的统治,封建礼教文化一旦得到人们的认可,它就会自动成为阶级统治的工具。

所以,从文化的角度发扬社会主义民主,必须首先严格对待各类文化成果,采取取其精华、去其糟粕的态度来进行文化批判与文化改造。封建王朝的政权更迭往往也要借助文化认同的方式来为其政治合理性辩护。如汉朝学者董仲舒通过阴阳学说与天人感应的学说来创新文化形式,为汉武帝的统治提供文化依据,《史记》中所记载的秦末农民起义中,"王侯将相,宁有种乎",在鱼肚子里面发现的"陈胜王",等等,都是通过文化创新的方式来实现农民运动的团结与组织力量的凝聚的,让人们相信起义是合乎上天意志的,以达到天人合一、君权神授的目标。因此,要培育人民群众的主体意识,破除束缚人、愚昧人的封建宗法等级制度。作为现代

民主政治,要培养民主精神,推动民主运动,必须反对这种君权神授的阶级统治思想。现代民主政治的合法性在于人民群众的主体合意,它是人民群众主体言行在场的政治表达,它倡导自由、平等、法治等理念,是全体人民群众的民主,是反对阶级压迫的社会主义民主。五四新文化运动、文化大革命、新民主主义文化都为破除旧的阶级统治,开辟并捍卫新民主主义国家的道路发挥了重要的文化认同作用。

其次,围绕社会主义经济制度中心,打造中国特色社会主义文化的新样态,满足人民群众对文化生活的新需要。一方面,马克思主义认为,经济基础决定上层建筑,上层建筑反作用于经济基础。文化形态根本上是由其生产方式决定的。手推磨产生的是封建社会,蒸汽机产生的是工业社会。文化只不过是人类生产与生活方式的记载与呈现,是从生产资料所有制,即该社会的经济制度中产生的。因此,文化对人的影响与塑造必须依据其文化的生产逻辑来判定,文化创新必须努力服从其经济制度的内在逻辑。社会主义基本经济制度决定了中国文化的主导方向及其多样性,文化创新的问题也要到经济制度中去寻找。另一方面,从文化类型来看,现代政治是在西方基督教新教伦理与资本主义文化精神的基础之上建立起来的,所以,社会主义民主是一种新型的民主,是一种超越西方的民主模式。我们必须创新文化形式,为社会主义民主扩大人民群众的认同来创新民主的、科学的、大众的文化形式。习近平总书记强调,文艺创新必须植根中国历史文化土壤,文化的主体必须是人民大众,必须坚守人民立场,书写人民的史诗,了解人民的辛勤劳动,感知人民的喜怒哀乐;文化的价值必须是社会主义核心价值观,文化创新必须思想深刻、清新质朴、刚健有力,才能滋养人民,让人民在精神生活上更加充盈起来;正确运用现代科学技术手段,激发人民大众的创意灵感,丰富新时代的文化内涵,表达人民大众的思想情感,使文艺创作呈现更有内涵、更有潜力的新境界;文艺工作者不能庸俗、低俗与媚俗,创作要靠心血,表演要靠实力,塑造光辉形象来繁荣发展文艺事业,从而达到鼓舞人、激励人、教育人的目的。同时,我们要反对文化霸权、文化殖民,坚持文化自信,运用现代科技手段,开设"学习强国""传统文化知识大赛"等文化竞技方式,来推动社会主义核心价值观教育、汉语文化教育、国学经典教育,以及传统文化经典传承工作。在借鉴中西方优秀文化的基础上,不断完善中国特色社会主义文化形态,为中国人民的发展打造有益身心健康的精神家园。

最后,创新文化形式,营造浓厚的文化氛围,深入推动人的文化改造。一是文化作为日常生活的微观领域,一旦建立形成一个体系,它具有极高的稳定性与自觉性。北魏孝文帝拓跋宏为了巩固北魏政权对中原的统治基础,在当时的都城大同修建了大量的佛教石窟期望获得民众的文化认可,最后又迁都洛阳,除了改革行政官职之外,实行了广泛的汉化政策,改姓汉姓,改说汉语汉话,改穿汉服,加快与汉族的通婚,在婚丧嫁娶祭祀饮食等方面都实施汉化。通过老百姓日常生活的文化认同改造来尽快巩固政权统治。二是发挥乡贤文化、家训家规等文化形态对人的规范。家训家规是基于血缘与族群形成的文化样态,它特有的生活态度与观念对个体成长发挥着独特的价值规范作用。尊重并致力于中国优秀传统文化形态,借助现代传媒、网络传播、书籍报刊等形式,弘扬优秀传统历史文化精髓,加强中华民族的认同感与归属感;广泛引进西方优秀文明成果,在中西文化交流中,引导人民群众去甄别文化的特殊选择与特殊的价值取向,在世界文化的交流与碰撞中,思考自身的文化定位,增强文化的自豪感。

第六节　坚持与完善互联网＋模式，保障多元主体参与民主的在场

　　人天然不是主体，更不是一个政治主体。唯物史观认为，生产力决定生产关系，经济基础决定上层建筑，劳动者是生产力中最具决定性的核心要素。从劳动者到生产力的转变不是先验的，不是自然而然的客观存在，需要劳动者到生产力的社会自觉。一是传统政治与现代政治都有固定的政治场所、固定的时间安排以及固定刻板的民主程序，行政事项繁多，牵涉部门多，政治审批流程周期长，缺乏全程有效的监督与现场制衡，容易形成复杂失控的利益格局，为权力腐败留下时间与空间，民意的吸纳与维权难以快速高效地形成集中与反馈，民主政治的滞后进程有时成为制约与束缚经济发展、社会进步的藩篱，民主参与与民主监督、民主协商缺乏有效性。二是在以往的民主政治中，政府官员和专家是人民的主要代表，受场地安全等因素影响，大多数民众游离于民主活动之外，没有参与的条件及资格，无法及时有效地知晓决策的进展，更无法参加民主协商决策的过程，缺乏真实的民主实践经验。科学技术作为第一生产力，它对于民主政治的影响在于为人作为多元政治主体创造了条件，为广大人民群众参与民主活动、全面维护主体权益提供了可能，从而激发了人民群众的主体力量。而人又是生产力中最根本的决定力量，从这一层面讲，科学技术成为生产力的集中体现与重要标志。

　　科学技术是第一生产力，加快科学技术创新可推动全过程人民民主的实践。互联网民主是利用网络技术打造公共空间，利用网络实现多元主体持续在场，利用民主程序信息化的方式，形成的一种公平、高效的数字民主形态。一是加快发展以互联网为特征的大数据、云计算技术，为多元主体在场提供技术支持。互联网技术拓展了人的生活空间与政治空间，它使人突破个人狭隘的时空限制，加快了各类信息的流动与互动，改变了人们社会生活的思维方式、交往方式与生活方式，为民众参与政治活动开辟了空间。人们能够在网络平台上随时随地发表自己的见解，表达

自己的诉求,不用再受传统地理空间的局限,使得线上民主活动成为可能。即使民众没有表达自己的意见,没有参与具体的民主活动,他们也以一种真实的主体在场,以默认或中立的方式表达了自己的态度与立场,也可以随时关注民主的进程,随时参与民主表决,捍卫自己的权益。互联网的不断创新与完善为空间正义营造出一个虚拟并且持续在场的空间场域。二是互联网技术的广泛应用改变了多元主体参与民主治理的方式,扩展了参与主体的数量,丰富了参与主体的方式,克服了多元主体参与民主治理的时空限制。多元主体以自媒体的形式实现了持续在场的可能,在行政管理服务过程中,政府、企业、个人等多元主体的利益诉求都得到表达,行政网络空间为公共服务和基本保障提供均等自由的发展机会,它是行政管理改革的制度安排与正义表达。三是加强信息化建设,推动各项公共事务网格化建设,为人民当家作主提供有效的支持与保障。把广大人民群众关心的以及需要人民群众广泛参与的民主活动事项予以精细化的数据分解,便于民众参与表决与民主监督。利用互联网空间技术,建立省市县乡村五级民主协商平台,努力达到公共事务信息化的资源共享与多元主体协作,明确各级职责,健全联动机制,为实现最广泛的民主集中制以及国家数字治理现代化提供坚实的基础。四是利用省市县乡政务服务系统,加速现代政府管理事项的标准化与数字化建设,推动行政管理系统要素的信息化集聚与重组,并进行公示公开,通过网上查询、网上申请、网上办理、网上反馈,调整行政审批程序,优化政府服务模式,使广大人民群众参与并享受公开的全天候、零距离公共服务,激发个体潜力,释放发展活力,满足人民群众的改革期许,重塑政府部门的良好形象。五是开展数字民主试点建设,探索中国式民主模式。把政务服务平台打造成一个公共场域,政府、市场、社会组织、人民群众等多元主体在公共服务平台展开对话交流协商合作,通过多元主体对交往主题真实性、真诚性、正确性的交流沟通,实现了程序理性与价值理性的有效融合,达到现代性在后现代境遇中的空间正义重建。六是大力推动互联网＋的民众监督职能,扩大人民群众监督职能的渠道,推动民主监督的透明化与公开化。

互联网民主节约了线下民主治理的成本,体现了民主协商的及时性、民主监督的任意性,以及民主决策的广泛性。从真实性、灵活性等方面来讲,线上民主都实现了对线下民主缺陷的克服,它最终展现为一种全过程的民主模式,实现了线上民主与线下民主的结合,提高了民主决策的水平与质量,把人的主体性在场发挥到极致。所以,互联网民主是一种全过程的民主模式,特别是后现代的信息化、符号化特征,为构建一种全过程民主模式,推动实现乡贤治理＋国家治理＋科层制治理＋网格化治理等多种民主方式相结合,重新优化了以人为主体的现代政治的主体根基,完成了现代民主的重构。

第七节 坚持生态文明战略，
构建人类命运共同体

　　生态文明是人类社会发展的前提与基础。人类历史的前提是有生命的个体的存在,而人类社会历史的前提是自然界的生态文明。所以,生态环境的优劣根本上会影响制约人类社会的生存发展。加强生态文明建设,一是破除狭隘的生态观念,树立人类命运共同体理念。尊重生态,善待自然,就是善待我们自身。黑格尔曾经讲到,水实质上就是鱼,鱼实质上就是水,生物与它的生存环境是相互依存、休戚相关的,人的生存发展能在其自然环境的状况中得以反映出来,人的主体性能从其客观环境中得到阐释。在自然科学领域,生命科学的研究永远都是处于首位的,在空间规划中,仅仅满足于生活便利与交通快捷是远远不够的,它会造成水资源短缺、能源短缺、高消耗、高污染,最终陷入人与自然的严重对立。日益严重的雾霾、拥堵的交通,以及城市生态环境的恶化和转基因食品的出现,人作为一个自然存在物,时刻面临着生存的危机。人们可以采取迁徙、移民等方式来躲避生态危机,或者采取把三废物品转移变卖到其他国家来保护自身发展的优美环境,但这仅仅是对生态问题的回避与暂时的掩盖。生态是一个系统,地球是一个有机体,不改变人的生态思维,把人的生存发展定位于乡、镇、县、市、省域范围的格局仍然是不够的,人们往往愿意用眼前利益来回避未来更大的不确定性与灾难,往往把历史与当代过度地解读为一种不顾后代发展的唯我论。地球是人类唯一的家园,爱地球就是爱我们自己。南北极冰盖的消融、全球气温的不断上升、极端天气的频发都在启示我们,人类是一个命运共同体,我们必须抛弃任何意识形态之争,规避资本的负效应,确立人类命运共同体的思维,在全球生态系统可持续的前提下,来选择人类社会的发展模式。

　　深刻理解生态就是政治,确立生态文明建设的国家战略,让全民参与到生态治理的各项工作中来。一方面,生态不仅仅是一个自然环境问题,而是一个政治问题。习近平指出,"我们不能把加强生态文明建设、加强生态环境保护、提倡绿色低碳生活方式等仅仅作为经济问题,这里面有很大的政治"。① 我们不能就生态谈生态,必须把生态提升到政治的高度,通过政治为生态文明建设提供坚强保障,这才是生态危机的根本解决之道。加强园林别墅的整治治理,严格生态立法,加强环保督察制度建设,深化生态文明机制与体制改革,提高环境治理能力。"只有实行最严格的制度、最严密的法治,才能为生态文明建设提供可靠保障""让制度成为刚性的约束和不可触碰的高压线。"②"绿水青山就是金山银山"赋予生态政治新内涵,把生态作为政治建设的核心要素来考量,明确生态文明建设的政治职责,设立了生态环境保护责任人制度,建立领导干部考核提拔生态考核评价标准与体系,以此加强生态的政治保障与治理。另一方面,从全球政治的角度来看,习近平总书记在亚太峰会上,强调"绿水青山就是金山银山"不仅是基于中国生态危机的考虑,更是对全球生态危机负责。在国内,认真开展蓝天保卫战,推动全国雾霾治理,建立健全河长治理。2016年的《巴黎气候协定》,中国不仅是推动者,更是协定的履行者,中国是全球生态治理的引领者与参与者。

改变消费社会观念,倡导低碳生活模式,让民众在生活中感知生态。一是在生态发展方式上,实施绿色发展。在发展初期,我们没有充分考虑到生态与经济的关系,过度地追求金山银山,不考虑绿水青山的自然承受能力,一切以 GDP 为衡量标准一味索取自然资源,直接用绿水青山换取金山银山,形成了高污染、低效的经济产业结构,造成了严重的生态危机。绿色发展理论坚决抵制用"绿水青山"换取"金山银山",而是既要金山银山,也要绿水青山,通过绿色发展来实现绿水青山与金山银山的价值转化,把生态优势转化为经济优势,把优美的生态环境转化为农业、工业、旅游业等产业优势,实现绿水青山就是金山银山的目标。二是加强生态空间布局,保护绿水青山。设立绿水青山生态保护带,大力推广特色小镇、未来社区建设规划,实施"海绵城市"、长江生态禁渔策略,强化退耕还林战略。加强产业结构调整,更新生产方式。三是开展"腾笼换鸟"策略,淘汰落后污染产业,加快产业升级,严格生态标准。倡导健康生活方式,提倡简约低碳,反对奢侈浪费,提升能耗污染排放标准。加强生态资源循环利用。做好垃圾分类,禁止一次性生活用品的使用,提高资源利用效能,开发节能减排技术,实施科技创新＋生态战略,加快实现绿色发展。四是

---

① 《习近平关于社会主义生态文明建设论述摘编》,北京:中央文献出版社,2014 年,第 77 页。
② 《习近平总书记系列重要讲话读本》,北京:人民出版社,2016 年,第 240 页。

推动美丽中国,把创建美丽中国作为解决民生问题的首要问题。小康社会是不断满足人民群众对日益增长的优美生态环境需要的美丽社会。在生态惠民方面上,坚持生态的普惠性与为民性,强调"良好生态环境是最公平的公共产品,是最普惠的民生福祉"①;在生态未来方面,坚持生态的长久性,强调为子孙后代留下可持续发展的"绿色银行",为子孙后代留下"鸟语花香",实现"我见青山多妩媚,料青山见我应如是"的夙愿。

---

① 中共中央文献研究室:《习近平关于全面深化改革论述摘编》,北京:中央文献出版社,2014年,第 107 页。

参考文献

[1] 马克思,恩格斯.马克思恩格斯文集(第1—8卷)[M].北京:人民出版社,2009.

[2] 马克思,恩格斯.马克思恩格斯选集(第1—4卷)[M].北京:人民出版社,1995.

[3] 列宁.列宁选集(第1—3卷)[M].北京:人民出版社,1995.

[4] 列宁.列宁文稿[M].北京:人民出版社,1978.

[5] 毛泽东.毛泽东选集(第1—3卷)[M].北京:人民出版社,1991.

[6] 邓小平.邓小平文选(第1—2卷)[M].北京:人民出版社,1994.

[7] 邓小平.邓小平文选(第3卷)[M].北京:人民出版社,1993.

[8] 江泽民.江泽民文选(第3卷)[M].北京:人民出版社,2006.

[9] 十四大以来重要文献选编(中)[M].北京:人民出版社,1997.

[10] 十七大以来重要文献选编(上)[M].北京:中央文献出版社,2009.

[11] 十八大以来重要文献选编(下)[M].北京:中央文献出版社,2018.

[12] 习近平.习近平谈治国理政(第1卷)[M].北京:外文出版社,2014.

[13] 习近平.习近平谈治国理政(第2卷)[M].北京:外文出版社,2017.

[14] 习近平.习近平谈治国理政(第3卷)[M].北京:外文出版社,2020.

[15] 查尔斯·泰勒.自我的根源:现代认同的形成[M].韩震,译.南京:译林出版社,2001.

[16] 威尔特·A·罗森堡姆.政治文化[M].陈泓瑜,译.台北:桂冠图书股份有限公司,1984.

[17] 曼纽尔·卡斯特.认同的力量[M].夏铸九等,译.北京:社会科学文献出版社,2003.

[18] 柏拉图.理想国[M].郭斌和等,译.北京:商务印书馆,1986.

[19] 亚里士多德.政治学[M].北京:商务印书馆,1965.

[20] 阿奎那.阿奎那政治著作选[M].北京:商务印书馆,1963.

[21] 格劳修斯.战争与和平法[M].何勤华,译.上海:上海人民出版社,2005.

[22] 胡塞尔.纯粹现象学通论[M].李幼蒸,译.北京:商务印书馆,1992.

[23] 海德格尔.存在与时间[M].陈嘉映,译.北京:生活·读书·新知三联书店,1957.

[24] 维特根斯坦.逻辑哲学论[M].郭英,译.北京:商务印书馆,1985.

[25] 贝尔纳.历史上的科学[M].伍况甫等,译.北京:科学出版社,1981.

[26] 罗兰斯特.西方现代思想史[M].刘北成,赵国新,译.北京:金城出版社,2012.

[27] 莱昂.后现代性[M].郭为桂,译.长春:吉林人民出版社,2004.

[28] 霍布豪斯.自由主义[M].朱曾汶,译.北京:商务印书馆,1996.

[29] 卢梭.论人类不平等的起源和基础[M].李常山,译.北京:商务印书馆,1962.

[30] 卢梭.论政治经济学[M].王运成,译.北京:商务印书馆,1962.

[31] 司马迁.史记[M].北京:中央编译出版社,2016.

[32] 左传[M].郭丹,注.北京:中华书局,2012.

[33] 许慎.说文解字[M].段玉裁,注.杭州:浙江古籍出版社,1999.

[34] 朱熹.四书集注[M].海口:海南出版社,1992.

[35] 阮元.十三经注疏:尚书[M].北京:中华书局1980.

[36] 刘泽华.中国政治思想史[M].杭州:浙江人民出版社,2020.

[37] 利奥塔.后现代状况[M].岛子,译.长沙:湖南美术出版社,1996.

[38] 科林伍德.形而上学论[M].宫睿,译.北京:北京大学出版社,2007.

[39] 麦金泰尔.德性之后[M].龚群等,译.北京:中国社会科学文献出版社,1995.

[40] 荷马.伊利亚特[M].陈中梅,译.北京:中国戏剧出版社,2005.

[41] 格雷.自由主义[M].曹海军,译.长春:吉林人民出版社,2005.

[42] 文德尔班.哲学史教程(上卷)[M].罗达仁,译.北京:商务印书馆,1987.

[43] 伯林.自由论[M].胡传胜,译.南京:译林出版社,2003.

[44] 哈贝马斯.包容他者[M].曹卫东,译.上海:上海人民出版社,2002.

[45] 米歇尔·波德.资本主义的历史[M].郑方磊,任轶,译.上海:上海辞书出版社,2011.

[46] 戈登.控制国家[M].应奇等,译.南京:江苏人民出版社,2005.

[47] 洛克.政府论[M].叶启芳,译.北京:商务印书馆,1964.

[48] 莱斯诺夫.社会契约论[M].刘训练等,译.南京:江苏人民出版社,2005.

[49] 尹松波.理性与正义:罗尔斯正义论管窥[M].成都:电子科技大学出版社,2014.

[50] 霍布斯.利维坦[M].黎思复等,译.北京:商务印书馆,1985.

[51] 斯塔夫里阿诺斯.全球通史[M].吴象婴,梁赤民,译.上海:上海社会科学院出版社,1998.

[52] 修昔底德.伯罗奔尼撒战争[M].徐松岩等,译.桂林:广西师范大学出版社,2004.

[53] 卢卡奇.历史与阶级意识[M].杜章智等,译.北京:商务印书馆,1996.

[54] 哈贝马斯.交往与社会进化[M].张博树,译.重庆:重庆出版社,1989.

[55] 罗蒂.后哲学文化[M].上海:译文出版社,1992.

[56] 鲍德里亚.生产之镜[M].仰海峰,译.北京:中央编译出版社,2005.

[57] 阿伦特.人的条件[M].竺乾威,译.上海:上海人民出版社,1999.

[58] 托克维尔.论美国的民主[M].董果良,译.北京:商务印书馆,1988.

[59] 福柯.疯癫与文明[M].刘北成,译.北京:生活·读书·新知三联书店,2019.

[60] 福柯.规训与惩罚[M].刘北成,译.北京:生活·读书·新知三联书店,1999.

[61] 山姆·威姆斯特.理解韦伯[M].童庆平,译.北京:中央编译出版社,2016.

[62] 哈耶克.法律、立法与自由[M].邓正来,译.北京:中国大百科全书出版社,2000.

[63] 佩迪特.共和主义[M].刘训练,译.南京:江苏人民出版社,2006.

[64] 程志敏.荷马史诗导读[M].上海:华东师范大学出版社,2007.

[65] 罗素.西方哲学史[M].何兆武等,译.北京:商务印书馆,1963.

[66] 科恩.论民主[M].聂崇信,朱秀贤,译.北京:商务印书馆,1988.

[67] 亨廷顿.变革社会中的政治秩序[M].李盛平,译.北京:华夏出版社,1988.

[68] 艾森斯塔特.反思现代性[M].旷新年,王爱松,译.北京:生活·读书·新知三联书店,2006.

[69] 萨米尔·阿明.不平等的发展:论外围资本主义的社会形态[M].北京:商务印书馆,1990.

[70] 许倬云.我者与他者:中国历史上的内外分际[M].北京:生活·读书·新知三联书店,2010.

[71] 刘辉.认同理论[M].北京:知识产权出版社,2017.

[72] 赵敦华.西方哲学史[M].北京:北京大学出版社,2021.

[73] 孙进.毛泽东平等思想研究[M].成都:电子科技大学出版社,2017.

[74] 贺照春.后发展国家的现代性问题[M].长春:吉林人民出版社,2002.

[75] 沈莉华.从对抗到承认:1917—1933年的俄美关系[M].哈尔滨:黑

龙江大学出版社,2009.

[76] 王晓德.梦想与现实:威尔逊理想主义外交研究[M].北京:中国社会科学出版社,1995.

[77] 王胜强.论现代人的自由[M].济南:山东人民出版社,2009.

[78] 郭忠华.公民身份的核心问题[M].北京:中央编译出版社,2016.

[79] 萧诗美.邓小平智慧[M].北京:人民出版社,2015.

[80] 管仕福.近代中国人的民主意识与民主建设[M].长沙:湖南大学出版社,2002.

[81] 唐慧玲.公民服从的逻辑[M].北京:中国社会科学出版社,2017.

[82] 蔡普民.科学发展观的人学审视[M].北京:中国社会科学出版社,2007.

[83] 郑晓云.文化认同论[M].北京:中国社会科学出版社,1992.

期刊:

[1] 冯平,王行福,王金林,等.复杂现代性框架下的核心价值建构[J].中国社会科学,2013(7):22-39.

[2] 尹保云.现代化进程中生产方式的"连接"[J].学术界,2006(3):25-35.

[3] 宁德业,尚久.当前我国文化软实力发展面临的挑战及其应对[J].江西社会科学,2010(4):190-194.

[4] 徐林清.经济全球化与全球劳动力资源的重新配置[J].华南金融研究,2002(3):68-71.

[5] 熊敏,樊丹丹.美国产业结构调整与全球经济格局[J].金融市场研究,2020(8):24-36.

[6] 杨雪冬.全球化进程下的国家反应:对五类国家的比较[J].经济体制比较,2001(2):46-54.

[7] 任平.论《共产党宣言》的当代启示[J].苏州大学学报,2008(4):1-8.

[8] 任平.马克思的现代性视域与当代中国新现代性建构[J].江苏社会科学,2005(1):51-57.

[9] 任平.脱域与重构:反思现代性的中国问题与哲学视域[J].现代哲学,2010(5):1-7.

[10] 任平.中国道路的历史坐标、社会根基与世界价值[J].江苏行政学院学报,2015(3):5-14.

[11] 邱泽奇.三秩归一:电商发展形塑的乡村秩序——菏泽市农村电商的案例分析[J].国家行政学院学报,2018(1):47-54.

[12] 武军.早期美国对苏联政策的演变:从不承认主义到美苏建交[J].世界史研究动态,1990(6):42-47.

后　记

　　本书是 2019 年浙江省哲学社会科学规划课题"基于认同的以人民为中心发展思想研究"（20NDJC360YBM）的研究成果。

　　基于认同的以人民为中心发展研究意在揭示以人民为中心发展的关键，在于首先要得到人民的认同，没有经过人民认同的发展是没有发展动力的。首先，认同是基于客体的主体间的交往实践活动，所以人的认同一方面要处理人与客观自然界的关系问题，以自然之境为主体建立根基。另一方面要处理主体间的关系问题，在主体间认同中达成共识，人类只有在处理这两方面的关系中才能走向自由、独立与民主，才能完善主体性的建构。其次，认同是人类社会历史发展的动力机制。认同不仅是个体存在发展的内在需要，而且是主体确立的内在机制，在此意义上它成为民主的起点。在理论上，认同的内在反思构成了中西方民主思想的理论逻辑；在实践上，认同的外在反思谱写了中西方民主发展的历史逻辑。近现代文明的一切成果几乎都是对资本主义在场形态的一种形塑，资产阶级必须把被压迫阶级置于客体来完成自我的主体性建构，资本主义是一个不断建构资产阶级主体的认同体系。人不是离群索居的，基于认同的民主才能找到方向，构成同心圆，获得力量，形成向心力，达成共识，形成战斗力，最终展现为一种内生性的现代民主。没有认同，民主就会沦为一盘散沙，成为一种舍本逐末的虚幻，是一种无序的喧嚣。如果它仍是一个共同体，也是一个虚幻的共同体，是一种形式上的认同。最后，历史是人民群众不断建构认同体系的历史过程。其间，旧的认同体系不断瓦解，新的认同体系不断基于新的历史主体而形成与发展。民主在根本上只有把认同作为前提，才具有发展的内在潜力；认同作为民主的成果，成为社会历史发展的保障。对人民历史主体的确立与认同程度决定了社会历史发展的水平与限度，作为自由人联合体的共产主义社会为人的主体性的确立与实现指明了前进的方向。

本课题从立项到出版,得到了浙江省哲学社会科学规划办、绍兴市委党校及浙江工商大学出版社的大力支持,给了我一个学习、研究、成长的机会。本书在撰写过程中参阅和借鉴了大量专家的思想观点,在此深表感谢!由于水平有限,敬请各位专家批评指正!

吕鸣章

2022 年 3 月